ŒUVRES

DE

MICHEL LEPELETIER

SAINT-FARGEAU,

DÉPUTÉ AUX ASSEMBLÉES CONSTITUANTE ET CONVENTIONNELLE,

ASSASSINÉ LE 20 JANVIER 1793, PAR PARIS, GARDE DU ROI;

PRÉCÉDÉES

DE SA VIE, PAR FÉLIX LEPELETIER, SON FRÈRE;

SUIVIES

DE DOCUMENS HISTORIQUES RELATIFS A SA PERSONNE, A SA MORT, ET A L'ÉPOQUE.

Je lègue la vérité aux temps.... et aux hommes
qui la chérissent et la recherchent.........
Vie de Michel Lepeletier, page 75.

Bruxelles,

ARNOLD LACROSSE, IMPRIMEUR-LIBRAIRE,
RUE DE LA MONTAGNE, N° 1015.
1826.

PRÉFACE.

Le premier sentiment du Lecteur en ouvrant ce volume sera peut-être d'adresser un reproche à celui qui l'a fait paraître. On demandera pourquoi un Français n'a pas fait cette publication en France? Mais après la lecture on concevra quels ont été les conseils de la délicatesse et de la prudence. Je voulais dire la vérité tout entière, et si j'eusse publié en France, presque certainement on aurait voulu y voir autre chose : de là, les saisies, les procès,....... les passions en mouvement..............

Je fais un vœu bien sincère depuis longtemps, c'est que la raison et la tolérance entrent si profondément dans les partis, qu'il soit loisible à *tous* d'écrire avec autant d'indépendance que je le fais ici ; et que *tous* écoutent ou lisent avec le même calme que j'entends et lis les discours et les écrits des autres.

Un des plus positifs effets de la liberté de la presse, serait que le gouvernement du roi Charles X laissât exécuter sans obstacle une édition de cet ouvrage en France. Il y aurait de la grandeur et de la magnanimité pour ce gouvernement. Il en résulterait pour la patrie une noble assurance de la liberté des opinions ; ce serait une grande confirmation des intentions patentes de la Charte.

Eh ! de nos jours quels longs mystères peut-il y avoir pour l'histoire ? Dans celle de la Convention nationale, le procès, le jugement de Louis XVI, et l'assassinat de mon frère peuvent-ils être séparés et mis en dehors du domaine de l'histoire ? Il en est de même du fait de l'existence du gouvernement républicain en France. Narrer ce qui s'est passé en France pendant les phases de la république, serait-il donc le droit exclusif de ceux qui en étaient les ennemis, ou de ceux qui, par passion ou pour argent, se sont chargés de diffamer par leurs écrits? En matière d'opinions politiques la seule chose honteuse, c'est de vendre son suffrage, ses talens; de s'énoncer contre le cri de sa conscience......

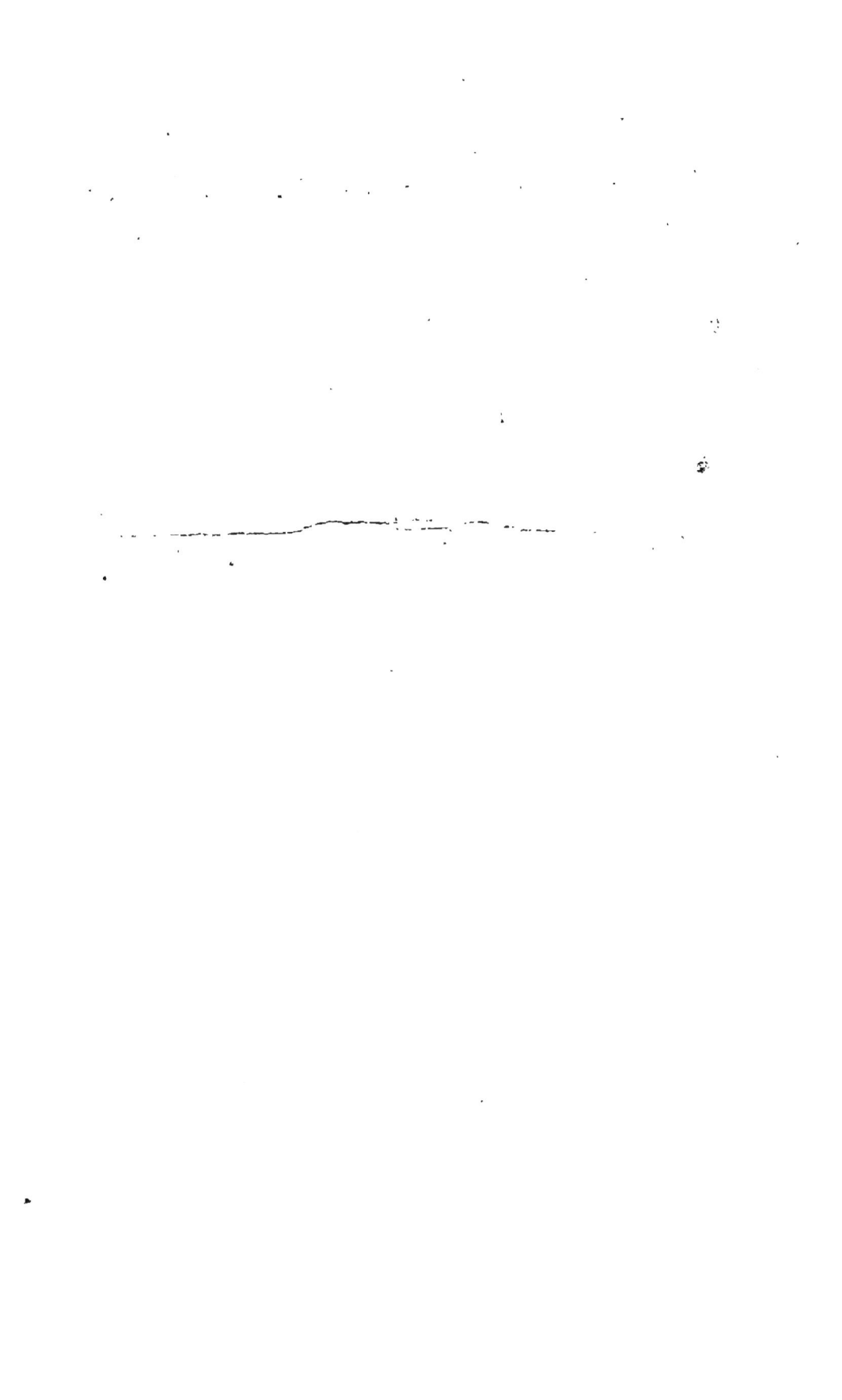

ÉPITRE DÉDICATOIRE

AU

PEUPLE FRANÇAIS.

PEUPLE FRANÇAIS,

Je vous offre réunies les pensées et quelques opinions de mon frère, d'un homme dont vous couvrîtes la cendre de regrets, de larmes, et de fleurs. Ce sont seulement ses pensées les plus importantes, manifestées pendant les deux plus célèbres époques de vos efforts en faveur de la liberté et de l'égalité sociales, l'Assemblée constituante et la Convention nationale. Député de la ville de Paris, à la première de ces assemblées convoquée sous le nom d'États-généraux, il le fut à la Convention nationale par le département de l'Yonne qu'il présida entre ces deux assemblées.

Je ne placerai auprès de ses opinions aucune espèce de commentaires; elles n'en ont pas besoin. Toutefois dans ce temps où l'on se plaît à nier, à dénigrer ou dénaturer des actions, qui prirent leurs sources dans les intentions les plus civiques, et le dévouement le plus absolu à la cause du bonheur et de la gloire de la nation française, il est bon, il est juste, il est du devoir de tous ceux qui portent un culte religieux au triomphe de la vérité, de transmettre à la postérité des pièces importantes, irrécusables, sur des hommes et sur les choses qu'elle est appelée à juger en dernier ressort.

Peut-il être rien de plus sacré que la mémoire des hommes publics, qui se sont dévoués pour la cause de notre immortelle révolution? Le devoir de faire connaître une victime d'un tel dévouement est encore bien autrement religieux pour un frère. A la patrie, il est possible d'être oublieuse, ingrate même...... Mais le pardonnerait-on à un frère? La cendre du mien repose dès long-temps dans le cercueil; et depuis cette époque, une voix, qui s'élève de cette tombe révérée, me disait de placer près de son mausolée un autre monument, celui de ses pensées pour la patrie et la liberté; afin que chacun pût les visiter également dans l'avenir et y méditer profondément.

Les temps de partis ne sont pas ceux où l'on peut écrire avec une entière impartialité. Il est honorable même de se passionner pour la sublime cause de la liberté civile et politique. Non-seulement les hommes de nos jours l'ont pensé, mais encore les plus grands génies de la Grèce et de Rome. Les uns, comme Solon, en ont fait un devoir politique; Solon voulait même que l'on punît de mort le citoyen qui ne prenait point parti dans les troubles publics; d'autres, tels que Cicéron, en ont fait non-seulement un devoir politique, mais encore religieux; et ce Romain célèbre a été jusqu'à attacher à l'observance d'un tel devoir des récompenses célestes après le trépas.

Au milieu de ces temps de partis où nous nous

retrouvons encore, ce que chacun peut et doit faire, c'est de préparer et même de publier ses mémoires et ses pièces justificatives, matériaux du plus grand prix, pour le moment où la France et l'Europe pourront terminer la mémorable époque des dix-huitième et dix-neuvième siècles, en convoquant le grand jury de l'histoire, et prononceront sur les services et les méfaits des notables Français de la révolution: seulement alors se distribueront, avec quelque espoir d'équité, les couronnes civiques, les mentions honorables, les flétrissures ou le blâme.

Mais comme les préventions des hommes, même dans les temps calmes, les font tomber souvent dans l'erreur, quelque confiance que nous fondions dans le jury de l'histoire à l'époque où il pourra examiner avec un sens rassis les actions et les titres des modernes, il est très-sage de laisser en un seul corps, des documens positifs sur les intentions et les faits des hommes remarquables. Ces documens deviendraient, en faveur de la vérité, d'éternelles protestations contre l'injustice revêtue par le temps, de la toge d'une impartialité présumable. Appuyée sur les faits réunis, toute cendre illustre crierait alors à l'historien injuste, comme l'Athénien Thémistocle à ce roi de Sparte égaré par la passion : *Frappe, mais écoute*........ Mais lis donc.

Peuple Français, j'ai pensé que la vie de Michel Lepeletier trouverait naturellement sa place en tête de ses pensées et de ses opinions : car les actions complètent avec les pensées et les opinions l'ensemble de l'homme. En effet que serait-ce que des paroles, des discours sans une carrière, sans une vie analogues? Si les pensées et les paroles sont grandes et belles, là il faut encore que les actions concordent avec elles. Sans cette harmonie nécessaire il n'y a que charlatanisme ou hypocrisie; et c'est des cavernes honteuses de ces vices abjects, que se précipitent dans le monde social et sur la scène des peuples les plus civilisés, ces sycophantes, ces caméléons politiques et ces traîtres aux nations qui, ayant du brillant dans l'esprit et beaucoup d'art dans leur perfidie, feignant de servir la chose publique, n'ont d'autres déterminations certaines, que de fonder leur chose personnelle en arrivant par tous moyens pour eux ou les leurs, à ce qu'on appelle une fortune; richesses ou honneurs, toujours atteints au détriment de l'intérêt général. Combien cela ne s'est-il pas fait voir et ne se voit-il pas encore!!

La probité politique et privée, qui ne peut être complète sans le désintéressement des richesses et des honneurs, doit donc avant tout être le partage distinct des hommes qui veulent avoir des titres au respect de la postérité et à ses récompenses. Qui veut rattacher sa vie aux affections futures de l'humanité doit se fixer à de telles maximes. Cette base sera donc le vrai point de départ pour les investigations à faire sur le personnel des Français apparus de nos jours au grand théâtre des événemens du siècle.

La vie de Michel Lepeletier vous convaincra, ô Peuple Français, que les deux probités, politique et privée, furent éminemment son partage : comme ses pensées attesteront sa haute philosophie et son humanité.

Pendant les quatre premières années de la révolution qu'il a seulement pu parcourir, il n'accepta aucune place des divers gouvernemens, mais bien les fonctions civiles, où il fut appelé par les suffrages publics. Il fut tout entier au bonheur général; il l'avait seul en vue; il ne travaillait que pour la patrie : c'était un vrai citoyen.

Sa mort fut violente ! quelle haine puissante,

quelle volonté positive dirigèrent le poignard homicide sur un député fidèle? Le bras qui frappa est bien connu, sa livrée est caractéristique; mais quels mystères enveloppent encore la destinée de l'assassin (1)?

Cette mort fut même utile et profitable à la France à cette époque; elle suspendit pour quelque temps les divisions de la Convention nationale, et si elle abrégea des jours dévoués à la patrie, elle fut pour Michel Lepeletier un titre à la gloire. La patrie et la gloire!!...... Eh qui peut se plaindre de périr pour elles?....... La mort naturelle ne produit presque jamais rien pour l'illustration des hommes. Souvent même la vieillesse, en venant affaiblir les facultés morales, la trempe des âmes, nous laisse le douloureux aspect de la tiédeur, de la nullité, là où l'on s'était plu jadis à reconnaître, à admirer une vertu peu commune. Le feu sacré s'est éteint dans ces vieillards! Je détourne mes regards et je verse des larmes sur la nature de l'homme. Mes yeux se portent vers le

(1) Voyez, pièces justificatives Z, les éclaircissemens donnés par Félix Lepeletier sur le sort de l'assassin *Pâris*, après le rapport des députés Talien et Legendre.

ciel, que ma bouche se refuse d'accuser; mais je m'écrie : *Pour arriver jusqu'à toi, pour entrer dans l'éternelle vie, devrait-on passer par la décrépitude du corps et la faiblesse de l'âme?* O nature, combien tes voies sont incompréhensibles!

Au contraire les morts violentes, prématurées, imprévues, subies pour le bien public, loin de nuire aux hommes supérieurs, leur sont propices, elles leur évitent les déchéances naturelles de l'existence. Les Nassau, les Coligni, les Henri IV, Napoléon lui-même, grandissent en illustration par les coups des assassins : et pour les Sydney, les Russel, les Barnevelt, l'échafaud devient même le piédestal où la postérité place avec reconnaissance les monumens éternels et glorieux qu'elle érige à leur vertu républicaine. Ne meurt pas ainsi qui le voudrait, et qui en est digne!! Félicitons donc les hommes dont la vie, par toutes catastrophes quelconques, avant leurs vieux jours, a été abrégée pour la patrie. Cette fin de l'homme lui ouvre plus sûrement les portes du temple de la véritable gloire : c'est presque infailliblement appartenir à l'immortalité sur des bases inébranlables.

Je serai, ô Peuple Français, jusqu'à la mort, oui,

je serai, ainsi que Michel Lepeletier mon frère, de votre gloire civique et guerrière pendant notre immortelle révolution, au moins l'un des invariables confesseurs.

FÉLIX LEPELETIER.

Felix Lepeletier

VIE

DE

MICHEL LEPELETIER.

« Le martyr de la liberté a reçu le juste tribut de larmes que lui
» devait la Convention nationale, et le juste honneur que lui
» devait la patrie reconnaissante. Son ombre, errante autour du
» temple qui a reçu sa froide dépouille, nous invite à imiter ses
» exemples et à venger sa mort. Mais le nom de Lepeletier,
» immortel désormais, sera cher à la nation française. La Con-
» vention nationale qui a besoin d'être consolée, trouve un
» soulagement à sa douleur à exprimer à sa famille les justes
» regrets de ses membres, et la reconnaissance de la grande
» nation, dont elle est l'organe............... »

Discours de Rabaud de St.-Étienne, président, à la famille de Michel Lepeletier.

(Séance du 25 janvier 1793.)

Ce serait presque un crime public, pour un vrai citoyen, de retracer, à l'époque où nous sommes, des titres, des places et des détails qui tenaient à l'ancien régime. Mais c'est la vie d'un homme que j'écris. Il naquit en tel temps, il faut bien dire à la postérité ce qu'il faisait alors, et quel était ce temps ; c'est une fatalité attachée à l'époque du commencement de son existence. Mais vraiment est-ce une fatalité? Ceci portera à rechercher si cet homme, sous le régime despotique où il naquit, annonçait déjà les sentimens que devait avoir un ami, un défenseur de la liberté et de l'égalité ; et l'on reconnaîtra facilement, je pense, que Michel Lepeletier promettait, dès sa plus tendre jeunesse, d'être ce que l'on a vu pendant les quatre premières années de notre révolution et ce qu'on l'aurait vu toujours être, si les satellites des tyrans (1) ne l'eussent pas su juger, et ne l'eussent pas désigné aux hommages des hommes libres en l'enlevant à l'humanité, en le frappant de leurs poignards. Cependant j'ai traversé rapidement ces temps de féodalité et d'oppression ; on peut appeler cela des ombres, elles font ressortir davantage tous les tableaux. Pour le reste de sa vie, les quatre années de la révolution, où il fut revêtu de la confiance de ses concitoyens, on l'y suit avec satisfaction; on y distingue l'homme libre, énergique, occupé des bases réelles de la liberté et de l'égalité, et non d'intrigues personnelles. Étranger aux factions, n'ayant vu dès les

(1) Voyez la note A.

premiers momens de la révolution, qu'un seul but où il marchait sans ostentation, sans jalousie; qu'une ligne seule dans laquelle il fut frappé, mais dont il a su marquer encore le prolongement avec son sang; ligne vraie, sûre et ineffaçable, à laquelle se rallieront toujours les hommes qui n'ont d'autre ambition que de bien servir la patrie.

Je ne me suis pas étendu aussi longuement que je l'eusse pu sur le Code pénal, dont il fut le rapporteur à l'Assemblée constituante; ni sur le plan d'instruction publique qu'il a laissé après sa mort, cette vie étant destinée à être en tête de ses ouvrages, on les connaîtra mieux en entier et textuellement.

Michel Lepeletier a vu terminer à trente-deux ans (1) sa carrière; il est mort assassiné. Il ne pouvait pas prévoir les regrets publics qui ont illustré sa mémoire, les honneurs que le Peuple Français lui a décernés, ses restes placés au Panthéon, ni cette foule de décrets plus honorables les uns que les autres rendus pour lui par l'Assemblée de la nation. Rien n'a donc soutenu Lepeletier dans les momens de crises publiques, que le sen-

(1) Voyez pièces justificatives B.

timent généreux de sacrifier son existence à la cause de l'humanité, et l'estime de lui-même. Cependant les stylets de la calomnie ont été aiguisés dans les ténèbres. A peine son âme a quitté sa dépouille mortelle, que quelques lâches calomniateurs ont osé, sans respect pour sa cendre, lancer leurs noirs poisons. Quelques écrivains de parti ont même cherché depuis quelques années à affaiblir le respect et l'intérêt public attachés à sa mémoire. Cela se conçoit, l'astre de la république a pâli, s'est éclipsé. L'un des plus sincères fondateurs de cette république française devait aussi s'en ressentir. Quelques constituans, ses anciens collègues (1), n'ont pu s'empêcher aussi de laisser paraître de l'aigreur contre lui. Il semble qu'ils ne lui pardonnent pas d'avoir suivi et secondé de toutes ses vertus et de ses talens, le sublime élan du Peuple Français vers le gouvernement républicain, alors que de leurs propres aveux (2) la trahison et l'impéritie des pouvoirs constitutionnels monarchiques forcèrent la nation de chercher en elle seule son salut et sa gloire. Pourquoi eux-mêmes n'osèrent-ils suivre son exemple, et semblèrent-ils déserter

(1) Dans les mémoires publiés depuis quelques années.

(2) Voyez les mémoires de Buzot, de Durand-Maillane, de Ferrière, de Toulongeon.

la cause de la patrie?......... De la différence des actes naît souvent la jalousie : c'est un poison qui se glisse dans certaines âmes, qui sembleraient devoir en être exemptes, s'en défendre ou la réprimer.

Le mérite suscita toujours des ennemis. Mon frère me disait lui-même à ce sujet : « Mon cher, » n'est pas calomnié qui le voudrait; à la fin de » ma carrière c'est sur ce que j'aurai fait qu'on me » jugera.... » Elle fut courte cette vie! périr à trente-deux ans!!...... ayant tant de lumières et tant de moyens de faire du bien..... *Bonus et præclarus vir.*

C'est aussi sur la vie de Michel Lepeletier que je vais exposer aux yeux de ses concitoyens; c'est sur le tableau de ses actions, et, j'ose le dire, de ses pensées qui m'étaient bien connues, que doivent s'émousser et devenir impuissantes toutes les perfides et calomnieuses manœuvres, passées ou à venir, que la tendresse fraternelle repousse victorieusement par l'exposé sincère des actions et des opinions de Michel Lepeletier.

Il naquit à Paris le 29 mai 1760, d'Étienne-Michel Lepeletier de Saint-Fargeau et de M. A. Lepeletier de Beaupré. Il resta seul des enfans que son père avait eus de ce premier mariage : s'étant remarié, son père eut cinq autres enfans de ce second mariage, dont moi Félix Lepeletier je suis du nombre. Dès la plus tendre enfance cette différence de mère, source ordinaire de jalousies dans les familles, n'en fut pas une pour les enfans d'Étienne-Michel Lepeletier de Saint-Fargeau. Au contraire, de cette époque de notre enfance date l'amitié particulière que mon frère m'avait vouée. Une grande sympathie de caractère en fut l'origine; il avait sept ans de plus que moi, mais le temps resserra par des liens indissolubles ce nœud sacré qu'avait d'abord ébauché la nature; la révolution ne fit qu'y ajouter. On peut se souvenir encore des divisions de famille que les opinions politiques produisirent dans la caste nobiliaire particulièrement. Notre famille était parente ou alliée de toute la haute noblesse; toutes les portes en furent bientôt fermées à mon frère, à lui, l'homme le plus tolérant pour les opinions d'autrui. Lui-même, l'homme le plus doux, le plus conciliant, fut obligé de rompre quelquefois les liaisons qui lui avaient été les plus chères. Dans une maison de notre famille que je ne nommerai point, un de nos parens, dans une discussion politique à table, fut jusqu'à lever son couteau sur lui avec fureur. Il lui répondit avec tranquillité : *Si vous croyez que cela vous donnera raison; frappez.* Ce sang froid, ce calme si puissant, désarmèrent le furibond (1).

Ce furent ces injustices qui me firent le chérir davantage; et je me promis de lui dévouer ma vie, dont il me sembla dès lors avoir besoin.

O temps heureux de notre enfance, ô temps de notre jeunesse, qu'êtes-vous devenus? Songe passé trop vite! France, permets-moi encore ce regret! La mort de Michel Lepeletier te fut utile, et glorieuse pour mon frère; lui-même a tout gagné au change; mais moi..... son ami...... je détourne les yeux de dessus moi, je ne dois voir que la patrie, la gloire de mon frère, et mon devoir de le faire connaître aussi parfait qu'il l'était réellement.

Notre père Étienne-Michel Lepeletier de Saint-Fargeau était président à mortier, charge qui par le chapitre immense des abus était devenue héréditaire, depuis plusieurs générations, dans notre famille et dans une autre branche les Lepeletier de Rosambo (2). Notre père avait d'abord rempli les fonctions d'avocat-général, et dans cette place favorable au barreau, pour faire discerner les talens et les lumières, il avait acquis une grande réputation, soit par la part qu'il eut à l'expulsion des

(1) Voyez la note C.
(2) Voyez la note D.

jésuites de France (1), soit par les causes célèbres dont il avait été chargé. Parvenu à la place de président à mortier, il manifesta une grande opposition à la corruption et au despotisme du gouvernement sur la fin du règne de Louis XV. Ce fut particulièrement à ses avis sévères, que le parlement de Paris fut redevable de l'honorable exil de 1770 qui dura quatre années. Notre père fut relégué à Felletin dans le plus misérable hameau des montagnes d'Auvergne, où il courut le danger d'être empoisonné (2).

Le chancelier Meaupou fut même à cette époque jusqu'à dire au roi : *Sire, faites couper la tête au président de Saint-Fargeau, et je réponds du reste.* Moins hardi que Meaupou, notre cousin, n'était atroce, Louis XV n'osa pas le faire.

C'est à cette époque du despotisme de la Cour, que notre père fit jurer à mon frère la haine de l'arbitraire, avec non moins de force, que jadis Hamilcar fit jurer à Annibal la haine des Romains ; et mon frère, aussi fidèle à son serment que ce grand homme l'a été au sien, a consacré par sa mort ce principe : Que rien ne doit être plus sacré pour un fils, que le serment prononcé d'après la

(1) Voyez la note E.
(2) Voyez la note F.

volonté d'un père, pour le bien de la patrie et de ses concitoyens.

Je passe rapidement sur les premières années de sa vie; mais il est un mot de son enfance que je ne dois pas oublier. A sept ans et demi il lisait la Genèse; lorsqu'il fut à cet endroit, où il est dit que Dieu, irrité contre les hommes, fit pleuvoir quarante jours et quarante nuits pour les exterminer, Michel Lepeletier dit à son gouverneur : *Mais puisque Dieu est tout-puissant, pourquoi employa-t-il tant de temps pour punir? un moment suffisait à sa toute-puissance.* Cette remarque semblait annoncer déjà que dans le cours de sa vie Michel Lepeletier ne se rendrait qu'à l'évidence (1).

Il composa, à huit ans et demi, une vie d'Épaminondas, que l'on trouvera à la fin de ses œuvres. Il eut pour conseils et examinateurs de ses études les Lebeau, les Jussieu, les Garnier de l'académie des inscriptions, Bonami, Duhamel, Dumonceau, Foucher (2), le père Élysée, l'abbé Désaunayes et d'autres érudits qui venaient chez notre père. Il prit des conseils des Brisard, des La Rive sur l'art de parler en public, talent beaucoup trop négligé aujourd'hui; car c'est une partie notable dans l'o-

(1) Voyez, pièces justificatives G, la note de M. Moutonet-Clairfons.
(2) L'homme de lettres.

rateur que l'art de bien dire. Il avait l'organe de la voix peu fort, mais non sans quelques charmes. Lorsque plus tard il parlait à l'Assemblée constituante et à la Convention nationale, il se faisait une espèce de silence religieux dans la salle et les tribunes ; sa prononciation était claire et distincte ; on l'entendait très-bien ; son élocution était en même temps persuasive. La conscience de ce qu'il disait s'emparait de celle des autres ; la bienveillance de ses collègues, dans ces deux Assemblées, se manifestait singulièrement lorsqu'il montait à la tribune, ce dont il n'abusa jamais (1).

Michel Lepeletier entra de bonne heure dans la carrière de la magistrature. Il fut d'abord avocat du roi au Châtelet, et dès les premières causes qu'il plaida, il se fit remarquer par une éloquence douce et facile ; mais surtout par ce discernement, par cet esprit de droiture et d'équité, qui fit presque toujours suivre ses conclusions.

Il perdit son père pendant qu'il était au Châtelet ; il mourut jeune encore ; la petite vérole enleva à la France un magistrat intègre, sévère, ami des lois et des mœurs (2), le chef du parti de l'opposition aux volontés capricieuses de la Cour. Michel

(1) Voyez la note J.
(2) Voyez pièces justificatives K.

Lepeletier sentit vivement la perte qu'il venait de faire ; et dans les derniers momens de sa vie, ceux qui l'ont vu particulièrement, peuvent témoigner combien était grand le regret continuel qu'il éprouvait de n'avoir plus de père. Un mois avant sa mort il me disait encore : *Je donnerais beaucoup de choses, pour que notre père pût ressusciter, et me manifester ses sentimens sur ce que j'ai fait pour la révolution, lui qui était si plein de la grandeur de la liberté romaine !*

Plus Michel Lepeletier sentit la perte qu'il venait de faire, plus il fut aussi convaincu de l'impérieuse nécessité de remplacer dignement son père, soit au parlement, soit pour les enfans dans le bas âge qu'il laissait après lui. Il leur servit de père, et constamment pour eux, il en conserva le sacré caractère et la bienfaisance tutélaire.

Il avait alors dix-huit ans : ainsi donc, depuis cet âge où les passions se développent, et souvent maîtrisent et entraînent dans leur développement, Michel Lepeletier fut livré à lui-même, se trouvant possesseur d'une grande fortune, avec quelques autres avantages. Que de motifs pour ne pas échapper aux écueils de son âge ! Eh bien, jamais on ne vit de jeunesse moins orageuse et même plus calme. Il était pour les jeunes gens de son temps, l'exemple de la retenue dans les mœurs, comme il l'était au barreau par une persuasive éloquence et la justesse de son esprit. Il n'eut de passions que celle de son état et celle des livres : il s'était formé une superbe bibliothèque.

Quelques années après la mort de son père, Michel Lepeletier passa à la place d'avocat-général au parlement de Paris; et là, sur un théâtre plus vaste, ses talens se développèrent avec plus d'étendue. C'était surtout ces fonctions qu'il aimait; il les remplissait avec tant d'activité, qu'à peine il se livrait au sommeil, employant toutes les nuits à examiner les affaires qu'il devait le lendemain traiter au parlement. Tous les avocats qui ont suivi le barreau d'alors sont à même de redire combien était grande et surprenante la quantité de causes, qui furent plaidées et jugées pendant qu'il fut avocat-général; et ils pourront ajouter que, dans presque toutes, ses conclusions dirigèrent le jugement. Il rappela aussi la coutume de faire ses réquisitoires, de mémoire, ce qui ne fut pas sans donner quelque jalousie à M. Séguier, qui par de grands talens brillait depuis long-temps dans les mêmes fonctions, mais qui lisait toujours ses plaidoyers.

Je me souviens que plusieurs fois, venant à six

heures du matin chez mon frère, je trouvais le vieux Perron, son domestique de confiance et qui était avec lui depuis son enfance; il ne voulait pas se coucher, parce que mon frère ne l'était pas; mais il dormait au coin du feu dans la chambre à coucher. *Perron*, lui disais-je, *où est mon frère? Ah! Monsieur, il est là*, en me montrant le cabinet, *avec ses bougies allumées depuis hier soir.*

A vingt-cinq ans, il fut obligé de quitter cette place d'avocat-général, pour monter à celle de président à mortier, que la mort de son père avait laissée vacante. Ce fut une vraie peine pour lui; il offrit alors de renoncer à une des premières charges du royaume, pour rester à celle d'avocat-général, « où, disait-il, je puis être plus utile à mes sem» blables. » On ne lui permit pas; la Cour s'y opposa, elle avait déjà su le deviner.

Dans cette circonstance arriva cette grêle désastreuse qui détruisit les moissons, et ravagea plusieurs provinces. La Picardie fut du nombre de celles qui souffrirent le plus. Michel Lepeletier avait la terre de Pont-Remi auprès d'Abbeville; il n'attendit pas que la plaie, s'aigrissant par les souffrances, eût fait parvenir vers lui les cris des infortunés qu'elle entraînait au tombeau, par le manque de pain et leur ruine totale. Il vole, et les hommes de ces contrées apprennent son arrivée par la remise qu'il fait à tous, de ce qu'ils avaient à lui payer cette année. Son âme n'était pas encore satisfaite, que les leurs étaient tranquilles; ils n'avaient plus de dettes; mais où trouver du pain? Ce fut encore lui qui remplit cette tâche si douce, de secourir ses semblables : il puisa dans ses coffres, et cette propriété lui coûta cette année, le double de ce qu'elle avait coutume de lui rapporter.

Cette même époque de 1788 fut celle de ce fameux hiver. L'homme d'affaire qui gérait les biens qu'il avait près d'Autun, lui écrivit que le pain à Autun avait été sur le point de manquer, faute d'eau pour faire tourner les moulins; mais qu'il avait cru devoir vendre aux boulangers l'eau de ses étangs, pour parer à ce malheur; ce qui avait secouru la ville, mais fait hausser le pain.

Il lui répondit : *Le riche ne doit point spéculer sur les malheurs publics pour augmenter ses revenus : donnez et ne vendez pas*. Et dans le même temps la gelée lui faisait éprouver des pertes immenses dans les bois qu'il avait dans ces pays (1).

Et vous aussi, habitans de Sougères, joli hameau du département de l'Yonne, vous n'avez pas

(1) Voyez la note L.

oublié non plus, lorsqu'un feu destructeur réduisit presque toute votre commune en cendres, vous n'avez pas oublié, dis-je, qui vous tendit une main secourable.

Voilà des traits caractéristiques de sa bienfaisance, je les rappelle, parce qu'ils ont été publics; mais si j'entrais dans le détail de ceux qu'il faisait en secret, et que sa mort a fait connaître par les pleurs qui coulaient des yeux des malheureux, perdant en lui leur appui, je troublerais la paix de son tombeau. Rassure-toi, ombre chérie, c'est ton ami qui tient la plume.

Je ne tairai pas cependant le soin qu'il avait, dans les pays où étaient ses possessions, de faire vendre, dans les temps difficiles, les productions de ses terres, nécessaires à la vie du pauvre, à un prix moindre que celui des marchés : il maintenait par là les denrées de première nécessité à la portée des malheureux. Je dois dire, et c'est un devoir pour moi, qu'avantagé par sa position d'aîné et par des substitutions considérables, il étendait jusque sur ses frères ses vertus bienfaisantes, devoir naturel, mais malheureusement trop rare. Il donna à notre sœur, lorsqu'elle se maria, une somme de 100,000 francs; à un de nos frères, aussi à son mariage, 6,000 francs de rente. Quatre mois avant sa mort il avait voulu me faire présent d'une propriété qui était à vendre près de celle qu'il avait à Saint-Fargeau. Je refusai en lui disant : *Qu'ai-je besoin de cela ? Tant que tu vivras, ne connais-je pas ton cœur, tes maisons seront les miennes ?* Deux ans avant la révolution, il m'avait fait don de 60,000 francs.

Tels sont les détails de sa vie jusqu'à l'époque de la révolution. Je les ai rapportés succinctement, mais on y retrouve, je pense, les sentimens, les prémices d'un ami des lumières, d'un digne magistrat, d'un homme bienfaisant.

On peut dire qu'il annonçait déjà, que si jamais il se trouvait placé entre une caste opulente et fière dont il faisait partie, et le peuple sur lequel elle pesait, il tendrait la main à celui-ci, combattrait pour lui contre ceux dont l'orgueil devait le révolter, et que leurs richesses, loin de leur endurcir le cœur, eussent dû rendre plus compatissans aux maux de leurs semblables.

Ce moment arriva bientôt. La cour de Versailles ayant voulu pressurer encore la France par de nouveaux impôts, les parlemens arrêtèrent les caprices du despotisme. L'exil fut leur récompense. Michel Lepeletier fut un des membres de celui de Paris qui se fit distinguer le plus par son opposition (1), et qui contribua beaucoup à la convocation des États-généraux. Le parlement avait été rappelé; Michel Lepeletier présida la chambre des vacations en 1788. Le nombre des affaires, qui furent terminées pendant ce temps, fut si grand que l'on n'avait pas vu au palais de justice un zèle aussi actif à terminer les procès des malheureux plaideurs. Le célèbre prince Henri, frère de Frédéric second, roi de Prusse, se trouvait alors à Paris. Il assista à plusieurs séances du parlement, et désira connaître plus particulièrement le jeune chef de la magistrature qu'il avait vu présider. Mon frère le reçut chez lui à dîner et lui donna des fêtes (2). Il écrivit à mon frère après son retour en Prusse des lettres très-honorables. Il lui manifestait même le désir d'avoir une correspondance avec lui. Le prince m'avait beaucoup engagé aussi à aller le voir à Berlin et les grandes manœuvres de Frédéric : j'étais alors dans l'état militaire.

Pendant cette chambre des vacations, fut plaidé le célèbre procès Korneman, où assistait le même prince Henri. M. Bergasse, si connu par ses opinions politiques et ses talens, défendait le mari.

(1) Voyez la note M.
(2) Voyez la note N.

Dans une péroraison brûlante d'éloquence, il s'engageait de poursuivre à outrance le crime et ses iniquités. Puis s'adressant à mon frère, il dit : « Et » vous, qui présidez ce tribunal ; vous, l'ami des » mœurs et des lois ; vous, dans lequel nous ad» mirons *tous*, à côté des talens qui font les grands » magistrats, les vertus simples et douces qui ca» ractérisent l'homme de bien et l'homme sen» sible.... recevez mes sermens.... (1). » Tels étaient les tributs d'estime, les suffrages publics et particuliers qu'il méritait déjà. Il avait vingt-sept ans.

Les assemblées électorales étaient formées déjà dans toute la France ; on lui écrivait d'Auxerre, d'Autun : venez et vous serez nommé député aux États-généraux. Il répondait : *mes devoirs m'enchaînent ;* et il continua de présider la chambre des vacations.

Il fut cependant nommé député aux États-généraux, et ce fut par l'assemblée de la banlieue de la ville de Paris.

Ici commence une autre carrière pour lui ; c'est ici que la patrie a pu attendre beaucoup plus de lui. On a vu ce qu'il annonçait d'être, on va voir s'il a tenu parole.

(1) Barreau français, tome IIme.

Ici toutes les preuves sont récentes et publiques : ce sont ses actions, ses discours, sous les yeux de la France entière. Il avait été compatissant ; on va le voir se dépouiller par philosophie, tous les sacrifices être des jouissances pour lui, lorsqu'il s'agissait du bonheur du peuple et de l'établissement de la liberté et de l'égalité.

Il est nécessaire que je revienne sur les commencemens d'une révolution qui en produisit une générale dans les esprits, renversa les préjugés et fit en partie triompher la raison et la philosophie. On sait les divisions qui agitaient les trois ordres, au commencement des États-généraux. Michel Lepeletier sut en prévoir les suites ; et les prévoyant, en sentir la valeur. Restreint par des mandats impératifs qui le retenaient à la chambre de la noblesse, il ne passa point avec la minorité aux communes ; mais il répétait sans cesse à l'impérieuse caste, combien sa conduite était pernicieuse au bien public et à elle-même.

Il écrivit à ses commettans, que si avant tel jour ils ne retiraient point leurs pouvoirs limités, il se regarderait comme suffisamment autorisé à se joindre aux communes.

La réunion forcée des trois ordres le servit selon

ses désirs, avant l'époque où il put recevoir la réponse de ses commettans (1).

La nuit du 4 août 1789 qui suivit le fameux 14 juillet, et si célèbre contre la féodalité et ses priviléges, le mit à même de prouver par des actes irrécusables l'ardeur qu'il apportait à servir la cause de la liberté. Dès le 8 août, il fit partir pour ses terres un courrier porteur de ses ordres, pour faire enlever ses armoiries, ses bancs, ses titres, ses poteaux seigneuriaux. Non-seulement il exécutait les décrets, mais il devançait encore les réformes nationales par des sacrifices d'autres prérogatives nobiliaires que l'Assemblée n'avait pas encore attaquées. Il y joignit encore des dons patriotiques et des actes de bienfaisance.

La lettre où ces faits sont contenus, adressée au doyen du chapitre de la ville de Saint-Fargeau, est un monument trop précieux de ses sentimens et de ses opinions pour ne pas l'insérer ici tout entière.

Lettre adressée à M. le doyen de la collégiale de Saint-Fargeau (2).

« Je vous prie, Monsieur, de vouloir bien assembler au plus tôt dans l'Église les citoyens de la ville

(1) Voyez pièces justificatives O.
(2) Voyez la note P.

et de la paroisse de Saint-Fargeau, et de leur faire part du contenu de la présente lettre.

» Conformément à l'arrêté pris unanimement par la Chambre nationale dans la fameuse nuit de mardi dernier;

» Je renonce à tous droits de banalité de moulins ou de fours, et au droit de colombier.

» Je renonce à tout droit de chasse exclusif. Je révoque toutes provisions données à mes gardes, leur conservant toutefois leurs paies pour qu'ils viennent se joindre à la milice bourgeoise, et défendre avec elle les propriétés communes et la sûreté publique.

» Je renonce à tous droits de justice.

» J'observe que l'Assemblée nationale a ordonné que les officiers de justices seigneuriales exerceraient leurs fonctions jusqu'à ce que l'on ait fixé le nouvel ordre judiciaire par la constitution; malgré cette disposition, si les habitans et citoyens désirent avoir pour juges d'autres officiers que ceux que j'avais nommés, je les invite à s'assembler et à choisir ceux qu'ils jugeront les plus dignes de remplir ces fonctions. Je consens le rachat de tous mes droits seigneuriaux. L'Assemblée nationale n'en a pu encore fixer les conditions.

» L'Assemblée nationale n'a pas encore statué

sur les droits honorifiques, je préviens son décret, et je renonce à tous droits d'encens et d'eau bénite; j'espère que tous les nobles consentiront à effacer cette distinction humiliante pour les autres.

» Je renonce à tout droit de pêche exclusif dans la rivière, et au droit de boucherie, hallage, quoique l'Assemblée n'y ait pas encore statué.

» J'ai personnellement fait dans l'Assemblée la motion de faire payer aux nobles leur portion dans la taille et la corvée de cette année, en déduction de la part des contribuables employés au rôle. L'Assemblée n'a pu encore prononcer de décret sur cet article; je désire qu'il soit accueilli; mais dès à présent je déclare que je me chargerai de payer seul toute la taille et corvée des pauvres habitans dont l'imposition est portée sur les rôles au-dessous de quatre livres.

» Ils pourront se faire inscrire chez M. D'Angerville qui paiera pour eux, lorsqu'il en sera temps, au collecteur.

» Je fais la même disposition pour toutes les paroisses du comté, et je prie M. le doyen d'en faire part à MM. les curés.

» J'invite tous les habitans à se monter en milice bourgeoise, pour se mettre à l'abri des brigands qui pillent les campagnes; j'entrerai pour un tiers dans la contribution que fera la ville pour les dépenses de cette milice. Il est bien essentiel de défendre dans ce moment de trouble les moissons et les propriétés.

» Il faut au surplus se défier des faux bruits, on en répand de tous les genres. Entre autres, je sais qu'on a dit à Saint-Fargeau que mon opinion avait été contraire à la cause du tiers-état; le vrai est que j'ai toujours été pour la paix, pour la conciliation, pour tous les sacrifices; les papiers publics en font foi; tous rendent compte de mes opinions; personne dans l'Assemblée nationale ne doute de mon sentiment, et elle vient de me donner une preuve honorable de sa confiance en me choisissant pour président du bureau dont je suis membre.

» Je prie tous les habitans de me regarder comme leur ami et leur concitoyen. Tout ce que nous sommes de riches propriétaires à Saint-Fargeau, nous nous réunirons pour aider et soulager les malheureux que fait souffrir l'affreuse misère de cette année : je ne veux retenir de ma qualité de leur seigneur, que le droit de donner l'exemple.

» Je désire fort que les affaires publiques puissent me laisser quelques jours libres pour aller juger par moi-même de ce qu'on a fait et de ce qu'on peut faire encore pour leur soulagement.

» Recevez, M. le doyen, les assurances de la haute estime que je vous ai vouée. »

La lettre est signée et datée ainsi qu'il suit :

LEPELETIER DE SAINT-FARGEAU.

Ce 8 août 1789 (1).

La journée du 19 juin 1790, célèbre remémoration de la fameuse nuit du 4 août 1789, fit encore remarquer Michel Lepeletier dans la ligne sévère des principes de l'égalité politique et sociale.

Effectivement parmi les nobles qui depuis (2)... .... Mais alors .... se firent connaître par des idées de philosophie, d'abandon de leurs droits, de leurs priviléges, on remarque Michel Lepeletier par la motion suivante. Il portait alors plus particulièrement dans le monde le nom *de Saint-Fargeau*. Le 19 juin 1790 il monte à la tribune et dit :

Messieurs, quoique possesseur de marquisat et de comté, je ne viens point seulement pour dépouiller ces titres sur l'autel de la patrie ; l'arbre de l'aris-

(1) Certifié conforme à l'original en dépôt à la mairie de Saint-Fargeau par nous secrétaire de ladite mairie, ce 9 mars 1826.

JORAN.

(2) A commencer par Mathieu Montmorency. Voir ses rétractations à la séance de la chambre des députés en 1802.

tocratie a encore une branche que vous avez oublié de couper, et je viens l'abattre devant vous : je veux parler de ces noms usurpés, du droit que les nobles se sont arrogé exclusivement de s'appeler du nom du lieu où ils étaient seigneurs. Un citoyen plus qu'un autre doit-il prétendre à cette dénomination? Non, Messieurs, je ne le pense pas. Je fais donc la motion, que tout individu porte obligatoirement son nom de famille, et en conséquence je signe ma motion.

MICHEL LEPELETIER.

L'Assemblée décréta la motion de Lepeletier (1).

On le vit toujours constant dans ses principes, siéger et opiner avec le côté gauche de l'Assemblée. Il a parlé dans les plus grandes questions.

Son discours sur le droit de paix et de guerre, ne contribua pas peu à influer sur le décret qui fut rendu par l'Assemblée (2).

Mais l'objet qui l'occupait continuellement, était le Code pénal. Il avait été chargé de faire le rapport de cette partie intéressante de la législation; son opinion pour l'abrogation de la peine de mort

(1) Mirabeau et bien d'autres ne digérèrent pas facilement ce décret et ne s'y soumirent pas.

(2) Voyez ci-après ce discours dans ses œuvres.

ayant prévalu dans le comité, il fut chargé de la défendre à la tribune; et quoique la peine de mort ait été conservée par l'Assemblée nationale, lorsqu'il lui présenta l'ensemble de son travail, néanmoins il en retira beaucoup d'honneur, et les suffrages des amis de l'humanité le dédommagèrent en quelque sorte de la non réussite de son opinion. La manière dont il développa et soutint cette opinion et toutes les dispositions du Code, lui attira même des correspondances de plusieurs parties de l'Europe, avec des gens célèbres qui avaient bien su l'apprécier.

La discussion du Code pénal se prolongea beaucoup : on le discutait encore lors de la fuite du monarque à Varennes. On peut retrouver, soit dans le Moniteur, soit dans les mémoires du temps, combien fut imposante à cette époque l'attitude de la France et de l'Assemblée constituante. Lorsque celle-ci eut avec un calme admirable pourvu au salut de l'État, et pris toutes les mesures réclamées pour la tranquillité publique, son président Alexandre Beauharnais proposa avec dignité de passer à l'ordre du jour. L'Assemblée se leva tout entière, et reprit ses travaux ordinaires. Michel Lepeletier, rapporteur du Code pénal, monta à la tribune, et la discussion, soit de la part de l'Assemblée, soit du côté de son rapporteur, se poursuivit avec une admirable sagesse. Il semblait que rien d'extraordinaire ne se passait en ce moment, et cependant on ne connaissait pas encore les obstacles insurmontables qui avaient remis à Varennes le monarque entre les mains de la nation française.

Je ne puis m'empêcher de placer ici Michel Lepeletier en parallèle avec un des législateurs les plus fameux de l'antiquité. L'opposition marquée qu'il y eut entre le système de l'un et celui de l'autre, produira un contraste remarquable, mais j'ose dire et penser, que la réputation du législateur athénien, loin de ternir celle de mon frère, ne peut qu'y ajouter encore.

Je veux parler de Dracon, cet homme fameux par l'austérité de ses mœurs, dont les principes en justice avoisinent tellement la barbarie, que sans le témoignage de l'antiquité, on serait tenté de croire qu'il fut sourd à la voix de la nature et de l'humanité; Dracon, dis-je, n'avait connu que la peine de mort pour opposer aux forfaits les plus atroces, ainsi qu'au crime le plus léger.

Il poussa la rigidité jusqu'à punir aussi de mort la source du vice, l'oisiveté, comme le crime lui-même. Il semble par là vouloir punir le crime à venir; loin même de laisser des portes ouvertes au repentir, l'un des principaux moyens de ramener les hommes à la pratique des vertus. Eh! qui de nous, s'il veut rentrer en soi-même et parler avec franchise, ne pourra s'avouer coupable de quelques faiblesses, au moins d'intention (1)?

Le véritable sage est celui qui, combattant sans cesse contre ses propres passions, l'aura fait avec succès; proposez donc à cet homme de ne pas croire au repentir. Si vous êtes cet homme, oserez-vous penser plus mal d'autrui que de vous-même? Au moins vous ne le devez pas; et si vous le faisiez, nous ne croirions pas en votre équité, mais bien, comme l'a dit un homme célèbre, que l'hypocrisie est un hommage forcé, rendu par le vice lui-même à la vertu.

Tels furent les principes naturels et philanthropiques, qui portèrent Michel Lepeletier à vouloir l'abolition de la peine de mort.

L'expérience de plusieurs peuples anciens et modernes était en faveur de cette opinion : il doutait même, ainsi que l'illustre Beccaria, que la société civile eût le droit de priver un de ses membres de l'existence que tous tiennent de la nature. Convaincu comme il l'était que loin d'arrêter les crimes,

(1) Témoin le bon Jean-Jacques.

la peine de mort y provoquait encore, est-il étonnant qu'il ait pris pour base de son travail, ce renversement de l'ancien système pénal, et qu'il ait fondé celui qu'il était chargé de proposer par les comités de législation et de constitution, sur le respect de la vie humaine, l'espoir du repentir dans le criminel, si attrayant pour un cœur compatissant; sur diverses nuances ou prolongations d'autres peines qui, laissant vivre les coupables, les constituaient en exemples, selon lui plus puissans pour l'humanité et qui laissaient subsister surtout cet espoir consolant du repentir et du retour aux vertus après les chutes du crime? Et puis encore lorsque des juges se trompent.... L'humanité n'aurait plus à frémir d'horreur de leurs erreurs irréparables, d'erreurs épouvantables.

Telle est la différence de vues qu'il y a entre Dracon l'Athénien et Michel Lepeletier. Mais quelle différence entre les deux systèmes! Le temps cependant a fait juger le premier; son Code pénal à force d'être sévère a pu subsister à peine quelques instans. Les temps feront juger aussi le principe fondamental de celui de Michel Lepeletier; car il n'est pas douteux, qu'une législature philanthropique et produite par la sagesse de l'avenir porte un jour une main hardie sur les tables de la loi, et en effacera à jamais la peine barbare et au moins inutile de la mort chez un peuple régénéré.

Faut-il rappeler, à l'appui de sa manière de voir, un trait précieux de nos annales, et qui fait sentir combien il sut toucher au vrai du cœur humain? Quels sont les hommes dont le dévouement arracha à la proie des flammes, les restes embrasés des vaisseaux de la république et les arsenaux du port de Toulon? Forçats de Toulon, vous fûtes criminels! paraissez sur la scène! Vous montrâtes cependant les plus grandes vertus dans cette cité coupable, lors de l'évacuation des Anglais en 1793 : toi surtout, que le goudron enflammé ne put même arrêter; tes mains dévorées par l'incendie, pour défendre la république, ne devaient plus porter des fers : la Convention les fit tomber (1). Honnêtes gens si rigides, vous ne rougirez pas, je le sais, mais taisez-vous au moins?

Cependant il est un cas réservé par Michel Lepeletier où la peine de mort doit être prononcée : c'est à l'occasion des chefs de partis. « Ces citoyens » doivent cesser d'existcer, dit-il, moins encore pour » expier leur crime, que pour la sûreté de l'État; » tant qu'ils vivraient ils pouraient devenir l'occa-

(1) Voyez le Moniteur de 1793.

» sion ou le prétexte de nouveaux troubles.........
» Rome, ajoute-t-il, dans les temps où la peine de
» mort était réservée aux seuls esclaves, vit pré-
» cipiter du haut de la roche Tarpéienne Manlius,
» Manlius!! dont le courage la délivra du joug des
» Gaulois, mais dont l'ambition aspirait à la tyran-
» nie (1). » Et cette exception pour la peine de mort, Michel Lepeletier l'établissait d'après ce principe célèbre :

Salus populi suprema lex.

Un jour, qui déjà n'est pas loin, l'application de ses principes par lui-même dans un procès célèbre deviendra la cause de sa mort.

Durant le cours de l'Assemblée constituante, mon frère eut, dans plusieurs occasions, à répondre à la malveillance qui s'attache de préférence aux hommes remarquables. Telle fut celle, où porté à la présidence de l'Assemblée, il se trouva en rivalité avec Siéyes qu'un parti portait à cette place. Ce parti crut que la calomnie serait le moyen le plus efficace à employer contre Michel Lepeletier, pour faire réussir ses vues.

En conséquence, on imprima un pamphlet contre Lepeletier, et celui-ci répondit que lui-même

(1) Extrait de son rapport sur le Code pénal, page 89.

avait donné sa voix à Sièyes. Quant aux reproches qu'on lui faisait : « Je le répète modestement, di-
» sait-il, je n'ai pas l'honneur d'avoir fait la révo-
» lution.......... Mais je le dis aussi avec vérité, je
» l'ai suivie fidèlement sans le moindre écart; je
» l'ai embrassée avec ardeur; je l'ai admirée, je
» l'ai aimée, je la défendrai constamment.......... »
A-t-il tenu parole? Sièyes fut président, et mon frère après lui (1).

Il est encore une circonstance où la calomnie chercha à l'attaquer, mais en vain; ce fut lorsque les nouveaux tribunaux furent organisés dans la ville de Paris. Il fut appelé à une place par la voix des électeurs du département de Paris. Ayant refusé, des pamphlets parurent encore contre lui; la même calomnie les avait dictés, en attribuant à fierté, à hauteur, ce refus dont il donne les motifs dans la lettre suivante, qu'il écrivit à ceux qui avaient daigné le choisir. Où pourra-t-on trouver des expressions d'un civisme plus pur?

« Messieurs,

» Vos suffrages m'ont accordé le seul bonheur
» qui puisse flatter un citoyen, celui d'une élection
» libre, et d'un choix dicté par la confiance.

(1) Voyez pièces justificatives O.

» Sur cette liste remarquable des juges que vous » donnez à la capitale, vous avez daigné placer » mon nom à côté de ceux les plus distingués » de la révolution et les plus chers à la patrie. » Recevez, Messieurs, l'expression de ma recon- » naissance; je passerais avec empressement au » poste que vous me désignez, si des liens anté- » rieurs ne m'engageaient.

» Les électeurs du département de l'Yonne » m'ont appelé à leur administration.

» Mes collègues ont encore resserré les nœuds » qui m'attachaient à ce département, par des » marques de leur estime.

» Placé entre ces deux choix, je me sens retenu » par une piété civique, à celui qui, le premier, » m'a fait goûter le plaisir pur d'être appelé, par » la voix de la patrie, dans une élection populaire » et vraiment constitutionnelle.

» Je vous prie, Messieurs, d'agréer avec bien- » veillance mon excuse et mes regrets (1).

» Je suis, etc.

» MICHEL LEPELETIER. »

On voit, par cette lettre, qu'ayant accepté la place d'administrateur dans le département de

(1) Cette lettre est du 28 novembre 1790.

l'Yonne, il ne pouvait répondre au choix dont les électeurs de Paris l'avaient honoré.

Le département de l'Yonne le porta depuis à la présidence (1); il avait des possessions considérables dans cette contrée, il y était très-aimé et estimé.

En 1790, à la fédération, il avait reçu et logé chez lui, pendant trois semaines, les fédérés de ce département. Il avait retracé à ceux qui aiment le spectacle des vertus primitives, les temps heureux où l'hospitalité était pour les peuples l'un des devoirs les plus sacrés (2) : dans ces beaux jours de la fédération en 1790, sa maison, tous les soirs, était comme un temple à la liberté. Nous étions presque toujours cent personnes à sa table.

Arrive enfin le moment fatal de la révision de l'acte constitutionnel : moment fatal pour la patrie dont les droits furent lésés, fatal aussi pour les réputations. C'est dans cette circonstance que l'on vit faiblir des citoyens ayant jusqu'alors bien mérité par leur fermeté; ce fut alors aussi que des traîtres se démasquèrent.

Michel Lepeletier fut contre l'acte de révision, et dès ce moment il disait hautement, *qu'il était dangereux de donner, par an, trente millions au*

(1) Voyez pièces justificatives Q.
(2) Voyez pièces justificatives R.

chef du pouvoir exécutif : que de trop grandes richesses ne pourraient bien servir là, qu'à corrompre les mandataires du peuple et même l'esprit public. Quelques voix se firent entendre contre cette insidieuse révision de l'acte constitutionnel; on remarqua celle de Michel Lepeletier (1).

Au reste, c'est à ces momens de perfidie que l'on dut en partie la république. Le jour où l'on voulut restreindre les droits du peuple, fut celui où les bons citoyens firent serment de les conquérir en entier. *Il est temps*, me disait-il alors, *que l'on nous remplace par une autre assemblée. Le mal de l'intrigue est déjà profond dans l'Assemblée constituante......* Il pensait que le défaut de sincérité et de fidélité dans le monarque et ses collaborateurs porterait nécessairement la France vers le gouvernement républicain et dans un espace de temps très-rapproché, si la guerre se déclarait (2).

Ce fut pendant la révision de la constitution après la fuite du roi à Varennes, qu'une entrevue assez remarquable eut lieu entre M. de Malsherbes et mon frère. Lorsque Louis XVI était prisonnier

(1) Je ne veux point dire que mon frère monta à la tribune et parla contre la révision; mais très-certainement il était opposé à cette révision par ce qu'il en disait, et, comme on va le voir, par ce qui se passa entre lui et M. de Malsherbes.

(2) Voyez la note S.

aux Tuileries, M. de Malsherbes, notre parent, fit demander un rendez-vous à mon frère. Celui-ci en fut surpris, vu la différence d'opinions; mais il accueillit la demande de ce respectable vieillard. Après les premiers mots de politesse échangés de part et d'autre, Malsherbes lui dit : *Mon cousin, je connais votre probité et votre bonne judiciaire. Dites-moi franchement quel est votre avis sur la situation du roi et ce que vous lui conseilleriez de faire dans sa position, si vous étiez son conseil?* Mon frère s'en excusa beaucoup et lui dit : *Que personne mieux que lui, M. de Malsherbes, ne pouvait avec sagesse et affection diriger le monarque.—C'est très-bien, et je vous remercie,* dit l'ancien ministre, *mais c'est votre avis que je désire.* Mon frère se défendit long-temps, enfin il se rendit et lui dit : *Mon cousin, après tout ce qui s'est passé, après la fuite récente à Varennes, si j'étais à la place du roi, j'abdiquerais. Je demanderais à me retirer dans un de mes châteaux; je laisserais la nation essayer de se gouverner à son gré. Ce n'est qu'ainsi qu'il pourrait un jour peut-être retrouver la confiance des Français; surtout après tout ce qui s'est passé depuis quelques années*..........
M. de Malsherbes tomba dans ses réflexions, remercia mon frère et s'en alla tout pensif............

L'Assemblée législative vint remplacer la constituante, et Lepeletier alla présider le département de l'Yonne. C'est dans cette position qu'on le suit avec plaisir, qu'on le voit ferme et calme inspirer cette même fermeté et ce même calme aux citoyens de ce département. Il quitta son poste de l'Yonne quelques mois avant la déclaration de la guerre, et vint à l'Assemblée législative présenter le tableau du département de l'Yonne, qui s'est toujours bien montré dans la révolution; et après avoir retracé fidèlement l'opinion publique qui y régnait, il ajouta : *Et nous plaçons l'opinion, Messieurs, non pas au milieu de quelques coteries prétendues distinguées, cercles étroits, plutôt que choisis, tous composés d'êtres enchaînés à d'anciens préjugés, où se traînant à l'entour de leurs vieilles habitudes, faibles ennemis de la constitution, ou froidement indifférens pour elle; qui se vantant d'être l'élite de la nation, en sont à peine la superficie, atome de peuple imperceptible pour nous, nul aux yeux de l'avenir. Nous appelons opinion publique, le sentiment ferme et profond de ceux qui servent la patrie dans les différens postes où la confiance les a placés; de ces bons et laborieux cultivateurs qui, sous l'influence heureuse de la liberté, fécondent nos campagnes affranchies; des commerçans dont l'industrie ranimée, trouve dans nos lois bienfaisantes une vie nouvelle; enfin de ces hommes essentiellement nécessaires à l'État, qui vivent du travail de leurs bras, et à force de sueurs élèvent encore leurs familles : c'est dans ces classes utiles que nous voyons le peuple français, c'est là que nous cherchons son opinion. C'est parmi ces hommes que la constitution trouve des cœurs pour l'aimer, et des bras innombrables pour la défendre*............ Et plus loin, il termine ensuite ce même discours par ces paroles qui sont devenues une espèce de prophétie :

Où est donc, Messieurs, la puissance qui pourrait vous entraver dans votre marche? Serait-ce un monarque lié à la constitution par sa volonté, par son intérêt, par l'exercice le plus libre de sa prérogative?

Serait-ce des ministres perfides? Une responsabilité sévère les menace : vous les surveillerez, mais sans défiance; car vous êtes trop sages pour les réduire à l'inaction, et vous êtes trop forts pour être soupçonneux.

Serait-ce des prêtres hypocrites? Mais notre juste fermeté va bientôt faire tomber le masque; ils ne seront plus redoutables.

Serait-ce quelques clameurs dont les échos du

Rhin retentissent? L'antre de l'agiotage les répète, assurant des gains impurs sur le jeu des terreurs et des espérances. .... Mais vous vous êtes couverts de vos armes, et toute la France a applaudi.

Serait-ce enfin des rois étrangers, Messieurs? Non loin de nous il existe un grand exemple, et une bien redoutable leçon. Dans les plaines de Morat, chez les Suisses nos bons alliés, quatre simples murailles forment une assez vaste enceinte, où on y lit cette inscription : « Le duc de Bourgogne étant entré en Suisse avec son armée, a laissé ces seules traces de son passage......... » Ces traces sont les ossemens de quarante mille Bourguignons.

Puissent la justice et la liberté triompher en cet empire, sans élever à la vengeance un aussi terrible monument (1).

Mais bientôt, quelle crise se manifeste? au milieu de la lutte à jamais mémorable du despotisme qui s'écroule, qui exhale en expirant ses cris impuissans, ses venins corrupteurs, et de la république qui, forte de ses vertus, qui, jeune, énergique et vigoureuse, s'élève et anéantit son rival, vieilli dans les préjugés et défendu par ses esclaves

(1) Extrait d'une adresse présentée par lui à l'Assemblée législative, en 1792.

gangrenés ; au milieu, dis-je, de tous ces combats, que se retrace fidèlement notre mémoire, lorsqu'on vit des hommes revêtus de la confiance du peuple, trahir la cause de ses droits, ou ramper lâchement, que faisait Lepeletier ? Il quittait encore son poste de l'Yonne quelques jours avant le 10 août, et venait au nom des administrateurs et des administrés de ce département rendre, dans le sein de l'Assemblée législative, un nouvel hommage à l'esprit national, en offrant le tableau de son département, fidèle aux principes, sourd à la voix des ennemis de la patrie, tandis que quelques autres, gagnés par la séduction de représentans perfides, ou d'administrateurs gagés par la corruption, se roulaient dans la fange sous les pieds du despotisme. Bientôt la journée du 10 août arrive, la royauté disparaît. Michel Lepeletier, calme à son poste, contribue à rétablir la tranquillité publique, si difficile à maintenir dans cette crise mémorable, et on le voit conséquent à ce qu'il avait su prévoir, seconder l'établissement de la république française, et mériter d'être choisi par le département de l'Yonne pour cimenter les bases de ce nouveau gouvernement.

Heureux, s'écriait-il alors, *les fondateurs de la république française ; dussent-ils payer ce bonheur au prix de leur sang !* Et lorsqu'il disait ces paroles il n'avait plus que quatre mois à vivre (1).

La Convention se rassemble ; la république est proclamée. Les ennemis, aux portes de Paris, sont repoussés par le courage des Français qui volent de toutes les parties de la France à la défense de la liberté menacée et du territoire envahi par la coalition et l'émigration armées. Les premiers mois de la Convention furent employés à organiser la forme provisoire du gouvernement, et à célébrer nos victoires rapides.

Ce fut au commencement de cette Assemblée qu'il s'éleva de fortes réclamations contre la liberté de la presse, qu'un parti voulait atténuer pour mieux couvrir certains desseins. Après avoir bien distingué la licence de la presse d'avec sa liberté, après avoir fait sentir combien l'une est peu dangereuse chez un peuple éclairé, et combien l'autre est utile à la société, Michel Lepeletier à la tribune nationale en appela aux patriotes ses collègues, qui, conjointement avec lui, l'avaient soutenue dans l'Assemblée constituante, et l'on n'osa pas toucher à ce palladium de nos libertés (2).

(1) C'était à son collègue Maure du département de l'Yonne qu'il disait ces paroles, en septembre 1792.

(2) Voyez son discours dans ses œuvres ci-après.

C'est ainsi qu'il soutenait sa vie politique par ses principes et ses actions. A quelque temps de là, rencontrant dans le jardin des Feuillans Moutonnet-Clairfons son ancien gouverneur, il lui disait : *Mon ami, vous connaissez ma grande fortune, mes richesses ; et bien je les donnerais de bon cœur, ne me réservant que douze à quinze cents livres de rente, pour voir établir la liberté et l'égalité sur des bases solides et durables.*

Mais deux points importans avaient nécessité la formation d'une Convention nationale ; d'abord un gouvernement à établir après la chute de la royauté; ensuite la captivité du monarque. La France demandait à haute voix qu'il fût jugé. Dans cette grande question de la culpabilité de Louis XVI, il montra la même sagesse que dans les autres où résidait le salut du peuple. Cet ancien magistrat manifesta son opinion sur l'affaire de Louis XVI, et cette opinion (1), qui plongea le poignard dans le sein de mon frère, se trouvera dans ses œuvres. Je me contenterai seulement de dire qu'il démontra que faire valoir, en faveur de Louis, son inviolabilité constitutionnelle, était le revêtir d'une toge d'immoralité que la constitution n'avait point our-

(1) Voyez ci-après son opinion sur le jugement de Louis XVI.

die contre le peuple, puis il termina ainsi son opinion.

« Après avoir réduit la démonstration de ce pro-
» blême à des termes simples, qu'il me soit per-
» mis d'en sortir un instant; mais pour réfuter
» deux orateurs qui s'en étaient eux-mêmes écartés,
» quoiqu'en suivant des routes bien différentes.

» L'un d'eux vous a proposé, comme une mesure
» politique, de dévouer Louis XVI à une longue
» et ignominieuse détention, peine plus efficace et
» plus exemplaire que la mort.

» L'autre a soutenu qu'au contraire si la tête
» de Louis échappait au glaive de la loi, au peuple
» appartiendrait encore le droit, il a presque dit
» le devoir, de la faire tomber.

» Je répondrai d'abord à Fauchet, et je lui dirai
» que, comme lui, j'ai défendu le système de l'a-
» bolition de la peine de mort; mais alors je pen-
» sais, et je soutiens encore aujourd'hui, que si la
» raison et l'humanité remportent cette belle vic-
» toire sur d'antiques erreurs, la politique et l'in-
» térêt suprême des nations commandent peut-être
» une seule exception, précisément contre ceux
» dont l'existence est une occasion de troubles, un
» foyer d'agitations, une espérance pour les mal-
» veillans, une inquiétude pour les citoyens.

» En un mot, la peine de mort doit être bannie » pour tous, hors les chefs de partis, dont on ne » peut prolonger la vie, sans conserver un germe » dangereux de dissensions et de maux.

» A l'égard de l'autre système, quant à la théorie » d'un assassinat prétendu légitime, j'avoue que je » ne l'adopterai, que je ne la concevrai jamais.

» J'admire Brutus frappant César! Pourquoi? » C'est que, lorsqu'il tient en main le pouvoir, » immoler un tyran, c'est combattre. Mais pour » Louis, terrassé et captif, il n'appartient qu'à la » loi seule de le punir. Même si j'ai relevé ce mot » terrible, échappé au patriotisme d'un de mes » collègues, je ne l'ai pas fait pour détruire une » telle opinion dans vos esprits, je sais qu'elle ne » peut pas y pénétrer; mais j'ai cru important, » pour le peuple qui nous entend, de ne pas laisser » germer une erreur qui, prononcée dans cette » assemblée, serait d'autant plus dangereuse, que » sa source même la rendrait plus respectable.

» Hasarderai-je de manifester toute ma pensée?

» Il me semble que Robert a aperçu une vérité; » mais qu'il l'a déplacée : révélons-la au peuple, » et qu'il connaisse tous ses droits, pour qu'il ne » viole aucun devoir.

» S'il arrivait que nous vinssions à prononcer

» sur le sort de Louis, d'une manière évidemment
» contraire à la justice, à l'intérêt public, à la cons-
» cience intime de tout le Peuple Français.........
» Serait-ce contre Louis, au Temple, que ce même
» peuple devrait exercer, sans l'intermédiaire des
» lois, sa vengeance? Non, car là est la trahison
» désarmée.

» Ce serait contre les mandataires infidèles de
» la nation, que l'insurrection deviendrait légi-
» time; parce que là seraient réunies la trahison
» et la puissance.

» Hâtons-nous d'écarter ces suppositions odieuses;
» mais qu'il ne reste plus parmi nous, et surtout
» dans l'esprit du peuple, aucune trace du système
» de l'assassinat, c'est-à-dire d'un crime punissable
» dans tout individu, flétrissant pour toute nation
» qui s'en rend coupable, et dont la légitimité n'a
» pu, me semble, être un instant supposée, que
» par cette fatalité attachée à la royauté, qui elle-
» même fut une étrange exception à la raison
» publique, et une longue erreur du genre hu-
» main (1). »

Il vota la peine de mort, et en cela même il mit en application la seule exception (2) qu'il avait

(1) Extrait de son opinion dans le procès de Louis XVI.
(2) Voyez pièces justificatives T.

placée pour les chefs de partis, dans son système de l'abolition de la peine de mort, lors de la présentation du Code pénal à l'Assemblée constituante.

Nature..... Un moment..... Voici l'instant du forfait..... Amitié! devoir! liez ma plume à mes faibles doigts.

Louis XVI était condamné, mais il vivait encore, et mon frère n'était plus.

Simple dans sa manière de vivre, il allait presque tous les jours chez un restaurateur appelé Février, établi au Palais-Royal. On sait que ce jardin était aussi le réceptacle des coupe-jarrets de l'aristocratie. Ce fut chez le restaurateur Février, lorsque mon frère prenait un repas frugal le 20 janvier 1793 à cinq heures de l'après-midi, que le nommé Pâris (1), ancien garde du roi, consomma le plus atroce des forfaits.

Michel Lepeletier était seul à table : Pâris s'informe à la femme Février, si mon frère était chez elle. On lui indique le lieu ; il y entre et dit à mon frère : *Êtes-vous Lepeletier Saint-Fargeau? Oui*, lui répondit cet homme confiant. *Vous avez voté dans l'affaire du roi ; quelle a été votre opinion?*

(1) Voyez pièces justificatives V.

La mort, dit mon frère ; *je l'ai trouvé coupable en mon âme et conscience, je l'ai jugé ainsi*....... A ces mots, Pâris tire un poignard terrible qu'il tenait caché sous son vêtement, le plonge dans le corps de Michel Lepeletier en disant : *Scélérat ! voilà ta récompense* (1). Mon frère appelle au secours ; le maître de la maison arrive à ce cri, et se saisit de l'assassin. Mais bientôt il le lâche pour ne s'occuper que de la victime, et le sabre, instrument du crime, tombe à terre ; l'assassin s'enfuit.

Mais qu'on se souvienne de la position où était la capitale, de la fermentation qui régnait alors. Frappé à mort, ce n'est pas pour lui que sont ses premières craintes ; il voit seulement les troubles que cet événement peut amener, qu'ils seraient funestes à sa patrie ; il craint qu'on ne le venge aveuglément, et il dit à Février : *Ne criez pas*. Et en effet le bruit du crime se répandant bien vite, les sections, l'Assemblée, les sociétés populaires envoyèrent à chaque instant, et toute la nuit chez moi savoir des nouvelles de la réalité du forfait, et de la situation de la victime. Les secours les plus prompts furent prodigués à mon frère, mais

(1) Voyez, pièces justificatives X, le procès-verbal de son assassinat. Ce poignard était son sabre de la garde du roi, à tête de coq et fleurs de lis.

hélas! que peuvent-ils quand une blessure est incurable!

Michel Lepeletier sentit son état dès les premiers momens, et avec le même calme qui le distinguait dans sa vie, on le vit dicter lui-même le procès-verbal de son assassinat. Il lui restait peu d'heures à vivre; ce fut à l'amitié qu'il réserva ces précieux, mais bien cruels momens; il se fit transporter chez moi à la place Vendôme.

Quoiqu'absent, le bruit public m'eut bientôt apporté cette affreuse nouvelle. J'accours, et ses premiers mots, en me voyant, sont: *Ah! je te revois, mon ami; regarde en quel état ils m'ont mis, les traîtres!* Puis il ajouta: *Mon frère, je meurs content, je meurs pour la liberté de mon pays.*

Nulle aigreur, aucun sentiment de vengeance, ne souillèrent ses derniers momens. Tout entier à la patrie et à l'amitié, ce fut entre elles deux qu'il partagea ses derniers soupirs. Il mourut en sage, comme il avait vécu, avec douceur, calme, et vertu, ne pouvant faire aucune disposition, mais me recommandant sa mémoire et de servir toujours la liberté.

Il avait été frappé à cinq heures du soir; ce fut à une heure du matin que s'échappa son dernier souffle. Il avait reçu le coup de poignard au côté gauche, entre les deux dernières côtes inférieures:

la blessure était affreuse, incurable; il eut à lutter sept heures contre la mort; il la vit arriver et la reçut avec un grand dévouement.

Tel fut la fin du premier martyr de la liberté; il était digne de l'être!

Le ministre de la justice vint faire à l'Assemblée le rapport du crime commis sur l'un de ses membres (1).

La Convention nationale rendit justice à ses vertus, elle décréta pour lui les honneurs du Panthéon, et qu'un monument en marbre serait élevé à sa mémoire. Elle décréta une récompense de dix mille francs pour celui qui arrêterait Pâris, son assassin (2).

Quatre jours après, la Convention nationale et le peuple de Paris portèrent ses restes inanimés au temple des grands hommes.

Les prêtres qui n'avaient point assisté à ses derniers momens ne suivirent point non plus ses funérailles.

Jamais cérémonie ne fut plus auguste. Quel spectacle touchant! que celui d'un sentiment public exprimé par un aussi grand peuple!

Il avait été déposé sur le piédestal, d'où naguère

(1) Voyez pièces justificatives Y.

(2) Voyez pièces justificatives Z.

avait été renversée la statue de Louis XIV. Couché sur un lit de forme antique, Michel Lepeletier, dont le corps avait été embaumé par ordre du gouvernement, fut porté à découvert; il était mort depuis quatre jours. Sur ses traits était peinte encore, pour ainsi dire, toute la philanthropie qui animait son cœur. Sa blessure aussi, qui apparaissait à tous les regards, le poignard dont il avait été frappé (1), étaient des objets qui, fixant la pensée, firent prêter alors plus d'un serment utile à la république.

La Convention nationale, son président à la tête, accompagnée de tous les corps administratifs du département, de la municipalité, des sections, des sociétés populaires, vint prendre le corps à la place Vendôme. Là, un discours fut prononcé en l'honneur du député victime; une couronne civique fut déposée sur sa tête par le président de la Convention nationale.

Le cortége se mit en marche avec la plus grande solennité, escorté des troupes, de la garde nationale, de la population de Paris, et traversa cette grande ville aux accords d'une musique lugubre et religieuse. La Convention nationale sur deux doubles rangs entourait le corps porté sur le lit fu-

(1) Voyez pièces justificatives AA.

nèbre. Le président et les secrétaires de la Convention précédaient. Un de mes frères et moi suivions les restes de notre frère. Des couronnes civiques tressées par le patriotisme, distribuées par l'amour de la liberté et par la beauté, et trempées de larmes, volaient de toutes parts et traçaient, pour ainsi dire, le chemin de son dernier voyage.

Arrivé au Panthéon français, le corps de mon frère fut placé sur une grande tribune, et sa plaie toujours à découvert. La Convention nationale et une foule immense s'empressaient à l'entour. Là, près des restes déchirés par le fer de l'assassin, je prononçai quelques paroles (1) de douleur, d'amitié et d'adieux : je félicitai la victime d'être morte pour la cause de la patrie : j'ambitionnai le même sort. Je cherchai aussi quelques hautes consolations pour mon âme dans l'amour de la liberté...... La liberté ! pour laquelle je perdais le meilleur ami, un second père ; et me précipitant sur le corps de ce frère chéri, je le serrai dans mes bras pour la dernière fois............ Une force presque surnaturelle m'avait soutenu........... Mais alors je ne vis plus, je n'entendis plus rien de ces illustres funérailles.

(1) Voyez ce discours, pièces justificatives BB.

Trente et quelques années se sont écoulées, et cependant je vois, je touche encore tout. Je ne dis plus adieu......... Je dis, bientôt, bientôt, mon frère, ma destinée sera de te rejoindre. Ah! si l'on pouvait se revoir !

Après moi le député Barrère, le président de la Convention nationale Vergniaud, prononcèrent des discours funèbres avec cette éloquence qui leur appartenait (1). D'autres citoyens parlèrent après eux, tous célébrèrent dignement la mémoire du député fidèle, victime de la royauté abolie.

Le corps de Michel Lepeletier fut ensuite enseveli: il avait été embaumé. Il fut déposé dans un double cercueil et descendu dans les vastes tombes, où la patrie reconnaissante donnait place aux citoyens qui s'étaient dévoués pour elle, ou qui l'avaient illustrée par leurs mérites, leurs courages ou leurs vertus.

Deux vieillards, dont les chevelures étaient blanches comme la neige, ne quittèrent pas un instant les soins de l'ensevelissement du corps et de son cercueil : c'étaient deux vieux serviteurs, versant des torrens de larmes. L'un, le vieux Perron, son valet de chambre dont j'ai déjà parlé et qui ne voulait jamais se coucher lorsque mon frère travaillait

(1.) Voyez ces discours, pièces justificatives BB.

pendant les nuits. L'autre, le vieux Benoit, son intendant, et qui l'avait déjà été de son grand-père maternel. On eut bien de la peine à tirer ces deux nobles et respectables vieillards de dessus le cercueil de leur jeune maître qu'ils avaient vu naître. Je réunis ici leur mémoire auprès de celle qui leur fut si chère, à cause de leur douleur sacrée. Ces deux vieillards me donnèrent par la suite les plus hautes marques d'attachement et de dévouement dans des circonstances bien pénibles pour mon cœur.

Jamais on n'avait vu un spectacle plus imposant et d'un caractère aussi grave, que cette douloureuse cérémonie : elle parlait à toutes les âmes (1).

Heureux le citoyen qui, après avoir fourni sa carrière honorablement, laisse encore après lui des preuves nouvelles et irrévocables de son amour pour la patrie.

Michel Lepeletier s'occupait depuis long-temps d'un plan d'éducation publique; il était même terminé. Je crus devoir, dans le Panthéon français, lorsque je prononçai près de son corps son oraison funèbre, apprendre à la patrie que mon frère laissait un testament politique en faveur de l'humanité.

Cet ouvrage a été connu depuis; et les suffrages

(1) Voyez le récit du Moniteur, pièces justificatives CC.

qu'il a mérités ont ajouté encore aux regrets publics. Je dirai seulement ici de ce plan vraiment républicain, qu'une éducation commune, égale et forcée, en était la base, mais seulement depuis l'âge *de cinq ans jusqu'à douze.* Il en faisait porter le plus grand poids sur les richesses. *Osons faire,* dit-il dans ce plan, *une loi tout en faveur du pauvre, puisqu'elle reporte sur lui tout le superflu de l'opulence, que le riche lui-même doit approuver, s'il réfléchit; qu'il doit aimer, s'il est sensible. Cette loi consiste à former une éducation vraiment nationale, vraiment républicaine, également et efficacement commune à tous; la seule capable de régénérer l'espèce humaine, soit par les dons physiques, soit par le caractère moral. En un mot cette loi est l'établissement de l'institution publique.* Et plus loin il ajoute avec raison : *Ici est la révolution du pauvre..... mais révolution douce et paisible, révolution qui s'opère sans alarmer la propriété et sans offenser la justice. Adoptez les enfans des citoyens sans propriété, il n'existe plus pour eux d'indigence; adoptez leurs enfans, et vous les secourez dans la portion la plus chère de leur être. Que ces jeunes arbres soient transplantés dans la pépinière nationale; qu'un même sol leur fournisse les mêmes sucs nutritifs; qu'une culture vigoureuse les fa-*

çonne; que, pressés les uns contre les autres, vivifiés comme par les rayons d'un astre bienfaisant, ils croissent, se développent, s'élancent tous ensemble et à l'envi, sous les regards et la douce influence de la patrie (1). Son plan, qui faillit être décrété à l'instant où il fut présenté à la Convention (2), a été définitivement écarté.

Les habitans des campagnes et le peuple des villes, loin de craindre le sacrifice momentané de leurs enfans, sacrifice dont l'importance et l'utilité leur étaient démontrées, disaient de ce plan d'éducation: « Il est trop beau, il ne sera pas adopté (3). »

Ils avaient raison: le point essentiel, celui de l'institution commune, égale et forcée, a été rejeté; mais un jour on y viendra, ou jamais la France n'aura de vrais citoyens, et par conséquent de vraie liberté. Il en sera de son plan d'éducation comme de l'abrogation de la peine de mort, ses idées reviendront un jour. Les hautes pensées étonnent d'abord; les passions humaines se jettent aussi à la traverse; c'est l'histoire de notre révolution: Beaucoup ont voulu douter ou faire douter, et tous finiront par croire.

(1) Extrait de son plan d'éducation, ci-après.
(2) Voyez la note DD.
(3) Voyez la note EE.

Telle fut la vie et la fin de Michel Lepeletier, de celui que les amis de la tyrannie ont assez apprécié pour le faire assassiner. Ils savaient bien qu'on pouvait le plonger dans le cercueil, l'enlever à l'humanité, mais non le faire dévier. Il a offert l'exemple rare, mais puissant, de l'homme qui, comblé des dons de la nature et de la fortune, a su fouler aux pieds tous les hochets de la vanité, mépriser toute espèce d'avantages pour lui-même, mais s'en servir pour l'utilité de ses semblables. Simple dans sa personne, au point d'étonner tous ceux qui le voyaient pour la première fois, et qui connaissaient sa grande fortune, il était encore endurci à la fatigue du corps, aux intempéries des saisons, au travail de l'esprit : les livres et l'agriculture étaient ses délassemens favoris.

Il avait senti que dans les temps de révolution, l'homme public ne s'appartient plus à lui-même; il rompit tous ces liens de convenance, de société, dont il sentait le prestige et dont il éprouva bien la fausseté. Je ne veux point consigner ici de noires ingratitudes; mais presque seul, je fus pendant quatre années le dépositaire de ses pensées et de ses travaux; et sous son heureuse influence j'ai senti le besoin de marcher sur ses traces. Il affectionnait aussi particulièrement le député Maure, véritable homme de la nature, d'un esprit et d'une judiciaire très-remarquables; ils étaient de la même députation. La reconnaissance fraternelle l'inscrit ici dans les fastes de l'amitié (1).

Je terminerai le récit de sa vie, par ce passage d'un de ses écrits, qui achèvera de caractériser la solidité et la vigueur de ses opinions politiques.

C'était au département de l'Yonne qu'il s'adressait.

« Loin de nous, disait-il, cet engourdissement politique, ce poison destructeur de toute énergie, le » froid modérantisme..... alliage monstrueux de la » servitude et de la liberté, sentiment mixte, système » faux dans les temps de crises, que Solon punissait » de mort dans Athènes, qu'en France tous les » partis flétrissent par le mépris, impuissant pour » la chose publique, fatal à celui-là même qui l'adopte, et dont les demi-moyens, épuisés bien avant » le terme de la carrière, nous la font voir toute jonchée des débris de tant de réputations échouées; » de tant de héros avortés, qui n'ont pu fournir la » carrière de la révolution tout entière (2). »

(1) Voyez la note FF.

(2) Extrait d'un discours qu'il prononça étant président du département à Auxerre, quand les séances des corps administratifs furent rendues publiques par un décret.

On peut ajouter, et ce doit être l'ambition de tous les vrais Français, qu'il fut assez heureux pour servir encore par sa mort la cause de la liberté et de l'égalité, comme il y avait coopéré pendant sa vie. Car en effet sa mort avait rallié pour quelque temps les divers partis de la Convention nationale. Il ne vit point les proscriptions alternatives des mandataires du peuple : proscriptions qui firent tant de maux à la chose publique. Je vis tous ses collègues des deux partis, Montagnards et Girondins, venir verser les mêmes larmes sur ses restes inanimés. La Convention nationale rendit à l'unanimité dix décrets plus honorables les uns que les autres pour sa mémoire (1). Comme à Rome, à Athènes, ses funérailles furent acquittées des deniers publics : la patrie le voulut ainsi. Je vis l'immensité des citoyens, pendant les quatre jours qui précédèrent sa pompe funèbre, venir lui faire un dernier adieu et se précipiter sur ses restes pour lui donner leur dernier embrassement : c'était un concours continuel du matin au soir.

La reconnaissance nationale et le génie lui élevèrent de toutes parts des monumens. Ses bustes furent placés dans les sections de Paris, dans les

(1) Voyez, pièces justificatives GG, ces divers décrets.

communes de la république et à la Convention. L'Appelles de nos jours, le célèbre David, dans un tableau sublime a retracé à la postérité ses traits (1). Il fut placé dans la salle des séances de l'Assemblée. Elle décréta qu'il serait gravé aux frais de la république et copié par la manufacture nationale des Gobelins. A Auxerre, sur la maison qu'il occupait se trouvait son effigie; la place publique qui est au-devant portait son nom. Son cordon et sa médaille de président du département furent, par arrêté de l'administration de l'Yonne, suspendus honorablement au-dessus du siége qu'il avait occupé (2). Les départemens, les villes, firent des adresses de condoléance à sa famille ainsi que les armées, qui portèrent même des crêpes à leurs drapeaux et étendards; des bataillons avaient pris son nom, une section de Paris aussi; deux rues le rappelaient encore; de jeunes républicains venant au monde commencèrent leur carrière en ajoutant son nom aux leurs; la ville de Saint-Fargeau, chef-lieu de district, s'était déclarée commune Lepeletier (3). Enfin le Peuple Français avait adopté sa fille unique, lorsque je la présentai à la Conven-

(1) Voyez pièces justificatives KK.
(2) Voyez pièces justificatives LL.
(3) Voyez pièces justificatives MM.

tion nationale. Elle fut la première dans la république qui ait reçu cet honneur, et fut la cause heureuse de la bienfaisante loi de l'adoption (1).

Cherchons dans l'histoire de l'antiquité, et nous trouverons à peine l'exemple du seul Germanicus, dernier et vain espoir de la liberté romaine, à qui Rome, cette maîtresse du monde, a payé de pareils tributs de douleurs et de regrets.

Mais les principes changèrent avec les gouvernemens qui se succédèrent; la Convention nationale se déchira. Dans la réaction, un décret, qui n'accordait les honneurs du Panthéon que dix ans après la mort des hommes, fit sortir par un effet rétroactif les restes de Michel Lepeletier du temple de la patrie reconnaissante. Son corps me fut honorablement remis par le ministre de l'intérieur (1). Il fut transporté à Saint-Fargeau dans le caveau de la chapelle de cette antique habitation, appartenant à la fille unique de Michel Lepeletier, où il est à présent. Le Directoire vint ensuite qui ne sut ni conserver, ni maintenir le véritable esprit de liberté nécessaire à un état républicain, et surtout à la France cernée comme elle l'était par les dy-

(1) Voyez pièces justificatives NN.

(1) M. Garat, qui depuis fut député et sénateur. Voyez pièces justificatives OO.

nasties féodales, et aux prises encore avec les vieux préjugés et toutes les avidités de notre pourriture sociale des derniers règnes. Le 18 brumaire survint, nouvelle décadence pour la liberté; enfin l'empire!!..... Tout ce qui honorait les vertus républicaines, inquiétait un monarque destructeur et successeur de la république. Le nom d'un martyr de la liberté fut un titre de proscription pour un frère qui suivait ses principes. Tout ce qui signalait la mémoire du député fidèle, d'un interprète habile de notre nouvelle législation, du premier martyr de la liberté, disparut : cela devait être. Mais les nations conservent d'honorables souvenirs, et la postérité est un juste tribunal où en appelleront toujours les grands dévouemens : son jugement intervient enfin, c'est l'espérance et le noble prix de la vertu (1).

Pour moi, j'offre la vérité aux temps, et aux hommes qui la chérissent et la recherchent.......... Mes intentions sont pures et non hostiles. La prudence, cette supériorité morale de l'homme, quelquefois excessive, traite de dangereuse l'expansion des affections sacrées. Elle voudrait peut-être la retenir..... mais elle n'oserait point la condamner.

(1) Voyez la note PP.

Quand reviendront les beaux jours des nations? Pourquoi les anciennes dynasties restent-elles en arrière de l'humanité? Qu'elles réfléchissent sur le mouvement du monde! Que ne leur prédit pas cet isolement universel?..... Vous vous êtes retirés de nous!..... pourraient leur dire un jour les peuples?...... Nous nous étions rapprochés de vous.....

Si les rois ne se laissaient pas diriger par des conseillers aveugles et pervers, ils voudraient tenir des constitutions de la main des peuples, en se joignant à eux pour les éclairer sur leurs intérêts et leurs droits. Ah! si reconnaissant la vraie source de tous les pouvoirs ils consentaient à tenir leurs mandats des peuples; s'ils voulaient accepter, maintenir et défendre les institutions!.......

Pourquoi l'antique race des Hugues Capet, après avoir eu pour prédécesseurs des maires du palais, ne deviendrait-elle pas les hauts maires de la nation? Pourquoi ne transformerait-elle pas le trône en un beffroi municipal, du haut duquel elle pût veiller pour la liberté, seconder la marche de l'humanité vers les améliorations sociales?

Des ministres ne se croiraient pas obligés de lui faire voir des ennemis dans les peuples......

La monarchie serait vraiment une *res publica*, une chose publique. Les hommes traiteraient les monarques de frères; nous les dirions républicains! Nos respects, notre amour, ceux de deux cents millions d'hommes répandus sur la terre, les presseraient, les cuirasseraient! Heureux comme un roi, ne serait plus une idée fausse....... Alors plus de congrès...... plus d'alarmes!

Quels monarques comprendront, mettront en pratique des choses aussi simples (1)? Eh quoi! le bon sens ne monterait-il jamais dans les carrosses des rois? N'aura-t-il point un jour les grands hon-

(1) Il en est un, dont la marche constitutionnelle et franche donne de grandes espérances aux amis de l'humanité et des lumières: sa devise est, JE MAINTIENDRAI.

Cet ouvrage était terminé, lorsque le monarque (don Pedro) qui a proclamé *pouvoir modérateur*, l'autorité tendant toujours à l'absolu, vient de signaler ainsi les nécessités politiques amenées par les lumières et l'esprit du siècle. Proclamée dans ses chartres du Brésil et du Portugal, sa conviction politique n'est-elle pas un solennel hommage rendu aux principes que nous rappelons ici? C'est un exemple remarquable pour les trônes, de voir un monarque sentir et reconnaître les droits des nations. Déjà nous devions à la jeune Amérique les déclarations de droits; la vieille Europe lui devra donc encore de voir sortir de la bouche d'un roi cette vérité, que la force réelle de la royauté est cet esprit de modération et de sagesse qui doit tourner sans cesse l'attention et l'oreille des monarques vers les besoins et les volontés des peuples. On a dit avec vérité *que le genre humain était en marche*, eh bien! voilà un monarque qui paraît se mettre en chemin avec lui. Espérons que la modération va devenir le trait principal des trônes; mais il leur faudrait d'abord quelques baïonnettes de moins; ensuite des lois moins fiscales: celles-là portent trop à en abuser, et celles-ci trop à corrompre l'humanité.

neurs des Louvres? Ses parchemins sont cependant les plus vieux sur la terre...... L'esprit ne vient qu'après lui dans cet ordre héraldique!!....... Le genre humain n'a point perdu ses titres. Rousseau, Rousseau!! Montesquieu, Montesquieu!! vous êtes immortels!

O SAINTE AMITIÉ, si j'ai fait connaître un frère chéri, si j'ai montré qu'il méritait sa gloire, si j'ai rempli dignement cette nouvelle tâche; si l'on conçoit bien tout ce que j'ai perdu, c'est à toi encore que je le dois! Amitié, sois toujours, avec ma patrie, mes dieux et mon guide, et conduis-moi pur et sans faiblesse à mon dernier asyle.

Séance du 6 juin 1791

garder cette copie pour mettre rendu

L. M. Lepeletier

2.e p.e du code penal

Des crimes et de leur punition

Titre 1.er

Crimes et attentats contre la chose publique

1.re Section du titre 1.er

Des Crimes contre la sureté exterieure de l'etat

art 1.er

Quiconque sera convaincu d'avoir pratiqué des ~~intelligences~~ machinations ou entretenu des intelligences avec les puissances etrangeres ou avec leurs agents pour les engager a commettre des hostilités ou pour leur indiquer les moyens d'entreprendre la guerre ~~[illegible]~~ contre la france sera puni de mort soit que les dites machinations ou intelligences ayent ou non été suivies d'hostilités.

art. 2

Extrait des Minutes de la Discussion du Code Penal.

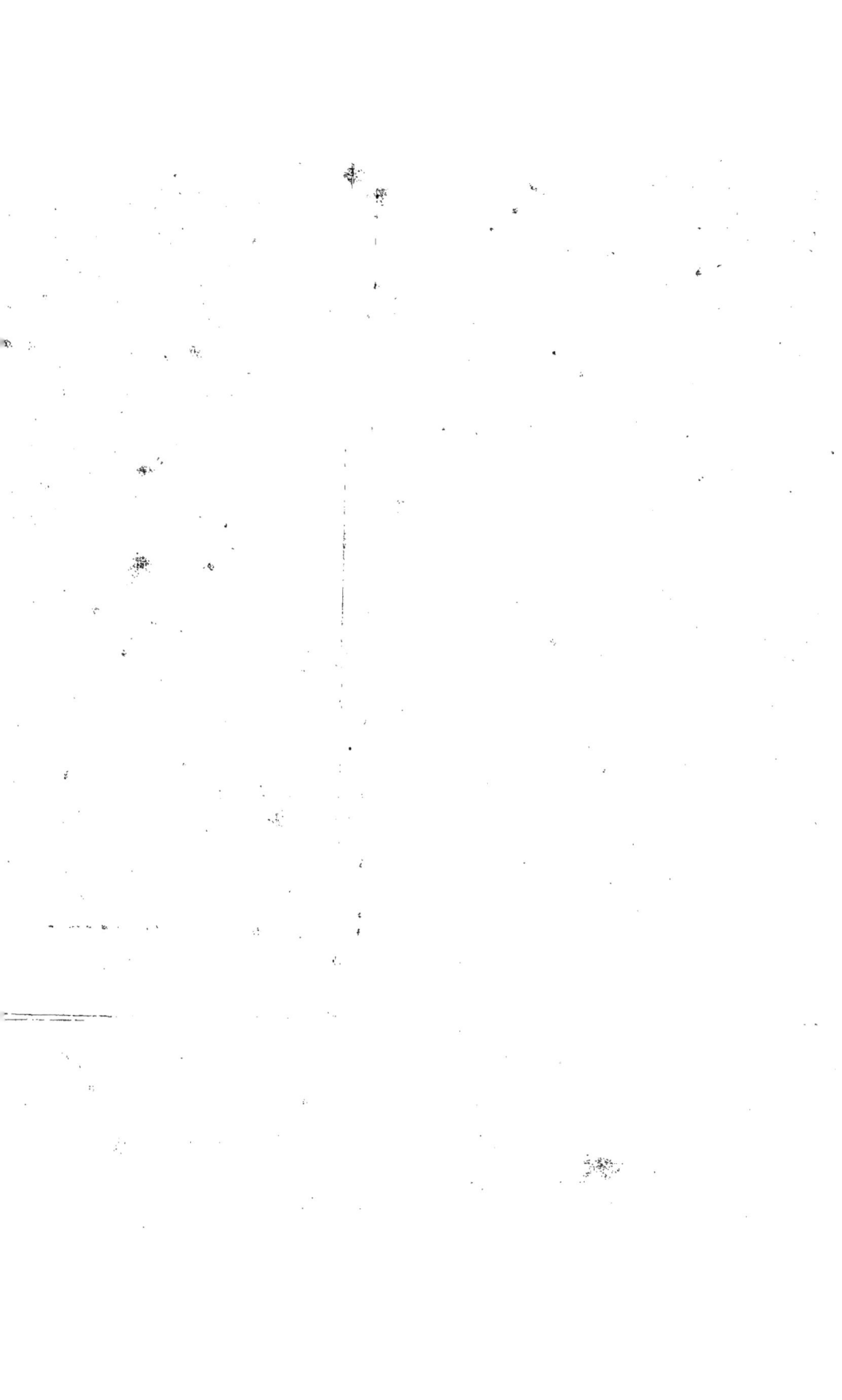

PROJET

DE CODE PÉNAL,

PRÉSENTÉ

A L'ASSEMBLÉE CONSTITUANTE

Par Michel Lepeletier,

Rapporteur des Comités de constitution et de législation.

RÉFLEXIONS PRÉLIMINAIRES,

PAR FÉLIX LEPELETIER.

Lorsque les temps se sont longuement écoulés, et que les méditations de l'homme, exercées et fortifiées par de grands événemens, viennent s'asseoir devant d'immenses résultats, son esprit, qui a recueilli les effets, éprouve encore le besoin de remonter aux causes. Ce qui le frappe presque toujours, c'est qu'à l'origine de ces choses, il eût été facile de prévenir ou de restreindre ce qui pouvait en résulter de funeste : avec un peu de prudence, avec quelque raison, en ôtant de la main des hommes des instrumens dangereux, dont ils n'avaient déjà que trop abusé, on eût paré à bien des maux.

Presque toujours de tels points de départ il s'élève, par le seul instinct du génie, des esprits supérieurs, dont les investigations morales embrassent, d'un coup d'œil rapide et sûr, tout ce qu'il y a de bon et de nécessaire dans les choses possibles à opérer, lorsque les yeux du plus grand

nombre n'aperçoivent encore alors qu'innovations imprudentes, déplacées, ou même des élémens de funestes présages.

Les voix de ces esprits supérieurs se font entendre, et c'est presque seulement dans le désert que ces nobles organes retentissent. Parmi les hommes, les uns ne les comprennent pas; les autres ne les comprennent que trop. O hommes! voulez-vous combattre, vaincre les préjugés? Attendez-vous à l'injustice. Vous voudrez le bien de tous? Presque tous vous traiteront en ennemis. C'est un crime, vous l'apprendrez, que d'avoir raison les premiers contre les aveuglemens du grand nombre.

Cependant le Temps, ce vieillard infatigable, marche toujours avec sa terrible faux; mais des flambeaux le suivent. Un jour enfin ils éclairent, en *résultats* effrayans, les plaies passées du genre humain, et ses irréparables pertes. Le genre humain avait fermé l'oreille aux accens de la raison et des génies préservateurs : *Flete, gentes*...........

C'est lorsqu'on va remettre sous les yeux des nations, le projet de Code pénal présenté à l'Assemblée constituante par ses comités de constitution et de législation criminelle, que de telles réflexions s'offrent naturellement à la pensée.

Les bases de ce Code reposaient sur l'abrogation de la peine de mort. En Europe, depuis quelques années, la philosophie avait commencé à soumettre à son examen une question si majeure. Le marquis Beccaria s'était illustré en la plaidant devant le tribunal des peuples. Ses accens avaient ému tous les cœurs philanthropes, et ce n'était point en vain que l'on avait lu sous sa plume entraînante ces vérités : *La peine de mort n'est et ne peut pas être un droit; ce n'est donc qu'une guerre déclarée à un citoyen par la nation, qui juge utile et nécessaire la destruction de son être; mais si je prouve que la peine de mort n'est ni utile ni nécessaire, j'aurai fait triompher la cause de l'humanité* (1). Il l'entreprit et le prouva à tous les vrais amis du genre humain.

Parmi les nations attentives, la Toscane ne s'était pas bornée à de nobles émotions. Elle avait par les mains de Léopold, de son prince, effacé de ses codes la peine de mort pour tous les crimes.

Bien avant déjà la Russie, sous Élisabeth, mue par d'autres considérations tirées de sa politique, avait aussi aboli la peine de mort. Mais Catherine II, en rapport avec Voltaire et D'Alembert, venait de confirmer de nouveau par ses lois, cette même abrogation. Elle avait coutume de dire : *Qu'il fallait punir le crime sans l'imiter, et que la peine de mort est presque toujours une barbarie inutile* (2). Et sous son règne le seul Pugastchew, rebelle et

(1) Voyez l'immortel traité des délits et des peines par Beccaria, et qui fut traduit dans toutes les langues.

(2) Voyez une lettre de M. de Ségur dans le Moniteur du 2 juin 1791,

chef de parti, fut exécuté à mort; elle fit même grâce de la vie à ses complices.

La révolution de 1789 en France dut mettre à l'ordre du jour toutes les améliorations sur l'art de gouverner les peuples; et les comités réunis de constitution et de législation criminelle, de l'Assemblée nationale, voulurent s'occuper d'un aussi grand objet. Après avoir long-temps examiné et discuté entre eux la question de la peine de mort, ils adoptèrent le principe de son abrogation, comme base du Code pénal de la France. Lorsque le député Adrien Duport prononça à l'appui du projet son opinion si belle et si humaine, il commença par annoncer à l'Assemblée, que les deux comités avaient été unanimes dans cette grande question. Parmi les membres de ces comités, Michel Lepeletier, mon frère, fut un de ceux qui défendirent l'abrogation de la peine de mort, avec le plus de chaleur, de lumières et de désir de voir triompher cette pensée généreuse. Aussi ses collègues lui déférèrent-ils l'insigne honneur d'être à la tribune nationale, le rapporteur du Code pénal.

nº 158. M. de Ségur, maintenant pair de France, grand maître des cérémonies sous Napoléon, alors ambassadeur de Louis XVI à Rome, après l'avoir été plusieurs années en Russie, fut un des hommes de lettres distingués qui se montrèrent inclinant favorablement pour cette grande question, comme on le voit dans sa lettre insérée au Moniteur, et c'est à remarquer dans un esprit tel que le sien qui, bien qu'éclairé, ne s'est attaché à rien fortement en politique.

Je me rappelle quelles furent alors les touchantes émotions de son âme. Il voyait une victoire immortelle remportée sur la barbarie et sur d'antiques erreurs. Il n'apercevait pas que plus tard la gloire de législateur était cachée pour lui sous des poignards: qu'un homme tuerait l'homme qui défendait aux lois mêmes la mort des hommes. Il les eût distingués ces poignards....... Il n'eût pas reculé........... Mais tout semblait annoncer que l'humanité allait au contraire remporter une grande, mémorable et facile victoire. Comment se fit-il qu'il n'en fût rien?

Les deux comités de constitution et de législation criminelle se composaient, 1° des députés Thouret, Sièyes, Target, Talleyrand-Périgord, Desmeunier, Rabaud Saint-Étienne, Tronchet, Lechapelier; 2° des députés Beaumetz, Fréteau, Lepeletier Saint-Fargeau, Larochefoucault, Duport, Chabrol, Dinocheau.

Ces noms signalaient alors sans nul doute les lumières, les talens et l'amour de la liberté. Les discours, prononcés à l'appui d'une telle cause, furent brillans et péremptoires; les motifs, à l'appui de la proposition dans le rapport, ne leur cédaient en rien. Une exception à l'abrogation de la peine de mort, commandée par la loi du salut du peuple, était réservée dans le travail soumis aux votes de l'Assemblée. On conservait cette peine de mort uniquement pour les chefs de partis. La politique, la sûreté publique l'exigeait.

Dans la discussion, l'opinion contraire, la conservation de la mort légale se prononçait à peine. Il semblait que la pudeur publique fermât la bouche à ceux qui ne partageaient pas les hautes espérances que faisait naître le projet de Code. Les députés les plus opposés aux principes adoptés par les comités semblaient rougir de la défiance de leur esprit. Ils n'osaient buriner sous les yeux de l'histoire, leurs noms comme adversaires d'un Code procréateur d'une telle révolution pénale dans les lois de la France : ils se taisaient. Et cependant la majorité de l'Assemblée rejeta l'adoption de l'abrogation de la peine de mort ! !........ Les députés Adrien Duport, Max. Roberspierre et Goupil de Préfeln étaient descendus dans la lice, en sa faveur (1).

Aujourd'hui, que trente années et plus ont passé sur une aussi grande tentative, mais n'en ont pas affaibli le souvenir ; aujourd'hui qu'en jetant des regards prolongés sur le passé, sur les arènes encore sanglantes de nos discordes civiles, et que l'on distingue toutes ces victimes de la mort pénale sous les divers esprits de législation des partis divers ; tous s'étant décerné tour-à-tour le supplice

(1) On trouvera deux de ces discours aux documens historiques, ils sont en quelque sorte le complément et les décors du projet de Code.

de la perte de la vie, qui peut contester, qui oserait nier, que parmi les législateurs ceux qui voulurent au commencement de notre révolution ôter à jamais le glaive de la loi de la main de tous les partis, n'eurent point une pensée profonde, salutaire, philanthropique, autant qu'une grande prévoyance de l'avenir? Qui peut nombrer ce qui en serait résulté de biens pour le bonheur public et particulier? Que de larmes n'eussent point coulé! Que d'hommes de vertus et de talens nous contemplerions encore parmi nous! Des proscrits de tous les partis, échappés à cette mort légale, arme à toutes mains, ne sont-ils pas revenus tremper leurs lèvres dans les eaux de la Seine, de la Loire et du Rhône? Sans doute il est encore des souvenirs amers dans les cœurs, mais le doux ciel de la France recouvre et modifiera tous ses enfans.

Ah! si de nouvelles révolutions devaient nous éprouver encore, Français, c'est sur la tombe de mon frère, de mon frère assassiné que je vous adjure, avant tout, d'abolir la peine légale de la mort. Ouvrez le Code de Michel Lepeletier : hâtez-vous de le proclamer; c'est s'armer avec force contre les passions et prévenir de tardifs repentirs.

En terminant ces réflexions une dernière pensée s'offre encore à mon esprit. Je la livre aux méditations du présent et de l'avenir : c'est que ce fut le parti triomphant de la révolution qui voulut briser à jamais le glaive homicide des lois, qu'il tenait dans ses mains et dont il voulut se préserver d'abuser ou de mésuser. Quel noble emploi du triomphe, de la force, et de la sagesse. Car ce fut tout le côté droit de l'Assemblée qui, de toutes ses voix, s'unissant alors à la minorité opposante dans le côté gauche, vint constituer la majorité contre la proposition. Pour le côté droit, il suffisait que ce fût une innovation utile pour la rejeter.

Le destin aveugle, cet invincible destin, que l'antiquité nous peint dominant le monde et les dieux, prévaudra-t-il donc toujours sur la terre, même sur les prévisions du génie et de la vertu?

ASSEMBLÉE CONSTITUANTE.

RAPPORT

SUR LE PROJET DU CODE PÉNAL,

Fait au nom des Comités de constitution et de législation criminelle, par MICHEL LEPELETIER SAINT-FARGEAU.

(Séances des 22 et 23 mai 1791.)

MESSIEURS, le mot de Code pénal rappelle à des législateurs un devoir pénible. Vous allez enfin descendre dans ces sombres régions des crimes et des supplices pour y contempler le plus affligeant spectacle, celui de l'homme coupable et de l'homme souffrant. C'est là que dans le *cahos* informe de nos anciennes institutions, vous trouverez presque à chaque pas la morale et l'humanité outragées; des faits innocens ou des fautes légères érigées en grands attentats; la présomption du crime punie souvent comme le crime même ; des tortures atroces imaginées dans des siècles de barbarie, et pourtant conservées dans des siècles de lumières ; nul rapport entre les délits et les peines, nulle proportion entre les peines des différens délits ; le méchant poussé par la loi même au dernier degré du crime, parce que dès ses premiers pas il trouve le dernier degré du supplice ; en un mot des dispositions incohérentes, sans système, sans ensemble, faites à des époques diverses, la plupart pour des circonstances du moment, qui jamais n'ont été rassemblées en corps de lois, mais qui éparses dans de volumineux recueils, tantôt étaient oubliées, tantôt remises en vigueur, et dont l'absurdité féroce ne trouvait de remèdes que dans cet autre abus, celui d'être interprétées et modifiées arbitrairement par les juges.

Dès long-temps l'humanité avait emprunté la voix de la philosophie et de l'éloquence pour dénoncer à l'opinion publique ces funestes erreurs de notre législation criminelle ; quelques juges même, il faut le dire, obligés de prononcer contre la loi ou contre leur conscience, pressaient avec instance l'ancien gouvernement de les délivrer par un nouveau Code de cette alternative pénible : une réclamation universelle, un vœu général entourait le sanctuaire et sollicitait l'oracle ; mais il ne s'agissait ni d'accroître une autorité arbitraire, ni d'étendre les droits du fisc.... Et l'oracle est resté muet !

Il vous était réservé, Messieurs, d'opérer cette réforme si désirée; et le nouveau système de procédure criminelle que vous avez adopté, ne permet pas de différer plus long-temps l'établissement du nouveau système des peines : ces deux parties du travail sont intimement liées; les jurés ne peuvent être en activité qu'après la formation du Code pénal, car la procédure par jurés exclut tout arbitraire, et l'arbitraire seul tempérait les vices des anciennes lois criminelles.

Les deux comités que vous avez chargés de vous en tracer le plan, l'ont médité avec tout le soin qu'exigeaient sa délicatesse et son importance. Il a été satisfaisant pour eux de pouvoir porter dans cette réforme les principes d'humanité qui vous animent; mais là ne se bornait pas leur mission : ils ont senti que la société avait aussi des droits à réclamer; qu'il fallait pour la tranquillité publique des peines efficacement répressives, et que la plus dangereuse de toutes les erreurs politiques serait le système de l'impunité des crimes. Puissent leurs efforts avoir rempli ce double objet! puissent-ils, justement sévères envers les méchans sans oublier jamais que les condamnés sont des hommes, avoir conçu quelques idées salutaires! S'ils ont pu épargner même au coupable, une douleur inutile pour la répression et pour l'exemple; si par une exacte proportion entre les délits et les peines, ils ont pu opposer au crime un frein efficace, ils seront bien récompensés du travail ingrat et pénible auquel, suivant vos ordres, ils ont consacré long-temps leurs méditations et leurs soins.

Avant d'entrer dans la discussion de ce plan, il est, Messieurs, une première observation que nous vous prions de ne pas perdre de vue pour l'intelligence de notre travail.

Le Code pénal ne comprend uniquement que les crimes susceptibles d'être poursuivis par la procédure par jurés, et les peines applicables à ces seuls crimes.

Quant aux autres délits d'une nature moins grave, susceptibles d'une correction plus légère et d'une poursuite moins solennelle, vos comités n'ont pas cru en devoir embarrasser le travail actuel, et ils se contenteront de vous indiquer ici en peu de mots leurs vues à cet égard.

Il paraît convenable de distinguer quatre sortes de police :

La police municipale;

La police correctionnelle;

La police constitutionnelle;

La police de sûreté.

La police municipale sera, conformément à vos décrets, exercée par les officiers municipaux, avec appel de leurs jugemens aux tribunaux de district. Elle a pour objet les contraventions aux réglemens de police, les troubles apportés au bon ordre et à la tranquillité des rues, marchés, foires et places publiques; elle pourra infliger des peines correctionnelles aux délinquans, telles qu'amendes, injonctions, détentions pendant quelques jours, ainsi que vous l'avez déjà décrété.

La police correctionnelle sera exercée par le juge-de-paix, avec appel au tribunal de district. Elle aura pour objet tout ce qui était connu autrefois sous le nom de petit criminel, les rixes, coups, injures, escroqueries et autres délits auxquels vos comités ont pensé qu'il était impossible d'appliquer la solennité du juré; elle pourra infliger, après une procédure sommaire, des peines telles qu'amendes, injonctions et même détention correctionnelle pendant un temps déterminé.

Le travail de ces deux espèces de police est achevé, et un des membres de vos comités s'est chargé de vous le présenter incessamment.

La troisième espèce de police dont vos comités ont conçu l'idée, est la police constitutionnelle : celle-ci a pour objet les fautes de différens fonctionnaires publics dans l'exercice de leurs fonctions, mais dont la gravité ne comporte pas une procédure criminelle. Cette police sera exercée par les supérieurs envers leurs subordonnés : ses moyens de répression sont les monitions, réprimandes, cassation des actes et des corps, suspensions et interdictions momentanées des fonctionnaires ; ses principes et ses détails se trouvent dispersés dans les décrets relatifs à l'organisation de chacun des pouvoirs que vous avez constitués.

Aucune des peines qui seront appliquées par ces trois espèces de police n'emportera avec elle infamie, et elles laisseront dans leur entier les droits politiques et civils de ceux qui les auront subies.

Enfin la quatrième espèce de police est la police de sûreté. Elle a pour objet de réprimer les crimes susceptibles de la procédure par juré, c'est-à-dire les crimes qui méritent peine afflictive ou infamante : ces crimes sont distingués de tous les autres délits par leur importance, par la solennité de la procédure contre les accusés, par la nature et la gravité des peines prononcées contre les coupables.

Entre ces quatre espèces de police, le Code pénal n'appartient qu'à la dernière; il peut être considéré comme le complément du décret sur les jurés : ces deux lois réunies forment ensemble le Code criminel, l'une en prescrivant les peines et spécifiant les délits dont l'autre a déterminé le mode et les formes de la poursuite.

Veuillez, Messieurs, conserver dans vos esprits cette observation; sans elle le Code pénal pourrait vous paraître incomplet, car beaucoup de délits n'y sont pas compris ; mais vos comités ont pensé que ce serait absolument sortir le juré de l'objet de son institution que de l'appliquer à l'examen des moindres contraventions : la difficulté de sa convocation, le déplacement long et lointain des jurés et des témoins, la solennité de cet examen, doivent faire réserver cette procédure pour les crimes caractérisés, et il nous a paru indispensable d'adapter auxiliairement au juré des formes promptes, simples et faciles pour la répression habituelle des offenses légères qui blessent l'ordre social ; et le Code pénal ainsi réduit se divise en deux parties :

La première comprend la description des peines ;

La seconde, l'énumération des crimes et leur punition.

Ce rapport a principalement pour objet de développer les principes de la première partie, c'est-à-dire la théorie du nouveau système pénal.

A l'égard de la seconde partie, vos comités se réservent dans le détail des articles, de joindre quelques observations particulières ; quant à présent il leur suffit de vous présenter sur cette énumération des délits une seule pensée générale.

Vous allez enfin en voir disparaître cette foule de crimes imaginaires qui grossissaient les anciens recueils de nos lois.

Vous n'y retrouverez plus ces grands crimes d'hérésie, de lèse-majesté divine, de sortilége et de magie, dont la poursuite vraiment sacrilége a si long-temps offensé la divinité, et pour lesquels au nom du ciel tant de sang a souillé la terre.

Nous en avons écarté soigneusement ces contraventions aux lois fiscales, suffisamment réprimées par des réglemens correctionnels, lorsque l'impôt est sagement organisé, est équitablement réparti, est modérément perçu, et payé par un peuple qui l'a voté librement, enfin lorsqu'il est utilement employé; nous avons donc effacé de notre Code, tout le Code de la ferme, monument honteux d'oppression et de despotisme, tarif abject de l'honneur, de la liberté, de la vie des hommes, qui bonifiait un privilége par une concession de lois pénales, et améliorait une régie par quelques lettres patentes de galères ou de mort.

Vous parlerons-nous de ces Codes des capitaineries, des chasses, des eaux et forêts, de la librairie, dont les uns défendaient les retraites de quelques animaux privilégiés avec plus de rigueur et de vigilance que la police n'en apportait à maintenir la sûreté dans la demeure des hommes; dont les autres condamnaient un imprimeur pour cela seulement qu'il avait décliné l'autorité d'un censeur royal, ou négligé d'obtenir un privilége, lui confisquant *corps et biens* non pas même pour avoir imprimé un mauvais livre, mais pour avoir imprimé un bon livre sans permission?

Oui, nous les citerons encore aujourd'hui ces

lois, mais c'est pour les dénoncer à la raison et à la morale; c'est pour les arracher du Code d'un peuple libre et éclairé; c'est pour rendre aux crimes véritables toute l'horreur qu'ils doivent inspirer en ne les confondant pas avec des actes qui n'auraient jamais dû en porter le nom; c'est enfin pour substituer à ces délits factices, créés par la superstition, la féodalité, la fiscalité et le despotisme, les attentats réels qui offensent la nation, et ces grandes prévarications des hommes publics contre le respect dû à la constitution ou à la liberté.

Mais revenons à la théorie des peines.

Ce travail consiste à distinguer dans les peines actuellement usitées celles qui doivent être abrogées, celles qu'il peut être utile de maintenir, et à développer les motifs des peines nouvelles dont nous vous proposons l'établissement.

Pour porter une lumière plus sûre dans cet examen, commençons par poser quelques principes sur les caractères auxquels on peut reconnaître la bonté des lois pénales.

Que toute Loi pénale soit humaine :

Assez long-temps et chez un assez grand nombre de peuples, cette condition a été la seule oubliée dans la formation de leurs lois criminelles, pour qu'il soit utile de la placer à la tête de votre Code, et de la rendre toujours présente et à vous-mêmes et à quiconque dans l'avenir dictera des institutions pénales.

Au reste si cette maxime est digne de votre sensibilité, elle ne l'est pas moins de votre sagesse.

Une loi est d'autant moins efficace qu'elle est plus inhumaine; car on ne l'invoque point, ou l'on ne l'applique point.

Voyez l'exemple de la peine de mort prononcée contre le vol domestique : le maître volé chasse le serviteur infidèle, mais rarement il le dénonce à la justice. Un vol de cette nature est-il poursuivi, la preuve n'est jamais complète, ou n'est jamais aperçue; les parties lésées, l'accusateur public, les témoins, les juges, tout conspire pour l'accusé. Il n'y a plus de peine contre le crime, précisément par cela même que la peine est atroce; et une loi barbare, semblable à ces instrumens empoisonnés dont la moindre atteinte porte la mort, est vouée soigneusement à l'inutilité et à l'oubli.

Tel est l'effet des peines trop sévères dans un pays où les mœurs sont douces. Cet effet est différent, mais plus funeste encore, chez un peuple où des mœurs douces ne tempèrent pas l'aspérité de la loi; là on l'invoque sans répugnance, on l'applique sans regret; le peuple court en foule aux supplices : mais ces cruels spectacles ne font qu'endurcir les mœurs publiques, et ils deviennent bientôt le germe d'attentats plus atroces; il faut alors enchérir sur les tourmens, et ainsi par une fatale réaction et par une progression sans bornes, les crimes multiplient les tortures, et les tortures nouvelles enfantent de nouveaux crimes.

C'est une observation certaine que chez tous les peuples où les peines sont les plus cruelles, les crimes sont les plus fréquens et les plus horribles; qu'au bout de quelques années on est obligé de monter l'échelle des peines, mais toujours en vain : par là on réussit à punir les crimes, mais on ne peut jamais parvenir à les réprimer.

Des peines quoique modérées peuvent être efficaces si elles sont justement graduées; et c'est le second caractère que nous supposons à toute bonne institution pénale.

Ce qui rend une peine répressive, c'est moins d'être sévère que de se trouver dans l'échelle des peines placées au degré le plus convenable.

Il importe qu'un délit soit puni précisément dans la proportion où il doit l'être avec un autre délit; qu'il y ait un juste rapport entre les divers degrés de l'échelle; et en maintenant ce rapport on pourra sans danger baisser un peu le plus haut degré.

Il existe deux sortes de crimes; ceux qui sont l'effet du calcul et de la réflexion, et les crimes qui sont produits par l'impulsion subite d'une passion violente.

Une graduation exacte des peines opérera un effet moins efficace pour la répression de cette dernière sorte de crimes, parce que la passion ne voit que l'objet qui l'allume et calcule peu les chances qu'elle court; mais cette classe est la moins nombreuse.

Pour les autres, la graduation des peines produit un effet certain.

Si une grande distance sépare la peine de tel crime d'avec la peine de tel autre crime, le méchant qui de sang froid médite une mauvaise action, s'arrêtera là où commence pour lui un nouveau danger : la loi franchit-elle tous les degrés de la peine? le méchant franchira aussi tous les degrés du crime; il n'a point d'intérêt à s'arrêter; nul calcul ne le retient.

C'était une grande absurdité de nos lois de punir le voleur de grand chemin, le serviteur qui dérobait quelques effets à son maître, l'homme qui en brisant les clôtures s'introduisait dans les maisons, de la même peine que l'assassin; la loi elle-même les invitait au meurtre, puisque le meurtre n'aggravait pas la punition de leurs crimes, et pouvait en étouffer la preuve.

A cette juste graduation, qui proportionne la gravité des peines à l'atrocité des crimes, il faut encore joindre *des rapports exacts entre la nature du délit et la nature de la punition :* ainsi les douleurs physiques puniront les attentats dont la férocité a été le principe; un travail pénible sera imposé au coupable dont le crime a trouvé sa source dans la fainéantise ; l'infamie punira les actions qui n'ont été inspirées que par une âme abjecte et dégradée.

Ajouterons-nous pour quatrième caractère *l'égalité des peines?*

Ce principe est trop précieux pour n'être pas transcrit dans le Code pénal ; mais il existe déjà partout dans vos lois ; il existe dans *la déclaration des droits de l'homme ;* il existe dans *l'égalité civile* qui fait la base de votre constitution ; il existe dans le *décret spécial* où vous l'avez proclamé : en le plaçant ici nous répétons seulement votre volonté déjà exprimée. Mais nous observerons que si quelque chose peut inspirer un profond respect pour la loi, c'est de montrer les hommes, quels qu'ils soient, couverts par le crime de la même infamie. Ce sera un grand et salutaire exemple, lorsqu'on pourra voir le ministre prévaricateur confondu avec la tourbe des criminels, puni plus long-temps parce que son attentat a blessé davantage la patrie, et l'un de ces inviolables d'autrefois chargé légalement des mêmes fers dont ils opprimaient arbitrairement l'innocence.

Il est un autre caractère que vos précédens décrets rendent inséparable de toute loi pénale ; c'est *d'établir pour chaque délit une peine fixe et déterminée :* telle est la conséquence nécessaire de la procédure par juré.

Les jurés jugent de la vérité du fait.

Le tribunal applique la loi.

Cette forme exclut tout arbitraire.

Nos anciennes lois sont pleines de ces formules : *Tel crime sera puni suivant les circonstances, suivant l'exigence du cas ; ou tel crime ne pourra être puni de moindre peine que du bannissement, ou de plus forte peine que des galères à perpétuité.*

Ce protocole, il faut en convenir, était fort commode pour les faiseurs de lois d'alors ; et dans la vérité cette latitude n'était pas incompatible avec des formes criminelles qui rendaient les tribunaux juges tout à la fois et du fait et du droit ; ils pouvaient modifier la peine suivant la gravité du fait dont ils avaient approfondi et pesé toutes les circonstances.

Aujourd'hui toute nuance du fait est étrangère au juge.

Il ne connaît que le fait posé par le verdict du juré.

Il faut qu'il ouvre la loi, et qu'il y trouve une peine précise, applicable au fait déterminé ; son seul devoir est de prononcer cette peine.

Cette forme rejette sur les législateurs la nécessité de prévoir un plus grand nombre de cas, de spécifier des nuances plus variées, de déterminer plus de faits, et toujours d'être précis dans la prononciation de la peine établie par chaque article.

Voilà, Messieurs, une des grandes difficultés de la tâche que vous nous avez imposée ; nous ne nous flattons pas même d'avoir pu la surmonter totalement, car il est démontré qu'elle est insoluble ; le nombre des peines est borné, même pour le génie inventif d'un tyran. Les nuances des crimes sont aussi variées que les nuances des physionomies, et il nous a paru que le mieux dont il fallait se contenter, c'était de saisir dans les délits les traits les plus prononcés et les plus marquans, soit d'immoralité, soit de danger pour l'ordre social, sans prétendre atteindre la perfection chimérique d'un travail qui spécifiât toutes les formes sous lesquelles peuvent se manifester les effets de la méchanceté des hommes.

Mais si toute peine arbitraire au gré du juge doit être bannie de notre Code, nous en écarterons bien plus soigneusement encore celles qui sont susceptibles d'être modifiées après le jugement ; toute peine qui par sa nature peut être ou aggravée ou atténuée suivant la disposition de celui qui la fait subir au condamné est essentiellement mauvaise. *Il faut qu'une peine soit et demeure ce que l'équité des lois l'a faite, et non ce que la rend la sévérité ou l'indulgence de l'exécuteur du jugement.*

Les peines pour être répressives porteront encore trois caractères importans.

Le premier d'être durables ;

Le second d'être publiques;

Le troisième d'être toujours rapprochées du lieu où le crime a éclaté.

Je dis que les peines doivent être durables, et j'entends par cette expression qu'une suite prolongée de privations pénibles, en épargnant à l'humanité l'horreur des tortures, affecte beaucoup plus le coupable qu'un instant passager de douleur, trop souvent bravé par une sorte de courage et de philosophie. Les peines de cette nature sont encore plus efficaces pour l'exemple, car bientôt l'impression du spectacle d'un jour est effacée; mais une punition lente et de longs travaux renouvellent sans cesse aux yeux du peuple qui en est témoin, le souvenir de lois vengeresses, et fait revivre à tous momens une terreur salutaire.

J'ajoute que les peines doivent être publiques, c'est-à-dire que souvent et à des temps marqués la présence du peuple doit porter la honte sur le front du coupable, et la présence du coupable dans l'état où l'a réduit son crime, doit porter dans l'âme du peuple une instruction utile.

Eh! combien cette honte sera-t-elle pénétrante, combien cette instruction fera-t-elle de plus profondes impressions, si c'est près du lieu où le crime a été commis, que le crime est expié! Une peine qui n'est notifiée que par l'affiche d'un jugement produit peu d'effet; on sait que tel coupable subit tel châtiment à l'extrémité de l'empire; on le sait, mais on ne le voit pas, on ne le sent pas; on l'a bientôt oublié parce qu'on n'a fait que l'apprendre: et cette répression-là seule est véritablement exemplaire, qui présente constamment toute la durée de la vengeance des lois dans les mêmes lieux qui ont été remplis de l'horreur et du scandale du crime, et où des regards toujours connus réveillent sans cesse dans l'âme du coupable les sensations actives de l'opprobre et de l'ignominie.

Les peines qui réuniront tous les différens caractères que j'ai développés jusqu'ici, rempliront un des principaux objets de toute institution pénale, celui de réprimer utilement et efficacement les crimes.

C'est à ce seul objet que les législateurs ont borné leurs vues jusqu'à présent.

Mais est-il impossible d'aller plus loin, et ne saurait-on concevoir un système pénal qui opérât ce double effet, *Et de punir le coupable et le rendre meilleur?*

Voyons par quels caractères les peines pourraient atteindre ce but moral; ce développement complétera la théorie des principes dont nous avons suivi la lumière.

La source la plus ordinaire des crimes, c'est le besoin, enfant de l'oisiveté: *Le système des peines doit donc être assis principalement sur la base du travail;* mais son but est manqué si, faisant du travail le tourment même du condamné, il augmente encore son aversion naturelle; c'est sous un autre aspect que le travail doit lui être présenté.

Il faut qu'il y soit porté par le sentiment du besoin; il faut que le travail devienne pour lui le passage à un état moins pénible; il faut qu'il y trouve des adoucissemens précisément dans la proportion du zèle avec lequel il s'y sera livré.

En lui offrant le travail sous ces formes consolatrices, vous pourrez lui en inspirer et l'habitude et l'amour; et certes vous l'aurez rendu meilleur si vous l'avez rendu laborieux.

Nous avons encore pensé, sous le même rapport de moralité, qu'il était convenable *de rendre décroissante par le temps la rigueur des peines*, en sorte que toute leur intensité soit portée sur les premières années, et qu'un peu adoucies vers le milieu de leur durée, la dernière époque se termine par le degré le moins sévère de l'existence pénale.

Ce principe est humain, car la première consolation c'est l'espérance, qui montre dans l'avenir une diminution des maux qu'on souffre; et de plus il nous a semblé qu'il pouvait être utile de tempérer insensiblement l'être moral du condamné, et de pénétrer son âme d'affections plus douces et plus sociales avant l'instant où la fin de sa punition va le rendre à la société et à lui-même.

Toutes ces nuances deviendraient superflues, si le condamné était plongé pour jamais dans le lieu fatal d'expiation; mais les peines peuvent être répressives et pourtant temporaires; c'est un principe que nous vous proposerons encore de consacrer, et en conséquence d'abolir tout ce qui imprime aux peines un caractère de perpétuité, tout ce qui voue un coupable au désespoir...... au désespoir la plus barbare des punitions, et la seule peut-être que la société n'ait pas le droit d'infliger, tout ce qui l'enchaîne irrévocablement au crime, en lui ôtant les moyens de se livrer à une honnête industrie.

Appelons par nos institutions le repentir dans le cœur du coupable; qu'il puisse revivre à la vertu, en lui laissant l'espérance de revivre à l'honneur; qu'il puisse cesser d'être méchant par l'intérêt que vous lui offrez d'être bon; après qu'une longue partie de sa vie passée dans les peines aura acquitté le tribut qu'il doit à l'exemple, rendu à la société qu'il puisse encore recouvrer son estime par l'épreuve d'une conduite sans reproche, et mérite un jour que la patrie elle-même efface de dessus son front jusqu'à la tache d'un crime qu'il aura suffisamment expié.

Je résume en peu de mots cette théorie générale, et je reprends l'énumération des caractères que vos comités ont pensé qu'il était utile d'imprimer à vos lois pénales.

Il faut que les peines soient humaines, justement graduées, dans un rapport exact avec la nature du délit, égales pour tous les citoyens, exemptes de tout arbitraire judiciaire; qu'elles ne puissent être dénaturées après le jugement dans le mode de leur exécution; qu'elles soient répressives principalement par des gênes et des privations prolongées, par leur publicité, par leur proximité du lieu où le crime a été commis; qu'elles corrigent les affections morales du condamné par l'habitude du travail; qu'elles décroissent en approchant du terme fixé à leur durée; et enfin qu'elles soient temporaires.

Comparons ces principes aux peines actuellement usitées, et voyons celles qui pourront survivre à cet examen.

Nous n'aborderons pas ici la grande question de la peine de mort, pour laquelle nous réservons dans un instant une discussion particulière.

La peine de mort, emportant simple privation de la vie, peut paraître à quelques bons esprits devoir être conservée dans votre nouveau Code.

Mais ce que vous en bannirez sans doute, ce sont ces tortures dont la peine de mort était accompagnée d'après nos lois anciennes; le feu, la roue, des supplices plus barbares encore, réservés pour les crimes de lèse-majesté, toutes ces horreurs légales sont détestées par l'humanité et par l'opinion. L'Angleterre nous a donné l'exemple de les détruire : il n'est pourtant aucun peuple qui ait prodigué autant que les Anglais la peine capitale, car presque tous les crimes la font encourir; mais les Anglais ont éloigné de cette peine tout ce qu'elle a d'atroce ; le condamné cesse de vivre sans qu'une longue et pénible agonie excite et provoque la farouche curiosité du peuple. Ces spectacles cruels dégradent les mœurs publiques, sont indignes d'un siècle humain et éclairé; la raison et la philosophie les proscrivent ; et en cédant au vœu de votre cœur, qui vous presse d'en abroger l'usage, vous aurez, Messieurs, la satisfaction de réaliser un vœu public, conçu et manifesté depuis long-temps.

Après la peine de mort, les galères sont le second degré des peines actuellement usitées.

Les bases de cette punition sont les travaux publics, élément utile d'un bon système pénal.

Mais il existe un vice radical dans ce mode de punir les condamnés; leurs douleurs sont absolument perdues pour l'exemple. C'est dans un petit nombre de villes maritimes que les condamnés de tout l'empire sont conduits; il faut habiter Brest et Toulon pour savoir quel est le sort d'un galérien ; et encore de quel spectacle sont témoins ceux qui considèrent de près cet établissement ! Ils y voient des abus intolérables; des hommes frappés d'une condamnation semblable, et pourtant tout différemment traités ; les uns excédés de coups, de travail et de rigueur ; les autres ménagés, soignés, comblés de tous les adoucissemens que comporte leur état, et cela selon la faveur ou la haine, la préférence ou la prévention, l'indulgence ou la sévérité d'un gardien, d'un conducteur ou d'un commandant ; peut-être aussi selon l'industrie ou l'oisiveté, la bonne ou la mauvaise conduite du forçat, mais qui toujours n'ont pour juge que le caprice d'un seul homme.

La peine des galères est toujours accompagnée de deux autres condamnations, le fouet et la marque.

Quelques coups de verges donnés sur les épaules du condamné par l'exécuteur de la haute justice, sont plutôt un simulacre de peine qu'une punition véritable ; ils dégradent la main de l'homme en l'appesantissant sur son semblable ; ils ajoutent peu à l'opprobre du supplice ; ils n'ajoutent rien à l'effroi qu'il doit inspirer.

Quant à la peine de la marque, elle présente une très-grande question.

On peut appuyer sur de très-saines et très-fortes raisons, l'opinion qu'un signe sensible doit faire reconnaître l'homme que la justice a déjà puni pour un crime, afin que, s'il se rend coupable une seconde fois, sa punition soit augmentée en raison de la perversité de ses penchans.

Parmi ceux qui ont réfléchi sur cette question et qui l'ont discutée, il s'est même trouvé de bons esprits qui ont porté ce principe jusque-là, qu'ils pensaient utile qu'une marque extérieure et apparente rendît partout reconnaissable le condamné, afin que la société pût se tenir continuellement en garde contre celui qui déjà l'avait offensée par un crime.

Les conséquences de cette opinion extrême pourraient être dangereuses, même pour le repos de la société : en horreur à tous les hommes, exclu de tout commerce humain, de toute profession, de toute industrie; portant dans tous les lieux habités la honte, la défiance et l'effroi, l'être ainsi dégradé aurait fui dans les forêts pour y former une peuplade farouche dévouée au meurtre et au brigandage.

Les lois en usage avaient évité cet inconvénient en adoptant un parti mitoyen, qui, sans flétrir le front de l'homme par l'affreux cachet du crime, laissait pourtant sur sa personne une marque voilée, mais ineffaçable, dont la justice pouvait au besoin retrouver l'empreinte.

Nous avons hésité quelque temps à vous proposer d'en abolir l'usage; mais voici quels sont les motifs qui nous y ont déterminés.

Il nous a paru qu'une empreinte corporelle indélébile était incompatible avec le système des peines temporaires, puisqu'elle perpétue, après l'époque fixée pour le terme de la punition, une flétrissure qui n'est pas une des circonstances les moins insupportables du châtiment.

Cette empreinte, quoique non apparente, peut si souvent et si facilement se trahir, qu'elle écartera presque toujours le malheureux qui la porte, d'un état honnête, et dès lors des moyens légitimes de subsister.

Demeura-t-elle constamment invisible et inconnue, la conscience de son opprobre poursuivra partout le condamné; dégradé et flétri à jamais dans son être physique, comment son âme pourra-t-elle soulever le poids de la honte, et dans l'espoir de mériter l'estime des hommes, contempler la récompense d'une conduite pure et sans reproche?

Une seconde considération nous a encore portés à abandonner ce moyen de reconnaître le coupable déjà condamné, s'il retombe une seconde fois entre les mains de la justice; c'est que dans le nouvel ordre de nos institutions, il sera bien moins facile au méchant de se perdre et de se confondre dans la foule, la trace de son existence ne peut guère s'effacer; des registres, exactement tenus dans chaque municipalité, présenteront le dénombrement de tous les membres qui composent la grande famille; il faudra que chacun ait un nom, un état, des moyens de subsistance, ou des besoins notoires.

Les vagabonds et les inconnus formaient autrefois dans la nation une peuplade qui ne se rendait guère visible que par ses attentats : déjà on a indiqué, et il vous sera proposé encore, Messieurs, des moyens pour fixer dans l'ordre social ces existences funestes et fugitives; et désormais l'état de vagabond et d'inconnu, devenant un signal de défiance, avertira suffisamment la police et la justice de prendre des mesures répressives contre des hommes justement suspects à la société.

D'après ces réflexions, nous pensons que la peine des galères, avec les accessoires qui toujours y sont réunis, doit être convertie en d'autres travaux : que le fouet, peine illusoire, ne doit pas être conservé, et que désormais aucune marque indélébile ne doit être imprimée sur la personne du condamné.

Dans l'ordre des peines actuelles, l'hôpital ou la réclusion dans une maison de force, est pour les femmes ce que sont les galères pour les hommes.

Privation de liberté et travail, tels sont les élémens de cette peine; avec quelque modification elle est bonne et salutaire : la principale réforme que vous jugerez convenable d'y apporter, sera sans doute de ne plus confondre la prostitution avec le crime, et de séparer un établissement purement correctionnel d'avec ceux qui seront formés pour recevoir les victimes dévouées par la loi aux souffrances et à l'infamie des peines afflictives.

Je ne dirai qu'un mot sur la mutilation; cette peine était rarement usitée; mais les réflexions que je vous ai présentées relativement aux tortures et relativement à la marque s'appliquent aussi à ce genre de punition, et évidemment doivent le faire proscrire.

Il est une autre peine d'un usage bien plus fréquent, car elle s'applique aux délits les plus ordinaires; je veux dire le bannissement, qui envoyait les condamnés d'un tel parlement dans la province voisine, sous condition et avec l'assurance de recevoir bientôt les scélérats dont cet autre parlement purgeait son ressort; échange absurde et funeste, qui déplaçait le criminel sans réprimer ni punir le crime! Toutes les opinions se réunissent depuis long-temps pour la suppression de cette peine; dans les discussions polémiques, pas un écrivain n'a tenté de la défendre: on l'appliquait par routine parce qu'on n'en avait pas d'autre, et si elle s'est conservée jusqu'à ce jour, on ne peut l'attribuer qu'à la coupable insouciance de l'ancien gouvernement pour tout changement qui n'avait d'autre attrait que celui de la raison, de la morale et de l'humanité.

Telles sont les peines afflictives actuellement en usage.

Quant aux peines infamantes elles étaient fort multipliées.

La claie, le carcan, le pilori, l'amende honorable, rapportés aussi par quelques criminalistes à la classe des peines afflictives, mais qui appartiennent plus naturellement à la classe des peines infamantes; le blâme, l'amende en matière criminelle, le plus amplement informé indéfini, l'aumône en matière civile, toutes ces prononciations emportant une infamie de fait ou de droit, imprimant à la personne du condamné un opprobre plus ou moins public, manifestaient sous diverses formes l'improbation de la loi; elles posaient sur ce principe vrai qu'il faut couvrir de honte une action infâme. Nous vous proposons d'adopter le principe, mais de multiplier moins des formules qui, en la divisant, affaiblissent cette salutaire et terrible pensée, *la société et les lois prononcent anathème contre quiconque s'est souillé par un crime.*

Quant aux peines pécuniaires, leur forme était vicieuse en ce qu'elles comprenaient, sous des dénominations semblables et souvent mal définies, telles que celles d'amende, d'aumône, de dommages et intérêts, et des réparations privées et des peines dues à la vengeance publique; des corrections civiles et des punitions d'attentats poursuivis criminellement; enfin des répressions qui laissent intact l'honneur de ceux qui les avaient subies, et des jugemens qui imprimaient aux condamnés une note d'infamie.

Nous ferons en sorte de faire disparaître du nouveau Code ces inconvéniens de l'ancien.

D'après le tableau que nous venons de vous présenter, Messieurs, de l'état actuel des peines en France, vous pouvez juger qu'il est tellement vicieux, que nous ne saurions y trouver les bases de notre travail, et que pour présenter des vues réellement utiles, il faut créer dans son entier et combiner un nouveau système pénal.

Vos comités vont avoir l'honneur de vous soumettre le résultat de leurs méditations sur cette importante matière.

Mais avant tout, il faut enfin aborder et résoudre cette grande question :

La peine de mort formera-t-elle, ou non, l'un des élémens de notre législation criminelle?

Dans la discussion de cette haute et redoutable théorie, nous ne nous arrêterons pas, Messieurs, sur la première partie de cette question, savoir : si la société peut légitimement, ou non, exercer ce droit : ce n'est pas là que nous apercevons la difficulté : le droit nous paraît incontestable ; mais la société doit-elle en faire usage? Voilà le point sur lequel des considérations puissantes peuvent balancer et partager les opinions.

Un mot nous paraît suffire pour établir la légitimité du droit : la société, ainsi que les individus, a la faculté d'assurer sa propre conservation par la mort de quiconque la met en péril.

Chacun peut tuer légitimement celui qui attente à sa vie.

La société a le droit de faire périr, en cas de guerre, l'ennemi du dehors qui vient l'attaquer.

La force publique peut, dans les cas de sédition, employer la violence des armes contre les citoyens révoltés qui troublent le repos de l'État.

Le crime est un ennemi intérieur; il n'existe point de société là où il n'existe aucun moyen de le réprimer. Si la peine de mort est indispensablement nécessaire pour en arrêter les progrès, la peine de mort doit être prononcée.

Mais si le fond du droit est incontestable, de sa nécessité seule dérive la légitimité de son exercice; et de même qu'un particulier n'est dans le cas de l'homicide pour légitime défense, que lorsqu'il n'a que ce seul moyen de sauver sa vie, ainsi la société ne peut légitimement exercer le droit de vie et de mort, que s'il est démontré impossible d'opposer au crime une autre peine suffisante pour le réprimer.

Si nous pouvons employer des punitions non moins efficaces pour l'exemple, il faut rejeter la peine de mort; et combien nous semblera-t-il désirable d'atteindre ce but, si nous nous pénétrons de tous les inconvéniens qu'il y aurait à en perpétuer l'usage.

Pour resserrer la question dans des termes plus précis, prenons pour bases des vérités généralement reconnues en ce moment.

Tout le monde est d'accord que la peine de mort, si elle est conservée, doit être réduite à la simple privation de la vie, et que l'usage des tortures doit être aboli : un second point sur lequel toutes les opinions se réunissent également, c'est que cette peine, si elle subsiste, doit être réservée pour les crimes d'assassinats, d'empoisonnement, d'incendie, et de lèse-nation au premier chef. Ce pas est déjà fait dans l'opinion, et votre humanité, vos lumières, le vœu public dont vous êtes les organes, ne vous permettraient pas sans doute une marche rétrograde. Voilà donc les deux propositions défendues par plusieurs bons esprits qui, par d'excellentes vues et animés par des motifs respectables de sagesse et de raison, veulent la conservation de la peine de mort, mais ne la veulent qu'avec les restrictions que nous venons de développer.

Or, évidemment dans cette hypothèse la peine de mort opère un grand mal pour les mœurs publiques, et n'a aucune efficacité pour arrêter le crime; c'est un remède violent qui, sans guérir la maladie, altère et énerve les organes du corps politique.

Rien de moins répressif que la peine de mort simple.

La nature, il est vrai, a mis dans le cœur de l'homme le désir de conserver son existence; mais à côté de ce sentiment se trouve placée la certitude qu'il doit mourir un jour : la nécessité le familiarise avec cette idée; il s'accoutume à envisager sans un grand effroi le moment où il cessera de vivre.

Les préjugés, les vices, le crime même, ont souvent avec la vertu cet élément commun, le mépris de la mort.

Chaque nation, chaque caste, chaque profession, chaque individu est susceptible de ce sentiment.

Chez les Indiens, la puissance de l'opinion; chez les Musulmans, la religion; chez les Anglais, un calcul tranquille; chez d'autres peuples, les principes d'un faux honneur font braver une mort certaine, ou font affronter le danger d'une mort possible.

Le courage du soldat se compose des divers sentimens de la gloire, du devoir, de l'espérance du pillage, de la force de l'exemple, de la crainte de la honte; il combat, il ne redoute point la mort, et pourtant chaque soldat n'est pas un héros.

Voyez finir l'habitant des campagnes, non pas celui pour lequel la misère et le malheur rendent souhaitable l'instant où il va cesser de souffrir, mais l'être dont l'existence a été la plus douce et la moins agitée, celui qui a vécu dans une chaumière qui lui appartient et qui meurt entouré de sa femme et de ses enfans, que son champ a toujours nourri : sa dernière heure approche ; il subit la commune loi, et dans son regard paisible vous ne trouverez point l'expression de l'effroi ni de l'horreur de la mort.

Les criminels ont aussi leur philosophie ; dans les chances de leur destinée, ils calculent froidement ce qu'ils appellent le mauvais quart d'heure, et plus d'une fois sur l'échafaud ce secret leur est échappé : non, disaient-ils, l'idée de la potence ne nous a jamais détournés d'un seul crime : la roue seule étonnait notre farouche courage.

Je prévois l'objection qu'inspireront quelques-uns des exemples que je viens de citer.

Pourquoi, dira-t-on, tant de gens s'exposent-ils sans peine à la mort? C'est que le danger n'exclut pas la possibilité d'y échapper. Pourquoi une mort certaine paraît-elle douce et supportable ? C'est parce que l'honneur et non l'infamie l'accompagne.

Je réponds d'abord que pour le criminel l'espérance d'éviter la peine est à côté du crime ; de même que le soldat qui monte à l'assaut voit l'espérance placée au haut des tours qu'il escalade. Je conviens ensuite qu'on ne peut comparer l'effroi d'une mort glorieuse à l'effroi d'une mort infâme ; mais voici l'argument que je tire de cette objection : c'est donc l'infamie et non la mort qui prête au supplice le plus d'horreur ? hé bien ! réservez le coupable pour une longue infamie, au lieu de le délivrer par la mort du sentiment pénible et salutaire de l'opprobre.

Je conclus de ces réflexions, que la mort sans douleur étant affrontée ou supportée sans effort, et par l'effet d'un sentiment assez ordinaire à l'homme, la peine de mort simple, la seule que l'humanité vous permette de conserver, est une peine très-peu efficace pour la répression des crimes.

J'ajoute que cette considération devient bien plus décisive encore, si vous remarquez quels sont les attentats que vous voulez réprimer par la crainte de cette punition.

Vous en menacez les grands crimes ; mais les grands crimes ne sont pas commis par des êtres ordinaires : l'atrocité en est le principe ; mais l'atrocité tient à la force dont elle est l'abus. Ce sont des âmes d'une trempe peu commune qui animent les grands scélérats ; et si, en général, tout homme est aisément capable de courir le hasard d'une mort prompte et sans tourmens, ou de la supporter sans désespoir, une farouche philosophie armera bien plus facilement un cœur vigoureusement féroce, endurci par un grand attentat, et qui, tranquille à la vue du sang humain versé par son crime, a déjà remporté sur la nature une affreuse, mais une bien pénible victoire.

Déjà par une longue expérience l'inefficacité et l'inutilité de cette peine sont prouvées.

En France, plusieurs espèces de vols, notamment le vol domestique, étaient punis de mort; la loi s'exécutait à la rigueur avant que le cri de la raison se soit fait entendre. Cette peine a-t-elle réprimé le crime? et quel est l'homme qui une fois dans sa vie n'a pas été volé par un serviteur infidèle?

En Angleterre, la peine de mort menace presque tous les vols; et dans nul pays on ne vole plus habituellement qu'en Angleterre.

A Rome, jamais les crimes ne furent plus rares que lorsque la peine de mort était bannie du Code des Romains libres; jamais ils ne furent plus multipliés que lorsque la peine de mort entra dans les institutions de la république dégradée.

Enfin la Toscane, le premier État moderne dont les lois humainement novatrices aient osé tenter l'essai de supprimer la peine de mort, la Toscane présente un registre bien précieux pour le philosophe sensible et le législateur éclairé; les annales criminelles de ce peuple offrent la preuve certaine qu'il y a été commis moins de crimes pendant le cours des années qui ont suivi l'abrogation de la peine de mort que pendant celles qui l'ont précédée.

Daignez, Messieurs, pour appuyer ces réflexions, fixer votre attention sur un aspect bien important de la question.

Si nous étions un peuple neuf qui formât aujourd'hui le premier recueil des lois sous lesquelles il doit vivre, peut-être serait-il convenable de placer la privation de la vie contre quelques grands attentats.

Mais il s'en faut bien que telle soit la position où nous nous trouvons.

Nous sommes dans un pays où la peine de mort était prodigieusement multipliée, et où la peine de mort se produisait sous les formes effrayantes des supplices les plus longs et les plus douloureux.

Si vous conservez cette peine, mais la mort simple et réservée pour quelques grands crimes, quel effet produirez-vous dans l'esprit du peuple? Vous allez y opérer un mouvement très-funeste; vous baisserez d'une manière claire et visible l'échelle des peines : tel crime puni de la peine de mort va s'en trouver affranchi; tel autre crime donnait lieu à la condamnation aux plus cruels supplices, et désormais ce même attentat ne sera réprimé que par une mort prompte et sans douleur : voilà le ressort de la terreur affaibli; votre Code pénal, si l'on peut parler ainsi, paraîtra mis au rabais par un calcul facile, le méchant se démontrera à lui-même cette dangereuse vérité qu'il gagne aujourd'hui dans les chances nouvelles que lui présente l'avenir d'un crime; et quelle efficacité pourrez-vous vous promettre de la conservation de la peine de mort pour quelques grands attentats, lorsque le peuple verra appliquer à l'empoisonneur, à l'assassin, le même supplice qu'il a vu subir pendant long-temps au serviteur infidèle qui avait volé cinq sols à son maître?

Il n'est qu'un seul moyen d'adoucir la barbarie des peines sans affaiblir le sentiment du salutaire effroi qu'elles doivent inspirer; c'est de frapper l'esprit des hommes en renouvelant le système pénal dans sa totalité : vous évitez par là l'évidence et l'inconvénient des rapprochemens et des comparaisons; vous inspirez certainement aux malfaiteurs un plus grand effroi par l'établissement d'une peine, d'un exemple imposant et jusqu'alors inusité; vous produirez l'effet tout contraire, en descendant visiblement la punition terrible d'une action atroce au degré moins rigoureux d'une peine bien connue qu'autrefois on appliquait aux moindres crimes.

Mais si la peine de mort, ainsi tempérée, perd toute l'efficacité que l'ancien Code pénal trouvait dans son atrocité même, cette peine, tout insuffisante qu'elle soit pour l'exemple, n'en perd rien de son immoralité, ni de son influence funeste sur les mœurs publiques. Dans un pays libre, toutes les institutions doivent porter dans le cœur du citoyen l'énergie et le mépris de la mort; vos lois au contraire auront pour effet de lui inspirer l'épouvante, en présentant la mort comme le plus grand des maux qu'on ait pu opposer aux plus grands crimes.

Considérez cette foule immense que l'espoir d'une exécution appelle dans la place publique; quel est le sentiment qui l'y conduit? Est-ce le désir de contempler la vengeance de la loi, et en voyant tomber sa victime de se pénétrer d'une religieuse horreur pour le crime? Le bon citoyen est-il meilleur ce jour-là en regagnant sa demeure? l'homme pervers abjure-t-il le complot qu'il méditait? Non, Messieurs, ce n'est pas un exemple; c'est à un spectacle que tout ce peuple accourt; une curiosité cruelle l'y invite; cette vue flatte et entretient dans son âme une disposition immorale et farouche : souvent le même crime pour lequel l'échafaud est dressé trouve des imitateurs au moment où le condamné subit sa peine, et plus d'une fois on volait sur la place publique au milieu de la foule entassée pour voir pendre un voleur.

Malheur à la société si, dans cette multitude qui contemple avidement une exécution, il se trouve un de ces êtres disposés au crime par la perversité de leurs penchans! son instinct, semblable à celui des animaux féroces, n'attend peut-être que la vue du sang pour s'éveiller, et déjà son âme est endurcie au meurtre, à l'instant où il quitte l'enceinte trempée par le sang que le glaive des lois a versé.

Quel saint et religieux respect vous inspirerez

pour la vie des hommes, lorsque la loi elle-même abdiquera le droit d'en disposer! Tant que le fer sacré n'est pas suspendu au fond du sanctuaire, le peuple qui l'aperçoit pourra céder à l'illégitime pensée de s'en attribuer l'usage; il offensera la loi en voulant la défendre; il sera peut-être coupable et cruel par patriotisme et par vertu; dans les secousses d'une révolution, dans les premiers élans de la liberté, n'avons-nous pas vu.... mais détournons de funestes souvenirs, et tout en déplorant des erreurs passées qui nous affligent, tarissons-en la source en adoucissant, en tempérant, en sanctifiant les mœurs publiques par la grande et touchante leçon d'humanité que nos lois peuvent donner aux peuples.

L'effet que produit la peine de mort est immoral sous tous les rapports : tantôt il alimente le sentiment de la cruauté, nous venons de développer cette vérité, tantôt aussi par la pitié, cette peine va directement contre son objet. C'est un grand malheur, lorsque la vue du supplice fait céder le souvenir du crime à l'intérêt qu'inspire le condamné; or cet effet est toujours auprès de la peine de mort : il ne faut que quelques circonstances extérieures, l'expression du repentir, un grand calme, un courage ferme dans les derniers instans, pour que l'indignation publique se taise, et tel sur l'échafaud a été plaint par le peuple, dont le peuple, avant le jugement, demandait la tête à grands cris.

Jusqu'ici nous avons raisonné en supposant la peine de mort justement prononcée ; mais un innocent ne succombera-t-il jamais ? de trop funestes exemples n'ont-ils pas réalisé cette hypothèse ? Si la forme des jurés est tutélaire contre les fausses accusations, les jurés ne sont-ils pas pourtant des hommes, et entre tous les avantages que nous présente la suppression de la peine de mort, n'est-ce pas une pensée consolante d'imaginer qu'à chaque instant les erreurs de la justice peuvent être efficacement réparées, et que l'innocence reconnue respire encore.

C'est beaucoup sur la grande question que nous agitons, d'avoir montré les inconvéniens de la peine de mort ; mais ce n'est pas tout ; il faut mettre une autre peine à la place, et l'homme sage ne saurait prendre le parti de détruire le moyen de répression usité jusqu'à présent, sans être convaincu de l'efficacité d'une autre mesure pour défendre la société contre le crime.

Voici, Messieurs, ce que nous vous proposons de substituer à la peine capitale.

Nous pensons qu'il est convenable d'établir une maison de peine dans chaque ville où siége un tribunal criminel, afin que l'exemple soit toujours rapproché du délit : c'est une maison par département.

Avant d'y être conduit, le condamné sera exposé

pendant trois jours sur un échafaud dressé dans la place publique; il y sera attaché à un poteau; il paraîtra chargé des mêmes fers qu'il doit porter durant la durée de sa peine : son nom, son crime, son jugement, seront tracés sur un écriteau placé au-dessus de sa tête; cet écriteau présentera également les détails de la punition qu'il doit subir.

Cette peine ne consistera pas en coups ni en tortures, il sera fait au contraire les plus sévères défenses aux gardiens des condamnés d'exercer envers eux aucun acte de violence. C'est dans les privations multipliées des jouissances, dont la nature a placé le désir dans le cœur de l'homme, que nous croyons convenable de chercher les moyens d'établir une peine efficace.

Un des plus ardens désirs de l'homme c'est d'être libre : la perte de la liberté fera le premier caractère de sa peine.

La vue du ciel et de la lumière est une de ses plus douces jouissances : le condamné sera détenu dans un cachot obscur.

La société et le commerce de ses semblables sont nécessaires à son bonheur : le condamné sera voué à une entière solitude.

Son corps et ses membres porteront des fers : du pain, de l'eau, de la paille, lui fourniront, pour sa nourriture et pour son pénible repos, l'absolu nécessaire.

Messieurs, on prétend que la peine de mort est seule capable d'effrayer le crime : l'état que nous venons de décrire serait pire que la mort la plus cruelle, si rien n'en adoucissait la rigueur; la pitié même dont vous êtes émus prouve que nous avons assez et trop fait pour l'exemple; nous avons donc une peine répressive.

Mais n'oublions pas que toute peine doit être humaine, et portons quelques consolations dans ce cachot de douleur.

Le premier et le principal adoucissement de cette peine, c'est de la rendre temporaire.

Le plus cruel état est supportable lorsqu'on aperçoit le terme de sa durée : le mot *à jamais* est accablant; il est inséparable du sentiment du désespoir. Nous avons pensé que pour l'efficacité de l'exemple, la durée de cette peine devait être longue; mais que pour qu'elle ne fût pas barbare, il fallait qu'elle eût un terme : nous vous proposons qu'elle ne puisse pas être moindre de douze années; ni s'étendre au delà de vingt-quatre.

Il ne suffit pas encore de faire luire de loin dans ce cachot obscur le rayon de l'espérance, nous avons jugé qu'il était humain d'en rendre l'effet plus apparent et plus sensible par une progression d'adoucissemens successifs. Le nombre d'années fixées pour sa durée se partagera en diverses époques; chacune apportera quelques consolations avec elle;

chacune effacera quelques-unes des rigueurs de la punition pour conduire le condamné à la fin de sa pénible carrière par la gradation des moindres peines.

Jusqu'ici les adoucissemens n'existent encore que dans l'avenir : lorsque la peine commence, il faut songer au moment présent, et porter même sur cette première époque des tempéramens qui défendent et la raison et la santé du condamné contre la rigueur actuelle de l'état où le réduit son crime.

Vos comités ont pensé, Messieurs, que c'était une vue assez morale d'attacher pour le condamné à l'idée du travail un sentiment de consolation; ils vous proposent de fixer à deux par semaine, le nombre des jours où il sera permis au condamné de travailler pendant la première époque de la durée du cachot, et à trois jours par semaine, pendant la seconde époque.

Le travail n'aura rien de rebutant par sa nature ou par sa rigueur; il sera au choix du condamné, si le condamné est doué de quelque talent ou de quelque industrie; sinon les commissaires de la maison lui en fourniront un analogue à sa situation et à ses forces; aucune violence, aucune contrainte ne l'obligera de s'y livrer; mais pendant la semaine, du pain aura été sa seule nourriture, et il lui sera permis le jour du travail de se procurer sur son produit une subsistance plus douce et plus abondante. Ainsi le jour du travail il pourra être mieux nourri; ses chaînes lui seront ôtées; il sortira de son cachot; il verra la lumière du jour; il respirera l'air sans toutefois sortir de l'enceinte de la maison, et un exercice salutaire préviendra l'altération ou l'épuisement de ses forces.

Vos comités ont pensé que les condamnés à la peine du cachot devaient toujours travailler seuls, parce qu'ils ont attaché à la solitude absolue un des caractères les plus pénibles et les plus efficaces de cette punition.

Une seule fois par mois les peines du condamné ne seront pas solitaires; les portes du cachot seront ouvertes : mais ce sera pour offrir au peuple une imposante leçon; le peuple pourra voir le condamné chargé de fers au fond de son douloureux réduit, et il lira en gros caractères au-dessus de la porte du cachot le nom du coupable, le crime et le jugement.

Voilà, Messieurs, quelle est la punition que nous vous proposons de substituer à la peine de mort : veuillez ne pas perdre de vue qu'elle sera uniquement réservée pour les assassins, les incendiaires, les empoisonneurs, les criminels de lèse-nation au premier chef. La considération de l'atrocité de ces crimes, la crainte que beaucoup de bons esprits ont témoignée de ne pouvoir mettre à la place de la peine de mort une peine efficace et répressive, nous ont portés à rassembler toutes les privations qui donneront à cette punition les caractères les plus effrayans. Nous vous avons présenté le dernier degré possible de la rigueur : puisse votre humanité d'accord avec votre sagesse éclaircir quelques-unes des ombres qui chargent ce triste tableau ! Puissiez-vous, en épargnant au condamné quelques douleurs que vous ne jugerez pas indispensables pour l'exemple, faire mieux que nous n'avons fait, et réaliser le vœu de nos cœurs !

Maintenant vous avez, Messieurs, à vous déterminer entre l'adoption de l'une de ces deux peines, ou la peine de mort simple, ou la punition que nous vous proposons d'y substituer. Pour terminer cette discussion, nous croyons utile de rapprocher et de comparer les caractères qui les distinguent.

L'une est peu répressive sous les divers rapports de la brièveté de sa durée, de la funeste philosophie des coupables, de la trempe des âmes des criminels pour lesquels elle est réservée, de l'évidence de son infériorité aux peines actuellement encourues pour les mêmes crimes : l'autre, par des épreuves pénibles, durables, par la réunion des plus douloureuses privations, prolongées pendant une longue partie de la vie des coupables, étonnera plus efficacement leur constance, et cette chance funeste est plus capable de les retenir que le danger toujours incertain de rencontrer dans l'événement du crime, l'instant plus prochain du passage sans douleur de la vie à la mort.

L'une endurcit les mœurs publiques; elle familiarise la multitude avec la vue du sang : l'autre inspire par l'exemple touchant de la loi, le plus grand respect pour la vie des hommes.

L'une punit en faisant perdre à l'État un de ses membres; l'autre réprime le crime également, mais en conservant la personne du coupable.

L'une rend irréparables les erreurs de la justice; l'autre réserve à l'innocence tous ses droits, dès l'instant où l'innocence est reconnue.

L'une, en ôtant la vie au criminel, éteint jusqu'à l'effet du remords; l'autre, à l'imitation de l'éternelle justice, ne désespère jamais de son repentir; elle lui laisse le temps, la possibilité et l'intérêt de devenir meilleur.

Un grand inconvénient se présente dans le système de la conservation de la peine de mort; vous n'avez qu'une seule peine pour une foule de délits dont aucun ne peut être puni de moindre peine que de la peine capitale, si elle subsiste, et qui pourtant ont des degrés d'atrocité très-différens. Ainsi le meurtrier par fureur sera puni de même que le parricide prémédité, car tous deux méritent la peine capitale, et il n'y a point de nuances dans la peine de mort simple : au contraire, dans le système pénal que nous vous présentons, la durée, le plus ou le moins de rigueur des privations étant susceptibles de beaucoup de gradations, l'échelle des peines s'étend, et elle se prête à marquer d'une manière moins imparfaite la différence des délits.

Enfin daignez saisir, Messieurs, ce dernier rapprochement : La peine de mort ne présente à la multitude que le spectacle d'un moment : celle que nous vous proposons, prolonge et perpétue une salutaire instruction : tout dissipe et distrait cette foule de citoyens oisifs qu'attire à une exécution le mouvement de la curiosité; on ne visite pas un cachot sans un pénible recueillement : et si un exemple frappant peut rendre sensible cette théorie, supposons, Messieurs, qu'un ministre prévaricateur ait osé attenter à la constitution et à la liberté; s'il est frappé du glaive, l'effet de son supplice sera passager; que pendant vingt années, chaque mois, le peuple le voie dans les fers, il bénira la puissance protectrice des lois, et l'exemple vivra efficacement avec le coupable.

Telles sont, Messieurs, les considérations qui ont fait pencher vos comités vers le parti qu'ils vous proposent : sans doute le même sentiment d'humanité anime également tous nos esprits; mais sur une question aussi délicate les opinions peuvent aisément se partager, et c'est une grande et difficile controverse qui s'élève aujourd'hui devant vous.

Au reste, Messieurs, quelque attachés que nous soyons à la pureté du principe et à l'abrogation de la peine de mort, la peine de mort est une seule fois nommée dans la loi que nous proposons.

C'est à l'occasion du chef de parti, déclaré rebelle par un décret du corps législatif.

Ce citoyen doit cesser de vivre, moins pour expier son crime que pour la sûreté de l'État; tant qu'il vivrait il pourrait devenir l'occasion ou le prétexte de nouveaux troubles : Rome, dans les temps où la peine de mort était réservée aux esclaves, vit précipiter du haut de la roche Tarpéienne, Manlius, Manlius dont le courage la délivra du joug des Gaulois, mais dont l'ambition aspirait à la tyrannie.

La question de la conservation ou de l'abrogation de la peine de mort nous a paru d'une si grande importance, que pour compléter toutes les vues qui pouvaient servir à sa décision, nous avons interverti l'ordre de notre travail, et nous vous avons présenté tout d'abord la punition qui dans notre plan doit remplacer la peine capitale.

Maintenant nous rentrons dans la route que nous nous étions tracée, et nous allons vous offrir en peu de mots le tableau complet du nouveau système pénal.

Il existe deux sortes de peines :

Les peines afflictives;

Les peines infamantes.

Les peines afflictives sont le cachot, la gêne, la prison.

Les peines infamantes seront pour les hommes, la dégradation civique; pour les femmes, le carcan.

Les peines du cachot, de la gêne, de la prison, seront aussi infamantes.

Chacune des peines afflictives sera précédée de l'exposition du condamné dans la place publique : nous avons décrit les caractères de cette exposition en vous parlant de la peine du cachot : quelques circonstances varieront suivant la nature de la peine.

L'exposition aura lieu pendant trois jours avec chaînes au milieu du corps, aux pieds et aux mains, pour les condamnés au cachot; pendant deux jours, avec chaînes au milieu du corps pour les condamnés à la gêne; pendant un seul jour et sans chaînes pour les condamnés à la peine de la prison.

Dans chaque département il sera formé un établissement dans lequel seront conduits ceux qui auront été condamnés à l'une des trois peines afflictives; le local sera disposé de manière que les cachots, les gênes et les prisons forment trois enceintes séparées, et sans communication entre elles.

Les détails de la peine du cachot vous sont connus; nous ne les répéterons pas ici.

Voici en quoi consistera la peine de la gêne.

Le condamné sera enfermé : ainsi privation de la liberté; premier caractère de sa peine.

Il sera seul : ainsi solitude habituelle, sauf les exceptions qui vont être spécifiées; second caractère de sa punition.

Il portera une ceinture de fer autour du corps et sera attaché avec une chaîne; mais, à la différence des condamnés à la peine du cachot, il ne portera point de fers aux pieds ni aux mains.

Le lieu où il sera détenu sera éclairé; circonstance qui distingue encore cette peine de celle du cachot.

Tous les jours, il sera fourni au condamné du travail; cinq jours par semaine il travaillera seul; mais cette solitude ne devant pas être aussi absolue, ni aussi rigoureuse que celle des condamnés au cachot, deux jours par semaine il pourra se réunir avec les autres condamnés, uniquement pendant le travail et pour un travail commun.

Ces deux jours-là, pendant le travail, sa chaîne lui sera ôtée.

Aucune violence ne le contraindra d'être laborieux : vos comités ont pensé plus efficace et plus moral de l'y porter en le faisant jouir du fruit de son industrie.

Une partie sera employée pour améliorer sa nourriture, toujours réduite au pain et à l'eau s'il ne gagne une plus douce subsistance; une partie sera conservée pour lui être remise au moment où il recouvrera sa liberté après la peine accomplie; un tiers seulement sera prélevé pour la masse commune de la dépense de la maison. Le fond réservé pour l'instant de la sortie du condamné a paru à vos comités une mesure utile; ainsi le besoin et la nécessité ne le pousseront pas à un nouveau crime, à l'instant même où son premier crime vient d'être expié.

Une fois, chaque mois, le peuple pourra entrer dans le lieu de la gêne, et les condamnés seront exposés à ses regards avec leurs chaînes; leur nom, leur crime, leur jugement, seront également inscrits au-dessus de la porte du lieu de leur détention. Cette peine sera au plus de quinze ans et au moins de quatre; elle sera toujours terminée par un an de prison, laquelle année fera partie des quinze ans de la condamnation, ou du moindre nombre d'années fixées pour sa durée.

La prison qui dans l'ordre des peines afflictives sera la moins grave, aura pour principal caractère la privation de la liberté. Le condamné sera enfermé seul; mais il pourra tous les jours se réunir avec les autres prisonniers pour un travail commun : s'il le préfère, et s'il a un genre d'industrie particulier, il pourra travailler seul dans sa prison; sa nourriture sera ce que la rendra son travail. Le produit de ce qu'il aura gagné sera employé d'après les mêmes principes qui sont développés ci-dessus. Il lui sera fourni un lit pour se coucher.

Vos comités ont pensé, Messieurs, qu'il était préférable de placer les prisonniers dans des réduits séparés, au lieu de les entasser dans des salles communes, comme ils le sont aujourd'hui dans la plupart des maisons de force : ce moyen plus salubre, rendra aussi plus facile la police des prisons et la garde des condamnés : il ne sera pas dispendieux d'établir, par quelques cloisons, ces petites cases séparées. C'est aussi dans leur prison particulière que les condamnés à cette peine seront exposés aux regards du public le jour où le peuple sera admis dans la maison, et sur leur porte sera placée l'inscription indicatrice du nom du condamné, du crime et du jugement.

La durée de cette peine ne pourra être moindre de deux années, ni s'étendre au delà de six ans.

Vous avez remarqué, Messieurs, que c'est toujours dans l'intérieur de la maison que vos comités vous proposent d'établir les travaux : cette mesure contrarie une idée assez généralement adoptée, celle qu'on devrait employer les malfaiteurs aux travaux publics; nous vous devons le développement des motifs qui nous ont empêchés d'adopter ce moyen.

D'abord les condamnés aux peines du cachot et de la gêne ne peuvent pas être employés à ces ouvrages extérieurs et communs, parce que la solitude fait un des caractères véritablement essentiels de leur punition.

Ce motif n'existe pas pour les condamnés à la peine de prison, puisqu'ils peuvent se réunir pour travailler ensemble; mais voici l'inconvénient que nous y avons trouvé.

Dans une maison bien exactement fermée, il est fort aisé de garder un grand nombre d'hommes, et une force publique assez modique peut y suffire: pour contenir au-dehors des malfaiteurs occupés à des travaux publics, et les empêcher de s'échapper, il faudrait presque autant de gardiens que de condamnés à garder; cela entraînerait des difficultés et des soins considérables, et encore beaucoup de prisonniers trouveraient-ils moyen de s'évader: on ne pourrait épargner les frais de garde qu'en multipliant les rigueurs personnelles et en mettant au pied du condamné un boulet pesant attaché à une chaîne de fer; mais ce serait aggraver la peine. Nous observons d'ailleurs qu'on ne penche vers le système des travaux publics, que par l'idée que des travaux pénibles, malsains, rebutans, doivent être naturellement le partage des malfaiteurs; mais ce système est tout-à-fait contraire au rapport sous lequel nous voulons offrir le travail au condamné: vous lui en inspirez l'horreur lorsque vous le lui présentez sous ces formes hideuses; il faudra en venir aux coups et aux violences arbitraires des gardiens et des conducteurs pour dompter son découragement et sa paresse ; il est bien plus utile de l'y pousser par son propre besoin et par l'attrait de son intérêt.

Mais, dira-t-on, quel travail vraiment utile et pour le prisonnier et pour l'État peut-on établir dans l'intérieur d'une maison, et surtout dans un cachot et dans une prison isolée?

L'expérience d'un fait qui subsiste depuis fort long-temps répond à cette objection.

Dans une des parties de la maison de Bicêtre, appelée Galbanum, les prisonniers étaient enfermés chacun séparément dans de petites cases placées à différens étages, au-dessus les unes des autres. Un malheureux y était conduit et il n'avait en arrivant aucune aptitude ni industrie particulière ; au bout de huit jours il était instruit, et il travaillait utilement : sans autre communication que par des paniers descendus avec des cordes, le nouveau venu recevait des anciens une instruction, des modèles, de la matière ; après quelques essais il parvenait à réussir, et il sortait de ses mains des travaux délicats et très-bien finis. L'ouvrage achevé se descendait par la même voie ; d'autres prisonniers moins resserrés le recevaient, le vendaient au public, et bientôt les paniers remontaient avec le prix de l'ouvrage, et de nouveaux matériaux pour un nouveau travail, le tout avec un ordre et une fidélité bien remarquables entre de tels fabricans et de tels courtiers.

Nous ne citons cet exemple que pour prouver par l'expérience, qu'il est possible d'ouvrir des sources d'industrie dans les maisons destinées à recevoir des condamnés, surtout lorsqu'une administration active sera chargée du soin de choisir, de fournir des travaux, de disposer des ateliers, et de donner à l'aptitude particulière de chaque détenu tous les moyens possibles de développement.

Ces travaux publics ne sont pas le seul système pénal indiqué par l'opinion de beaucoup de gens que nos réflexions nous ont déterminés à ne point adopter; il est encore une autre peine dont l'établissement est demandé par plusieurs personnes instruites, et que vous n'avez pas trouvée dans notre plan : je veux dire la déportation.

Nous avons pensé que toute peine éloignée du lieu du délit manquait du caractère principal d'une peine utile, celui de rendre l'exemple présent et durable; il nous a paru d'ailleurs que la déportation était une peine qui pourrait n'être pas efficacement répressive pour la classe la plus nombreuse des malfaiteurs.

Mais voici de quelle manière la déportation nous semble pouvoir être utilement pratiquée; c'est pour le cas de la récidive.

Quiconque aura été repris de justice criminellement et condamné pour la seconde fois, subira la peine portée par la loi contre son délit; mais lorsqu'il aura ainsi satisfait à l'exemple, il sera conduit au lieu fixé pour la déportation. Par là vous remplirez le double objet et de punir la récidive et de délivrer la société d'un malfaiteur incorrigible.

Il ne nous reste plus, Messieurs, pour compléter la discussion relative aux peines afflictives, que de comparer le rapport qu'elles ont entre elles et les différences qui les distinguent.

Le cachot, la gêne, la prison, ont pour principe commun d'exclure du système pénal toute espèce de coups et de tortures qui présentent à l'esprit cette repoussante image d'un homme frappant son semblable.

Ces trois peines ont pour élément commun de faire sortir de privations pénibles tout l'effet de la punition.

Elles ont trois circonstances qui leur sont communes; la privation de la liberté, l'infamie, l'admission du public une fois par mois dans les cachots, les lieux de gêne et la prison.

Enfin dans toutes les trois, le travail est employé comme moyen d'amender les dispositions morales du condamné, d'adoucir la rigueur de ses privations pendant sa peine, et de lui préparer une ressource pour l'époque de sa liberté.

Quant aux caractères qui les distinguent les unes des autres, le premier c'est la durée.

La peine du cachot ne pourra être moindre de douze années, celle de la gêne de quatre années, celle de la prison de deux années.

La première ne pourra s'étendre au delà de vingt-quatre années, la seconde au delà de quinze ans, la troisième au delà de six ans.

Vos comités ont pensé que ces peines devaient être graduées de telle manière que la plus longue durée de l'une excédât peu la moindre durée de celle qui lui est supérieure, afin qu'elles demeurent sans incertitude et sans équivoque dans cet ordre de gravité, d'abord le cachot, ensuite la gêne, et enfin la prison; autrement cet inconcevable problème aurait pu se présenter à résoudre : laquelle de ces peines est la plus sévère, de la gêne pendant vingt-quatre ans ou du cachot pendant douze ans, de la prison pendant douze ans ou de la gêne pendant six années?

Indépendamment de l'étendue de la durée, le cachot est distingué des deux autres peines par ces circonstances : la privation de la lumière, les fers aux pieds et aux mains des condamnés, la solitude absolue, la consolation du travail réduite à deux jours par semaine pendant la première époque, et à trois pendant la seconde.

La gêne est distinguée de la prison, outre la

durée par une ceinture et une chaîne de fer que porteront les condamnés, par la solitude absolue pendant cinq jours de la semaine, par la réunion à un travail commun deux jours par semaine seulement.

La prison est distinguée des deux autres, sous ce rapport que les condamnés ne porteront point de fers, qu'il leur sera fourni un lit pour se coucher; tandis qu'au cachot et à la gêne il ne sera donné aux condamnés que de la paille; enfin que le travail commun sera permis tous les jours.

A l'égard des peines infamantes, voici, Messieurs, les caractères que nous avons cru convenable de leur imprimer.

Déclarer qu'un tel a commis tel crime, c'est le couvrir d'infamie, de l'infamie qui sort moins encore du jugement que de la mauvaise action.

Cette déclaration doit avoir la plus grande publicité, pour que la société soit avertie de se tenir en garde contre le coupable, pour que l'exemple ait un éclat salutaire, pour que la honte du condamné soit d'autant plus pénible qu'elle est plus notoire.

Il faut que le condamné paraisse devant le peuple dans un état humiliant, c'est-à-dire qu'il faut que le peuple le voie pendant quelques heures tout chargé de l'opprobre de son crime.

L'homme ainsi dégradé est indigne d'être citoyen

français : il sera déclaré déchu de tous ses droits : cette peine appartient surtout aux pays libres, où l'honneur d'être citoyen est compté pour quelque chose.

Enfin l'effet de la condamnation doit être, par une prononciation claire et au moyen d'une formule unique, rendu sensible pour tous les esprits; à la différence des peines infamantes actuellement usitées, qu'on avait variées et multipliées sous tant de formes que l'honneur semblait se diviser en fractions, et qu'un criminaliste éclairé pouvait seul distinguer si telle condamnation emporterait infamie, et jusqu'à quel point elle déshonorait le condamné.

Nous vous proposons en conséquence une seule peine infamante; elle portera le nom *de la Dégradation civique*. Voici les circonstances dont elle sera accompagnée.

Le condamné sera conduit dans la place publique; le greffier du tribunal criminel prononcera ces mots à haute voix : *Votre pays vous a trouvé convaincu d'une action infâme; la loi et le tribunal vous dégradent de la qualité de citoyen français.* Le condamné sera ensuite mis au carcan, et y restera pendant deux heures exposé aux regards du peuple; son nom, son crime, son jugement, seront tracés sur un écriteau placé au-dessus de sa tête.

Pour les femmes, la peine infamante sera le carcan. Elles seront également conduites sur la place publique; le greffier prononcera ces mots à haute voix : *Votre pays vous a trouvée convaincue d'une action infâme.* Elles seront mises ensuite au carcan pendant deux heures, avec écriteau indicatif de leur nom, du crime et du jugement.

Jusqu'ici nous n'avons fixé vos esprits dans ce rapport que sur de tristes objets, le crime et les rigueurs nécessaires pour le réprimer; mais le remords peut pénétrer dans l'âme du coupable, et il nous a semblé que c'était une conception digne des législateurs, de présenter au condamné l'espoir de renaître un jour à l'honneur par la pratique de la vertu.

Nous vous proposons de décréter qu'à une époque déterminée, après l'expiration de sa peine, le condamné puisse être réhabilité par la société, et rétabli dans tous ses droits; mais voici les conditions que nous avons jugé utile d'y apposer.

D'abord il faut que plusieurs années se soient écoulées depuis l'époque à laquelle il a recouvré sa liberté, afin que sa conduite soit suffisamment éprouvée; ensuite il est convenable que sa réintégration ne soit pas un droit ouvert et certain, mais plutôt une espérance, une faculté qui lui présentera des efforts à faire et un prix à obtenir.

Ce baptême civique doit être accompagné de solennités; et nul ne pourra y être présenté que par les officiers municipaux du lieu de son domicile, c'est-à-dire par les magistrats et les organes du peuple, qui, témoins habituels de la conduite du condamné, pourront attester à la société que tel, par un long repentir, a mérité que la société lui rendît son estime.

Ainsi, après avoir satisfait à l'exemple, le condamné osera reparaître aux yeux de ses concitoyens; il pourra se choisir une demeure, il y vivra sous la protection de l'espérance; il pourra y vivre avec probité, dans la vue d'y vivre un jour avec honneur; et la loi, politique et morale tout ensemble, aura appelé dans son âme et récompensé le remords.

Vos comités viennent de vous exposer, Messieurs, sur quels principes il leur a paru convenable de fonder les institutions destinées à la répression des délits.

Dans tout État il faut sans doute des lois pénales, car le crime, cette funeste maladie du corps social, nécessite trop souvent un pénible et fâcheux remède; mais en politique ainsi qu'en physique, l'art qui prévient le mal est mille fois plus certain et plus salutaire que celui qui le guérit.

Cette éternelle vérité n'a pas échappé à votre sagesse, et tout nous offre ou nous promet dans l'ensemble de vos lois le supplément le plus efficace du Code pénal.

Vous avez organisé une police active, institué des municipalités pour maintenir l'ordre public, placé partout des juges-de-paix pour veiller à la sûreté particulière.

Vous avez formé une gendarmerie nationale, nombreuse, honorée, bien soldée, patriotiquement élue, fortement constituée, qui a tout en un mot pour épouvanter le crime, et rien pour alarmer la liberté.

Vous vous proposez de réprimer par des réglemens sages les abus de la mendicité.

En multipliant les travaux, en employant utilement la force oisive, en nourrissant la vieillesse et l'infirmité indigentes, devoir saint et sacré de la société; en détruisant cette condition si multipliée en France de vagabonds et d'inconnus, êtres toujours cachés pour malfaire, et toujours errans pour éviter le châtiment du mal qu'ils ont fait, vous aurez tari la source la plus abondante des crimes.

Voilà pour la génération présente.

Des bienfaits plus grands se préparent pour la génération future.

C'est dans l'avenir que les mœurs publiques, véritablement régénérées, atteindront la hauteur de notre nouvelle constitution.

C'est l'avenir qui, en effaçant peu à peu ces inégalités monstrueuses dans le partage de la richesse et de la pauvreté, étendra plus généralement et plus uniformément sur toutes les classes de citoyens le bien-être d'une aisance heureuse.

Enfin l'avenir recueillera surtout les fruits de cette éducation nationale qui, douant tous les enfans de la patrie de connaissances, d'arts, de métiers utiles, et surtout de vertus, formera des hommes libres et bons, et arrachera au crime jusqu'à la séduction du besoin.

Ces utiles institutions peuvent bien plus que toutes les lois pénales; avec leur secours, la rigueur des peines est moins nécessaire : une bonne police avec de bonnes mœurs, voilà ce qu'il faut pour un peuple libre au lieu de supplices. Partout où règne le despotisme, on a remarqué que les crimes se multiplient davantage : cela doit être, parce que l'homme y est dégradé; et l'on pourrait dire que la liberté, semblable à ces plantes fortes et vigoureuses, purifie bientôt de toute production malfaisante le sol heureux où elle a germé.

PROJET DE LA LOI

DU

CODE PÉNAL.

PREMIÈRE PARTIE.

DES PEINES.

TITRE PREMIER.

Des peines en général.

ARTICLE PREMIER.

Les peines qui seront prononcées contre les accusés trouvés coupables par le jury, sont de deux sortes.

Les peines afflictives.

Les peines infamantes.

2.

Les peines afflictives sont : le cachot, la gêne, la prison, auxquelles sera toujours jointe l'exposition aux regards du peuple.

3.

Les peines infamantes sont : pour les hommes, la dégradation civique ; pour les femmes, le carcan.

4.

Les peines afflictives les plus graves, le cachot et la gêne, se termineront par un temps de peines moindres. Ainsi la peine du cachot sera suivie d'un temps de gêne et d'un temps de prison ; la peine de la gêne sera suivie d'un temps de prison : le tout dans les proportions qui seront fixées ci-après.

5.

Toute peine afflictive sera infamante.

TITRE II.

De la peine du cachot (1).

ARTICLE PREMIER.

Le condamné qui subira cette peine, sera attaché dans un cachot, sans jour ni lumière, avec une chaîne et une ceinture de fer ; il portera des fers aux pieds et aux mains.

(1) Cette peine est proposée pour remplacer la peine de mort, non pas dans les cent quinze cas contre lesquels la condamnation à mort existe dans nos anciennes lois, mais pour les crimes auxquels l'Assemblée nationale pourrait appliquer la peine de mort, si elle était conservée, tels que les attentats à lèse-nation, assassinats, poisons et incendies.

Il n'aura pour nourriture que du pain et de l'eau.

Il lui sera donné de la paille pour se coucher.

Il sera toujours seul.

Il ne pourra avoir communication avec autres personnes que les geoliers et les commissaires de la maison de peine.

2.

Il sera procuré du travail au condamné deux jours par semaine, pendant la première moitié du temps qu'il doit passer au cachot; trois jours par semaine, durant la seconde moitié.

Les jours de son travail, le condamné sortira de son cachot, il travaillera dans un lieu éclairé, ses chaînes lui seront ôtées; mais il ne pourra sortir de l'enceinte de la maison, ni communiquer avec les autres prisonniers.

Sur le produit de son travail, un tiers sera appliqué à la dépense commune de la maison.

Sur une partie des deux autres tiers, il lui sera permis de se procurer une nourriture meilleure et plus abondante.

Le surplus sera réservé pour être remis au condamné au moment de sa sortie, après que le temps de sa peine sera expiré.

3.

Un jour, chaque mois, la porte du cachot sera ouverte. Le condamné sera exposé dans son cachot avec ses chaînes aux yeux du public, en présence d'un geolier; son nom, la cause de sa condamnation, et le jugement rendu contre lui, seront écrits extérieurement sur la porte de son cachot.

4.

Les femmes qui subiront cette peine, ne porteront point de chaînes ni de fers.

5.

La peine du cachot sera terminée par une seconde époque dont la durée sera égale à la moitié de la première.

Cette seconde époque se partagera en deux parties égales.

Pendant la première, le condamné subira la peine de la gêne.

Pendant la deuxième, celle de la prison.

Ainsi lorsque le jugement portera : *Condamné à la peine du cachot pour douze ans*, le condamné subira pendant huit ans la peine qui vient d'être décrite ; il passera à la gêne les deux années suivantes, et enfin il subira la peine de la prison les deux dernières années.

6.

La durée de cette peine ne pourra être moindre de douze années, ni s'étendre au delà de vingt-quatre, dans lesquelles seront compris le temps de gêne et celui de prison, dont le cachot doit être suivi conformément aux dispositions et aux proportions qui viennent d'être établies ci-dessus.

TITRE III.

De la peine de la gêne.

ARTICLE PREMIER.

Le coupable qui aura été condamné à cette peine, sera enfermé seul dans un lieu éclairé.

Il sera attaché avec une chaîne et une ceinture de fer, pieds et mains libres.

Il lui sera fourni pour nourriture du pain et de l'eau aux dépens de la maison, le surplus sur le produit de son travail.

Il lui sera donné de la paille pour se coucher.

2.

Tous les jours il lui sera procuré du travail.

Deux jours par semaine, les condamnés à cette peine pourront se réunir ensemble pour un travail commun, mais sans sortir de l'enceinte de la maison. Ces jours-là leurs chaînes leur seront ôtées.

Les autres jours, ils travailleront seuls, chacun dans le lieu de sa détention.

Le produit de leur travail sera employé, ainsi qu'il est expliqué ci-dessus à l'article 2 du titre précédent.

3.

L'un des deux jours du travail commun, après que les condamnés seront rentrés dans le lieu de leur détention, ils pourront communiquer avec des personnes autres que les geoliers et les commissaires de la maison, toutefois en présence d'un geolier, et avec la permission d'un commissaire. Tous les autres jours, les condamnés ne pourront communiquer, ni ensemble, ni avec les personnes du dehors.

4.

Une fois par mois, le lieu de la gêne sera ouvert, et le condamné sera exposé aux regards du public, avec ses chaînes et en présence d'un geolier.

Son nom, la cause de sa condamnation, et le jugement rendu contre lui, seront écrits extérieurement au-dessus de la porte du lieu où il sera détenu.

5.

Les femmes qui subiront cette peine ne porteront point de chaînes.

6.

Lorsque cette peine sera prononcée seule, et ne sera pas une suite de la peine du cachot, sa durée ne pourra être moindre de quatre années, ni s'étendre au delà de quinze ans, dans le nombre desquels sera comprise une année de la peine de la prison dont la peine de la gêne sera toujours suivie.

TITRE IV.

De la peine de la prison.

ARTICLE PREMIER.

Le coupable qui aura été condamné à cette peine, sera enfermé, seul, sans fers ni liens.

Il aura un lit pour se coucher.

Il lui sera donné pour nourriture du pain et de l'eau aux dépens de la maison, le surplus sur le produit de son travail.

2.

Il lui sera fourni tous les jours du travail dans l'enceinte de la maison. Les condamnés à cette peine pourront se réunir pour un travail commun.

Les hommes et les femmes travailleront dans des enceintes séparées.

Le produit de leur travail sera employé comme il est expliqué ci-dessus.

3.

Une fois par semaine, le condamné pourra communiquer avec des personnes autres que les geoliers et les commissaires, en présence toutefois d'un geolier, et avec la permission d'un commissaire; mais il ne paraîtra qu'enfermé dans sa prison.

4.

Un jour, chaque mois, la prison sera ouverte, et le condamné sera exposé aux regards du public en présence d'un geolier. Son nom, la cause de sa condamnation, et le jugement rendu contre lui, seront écrits extérieurement au-dessus de la porte de sa prison.

5.

Lorsque cette peine sera prononcée seule, et ne sera pas une suite de la peine du cachot ou de celle de la gêne, la durée de cette peine ne pourra pas être moindre de deux années, ni s'étendre au delà de six ans.

En conséquence, et pour l'exécution des dispositions précédentes, il sera fait choix dans chaque département, soit dans la ville, soit près de la ville où le tribunal est fixé, d'une enceinte propre à réunir l'établissement des cachots, des lieux de gêne, et des chambres de détention.

La municipalité de ladite ville, sous l'inspection et l'autorité du directoire du département, sera chargée de pourvoir à la sûreté, salubrité, police intérieure, régie et administration de ladite maison, à la nourriture, aux besoins des condamnés, et à leur soulagement en cas de maladie ou d'infirmité; de leur fournir un travail proportionné à leurs forces et à leur industrie; de faire l'emploi du produit dudit travail conformément aux précédentes dispositions; enfin de veiller à ce que les geoliers et gardiens remplissent leurs fonctions avec humanité et exactitude.

Expresses défenses seront faites aux gardiens des condamnés de les maltraiter et de leur porter aucun coup, sous peine de destitution.

Les condamnés seront toujours conduits pour subir leur jugement, dans la maison de peine du département dans l'étendue duquel le crime aura été commis. Seront toutefois exceptés de la présente disposition les délits de lèse-nation qui auraient été commis hors du royaume; ceux qui auront été condamnés pour ces délits, seront conduits dans la maison de peine du département dans l'enceinte duquel siégeait le corps législatif, lorsqu'il a déclaré qu'il y avait lieu à accusation contre les prévenus desdits crimes.

TITRE V.

De l'exposition des condamnés aux regards du peuple.

ARTICLE PREMIER.

Quiconque aura été condamné, soit à la peine du cachot, soit à la peine de la gêne, soit à celle de la prison, sera préalablement placé sur un échafaud au milieu de la place publique.

2.

Il y sera attaché à un poteau, chargé des mêmes fers qu'il doit conserver dans le cachot, si c'est à cette peine qu'il est condamné, ou de ceux qu'il doit porter dans la gêne, si la peine de gêne est celle qu'il doit subir.

3.

Au-dessus de sa tête, sur un écriteau, seront inscrits en gros caractères son nom, la cause de sa condamnation, et le jugement rendu contre lui.

4.

Il demeurera ainsi exposé aux regards du peuple pendant trois jours consécutifs, six heures par jour, s'il est condamné à la peine du cachot.

Pendant deux jours consécutifs, quatre heures par jour, s'il est condamné à la peine de la gêne.

Un seul jour et pendant deux heures, s'il est condamné à la peine de la prison.

5.

Le condamné sera exposé publiquement dans le même appareil et durant le même nombre de jours ci-dessus prescrits, tant dans la ville où le jury d'accusation a été convoqué, que dans celle où est située la maison de peine dans laquelle il doit être conduit.

6.

Si la maison de peine est située dans la ville où le jury d'accusation a été convoqué, l'exposition aura lieu tant dans ladite ville que dans celle où a été convoqué le jury de jugement (1).

TITRE VI.

De la peine de la dégradation civique.

ARTICLE PREMIER.

Le coupable qui aura été condamné à cette peine, sera conduit au milieu de la place publique de la ville où siége le tribunal criminel qui l'aura jugé. Le greffier du tribunal lui adressera ces mots à haute voix : *Votre pays vous a trouvé convaincu d'une action infâme. La loi et le tribunal vous dégradent de la qualité de citoyen français.*

Le condamné sera ensuite mis au carcan, au milieu de la place publique; il y restera pendant deux heures exposé aux regards du peuple : sur un écriteau seront tracés en gros caractères, son nom,

(1) Ce cas a lieu lorsque le crime a été commis dans l'étendue du district où siége le tribunal.

D'après le décret des jurés, le jury de jugement ne peut pas être convoqué dans ce district; mais la procédure est renvoyée à un tribunal criminel du département voisin.

le crime qu'il a commis, et le jugement rendu contre lui.

2.

Dans le cas où la loi prononcera la peine de la dégradation civique, si c'est une femme ou une fille qui est convaincue de s'être rendue coupable desdits crimes, le jugement portera : *Telle est condamnée à la peine du carcan.*

3.

Toute femme ou fille qui aura été condamnée à cette peine, sera conduite au milieu de la place publique de la ville où siége le tribunal criminel qui l'aura jugée.

Elle y sera mise au carcan, et restera pendant deux heures exposée aux regards du peuple.

Sur un écriteau seront tracés en gros caractères, son nom, le crime qu'elle a commis, et le jugement rendu contre elle.

TITRE VII.

Des effets des condamnations.

ARTICLE PREMIER.

Quiconque aura été condamné à l'une des peines établies dans les titres précédens, sera déchu de tous les droits attachés à la qualité de citoyen actif, ou rendu incapable de les acquérir.

Son témoignage et son affirmation ne seront point admis en justice.

Il ne pourra être rétabli dans ses droits, que dans les délais et sous les conditions ci-après.

2.

Quiconque aura été condamné aux peines du cachot, de la gêne ou de la prison, indépendamment des déchéances portées en l'article précédent, sera inhabile, pendant la durée de sa peine, à l'exercice d'aucun droit civil.

3.

En conséquence il lui sera nommé par le président du tribunal criminel qui aura prononcé son jugement, un curateur pour gérer et administrer ses biens.

4.

Ses biens lui seront restitués à l'instant de sa sortie, et le curateur lui rendra compte de son administration et de l'emploi utile de ses revenus.

5.

Pendant le temps de sa détention, il ne pourra être remis au condamné aucune portion de ses revenus.

6.

Seulement il pourra être prélevé sur ses biens, les sommes nécessaires pour élever et doter ses enfans, ou pour fournir des alimens à sa femme et à ses enfans, à son père ou à sa mère, s'ils sont dans le besoin.

7.

Ces sommes ne pourront être prélevées sur ses biens, qu'en vertu d'un jugement rendu par le tribunal criminel, à la requête des demandeurs, avec l'avis du curateur, ou sur les conclusions du commissaire du roi.

8.

Les commissaires et gardiens de la maison de peine ne permettront pas que les condamnés reçoivent, pendant la durée de leur détention, aucun don, argent, secours, vivres ou aumônes, attendu qu'il ne peut leur être accordé de soulagement que sur le produit de leur travail (1).

Ils seront responsables de l'exécution de cet article, sous peine de destitution.

(1) Cette disposition paraîtra bien nécessaire, si l'on est instruit que sur les galères, tout forçat qui a quelque patrimoine ou des parens aisés qui lui fournissent de l'argent, est bien traité, bien nourri, bien vêtu, et reçoit toute sorte d'égards de la part des gardiens, toujours favorablement disposés pour un pensionnaire utile.

TITRE VIII.

De l'influence de l'âge du condamné sur la nature et la durée des peines du cachot, de la gêne et de la prison.

ARTICLE PREMIER.

Lorsqu'un accusé, déclaré coupable par le jury, aura commis le crime pour lequel il est poursuivi, avant l'âge de seize ans accomplis, les jurés décideront dans les formes ordinaires de leurs délibérations la question suivante :

Le coupable a-t-il commis le crime, avec ou sans discernement ?

2.

Si les jurés décident que le coupable a commis le crime sans discernement, il sera acquitté du crime ; mais le tribunal criminel pourra, suivant les circonstances, ordonner que l'enfant sera rendu à ses parens, ou qu'il sera conduit dans la maison de correction pour y être élevé et détenu pendant tel nombre d'années que le jugement déterminera, et qui toutefois ne pourra excéder l'époque de la majorité de l'enfant.

3.

Si les jurés décident que le coupable a commis le crime avec discernement, la peine prononcée par la loi contre ledit crime, sera abrégée d'un tiers quant à sa durée; elle sera en outre commuée à raison de l'âge du coupable; savoir : la peine du cachot et de la gêne dans la peine de la prison, si le coupable était âgé de moins de quatorze ans accomplis lorsqu'il a commis le crime; et la peine du cachot dans la peine de la gêne, si le coupable avait moins de seize ans accomplis.

Par exemple, l'enfant de moins de quatorze ans accomplis, qui, en raison de son crime, aurait encouru la peine de dix-huit années de cachot, subira en raison de son âge douze années de prison. Celui qui aura encouru douze ans de gêne, subira huit ans de prison.

Quant à l'enfant de plus de quatorze ans, mais de moins de seize accomplis, qui aurait encouru la peine de douze années de gêne, il subira cette peine pendant huit ans; et s'il a encouru la peine de dix-huit années de cachot, il subira douze années la peine de la gêne.

4.

Nul ne pourra être condamné à la peine du cachot, après l'âge de soixante ans accomplis; mais cette peine sera commuée pour un temps égal, dans la peine de la prison.

Les condamnés qui auraient commencé à subir leur peine lorsqu'ils sont parvenus à cet âge, en fourniront la preuve au tribunal criminel qui aura prononcé leur jugement; et sur leur requête, le tribunal ordonnera qu'ils soient transférés à la gêne, pour achever d'y remplir le temps de leur condamnation.

5.

Nul ne pourra être condamné à la gêne, après l'âge de soixante-dix ans accomplis; mais cette peine sera commuée pour un temps égal dans la peine de la prison.

Les condamnés qui auraient commencé à subir leur peine lorsqu'ils seront parvenus à cet âge, en fourniront la preuve au tribunal criminel qui aura prononcé leur jugement; et sur leur requête, le tribunal ordonnera qu'ils soient transférés à la prison, pour achever d'y remplir le temps de leur condamnation.

6.

Tout condamné qui aura atteint l'âge de quatre-vingts ans, quelle que soit la nature de la peine qu'il ait encourue, sera mis en liberté par jugement du tribunal criminel, rendu sur sa requête, s'il a subi au moins cinq années de sa peine.

S'il avait subi moins de cinq ans de détention, il sera mis en liberté dans les mêmes formes, aussitôt que ces cinq années seront accomplies.

7.

Nul ne pourra être condamné à plus forte peine que celle de cinq années de prison, après quatre-vingts ans accomplis. Si la peine prononcée par la loi, à raison du crime commis, excède cinq ans de prison, la condamnation sera restreinte à ce terme, en considération de l'âge du coupable.

TITRE IX.

De la récidive.

ARTICLE PREMIER.

Quiconque aura été condamné à une peine afflictive ou infamante, encore que ledit jugement ait été rendu par contumace, s'il est convaincu d'avoir, depuis le jugement, commis un crime emportant peine infamante, mais non afflictive, sera, à raison de la récidive, condamné à la peine de deux années de prison.

2.

Quiconque aura été condamné à une peine afflictive ou infamante, encore que le jugement ait été rendu par contumace, s'il est convaincu d'avoir depuis ce temps commis un crime emportant peine afflictive, subira ladite peine; et après l'expiration du temps de cette seconde condamnation, le condamné sera transféré pour le reste de sa vie au lieu qui sera incessamment fixé pour la déportation des malfaiteurs (1).

3.

Nul ne pourra être déporté s'il est âgé de soixante-dix ans accomplis.

TITRE X.

De l'exécution des jugemens rendus contre un accusé contumace.

ARTICLE PREMIER.

Lorsqu'un accusé contumace aura été condamné à l'une des peines établies ci-dessus, il sera dressé dans la place publique un poteau, auquel on appliquera un écriteau indicatif du nom du condamné, du crime qu'il a commis, et du jugement rendu contre lui.

2.

Cet écriteau restera exposé aux yeux du peuple

(1) Les comités de constitution, de mendicité et de législation criminelle, se sont concertés avec le ministre de la marine sur la nécessité de faire choix d'un lieu où les malfaiteurs et les mendians dangereux puissent être déportés.

L'indication de l'île dont il aura été fait choix pour cet établissement, et les mesures qui y sont relatives, seront mises incessamment sous les yeux de l'Assemblée nationale.

L'Angleterre a pratiqué avec succès ce moyen de purger la société des humeurs vicieuses dont elle peut être infectée.

pendant trois jours consécutifs, si la condamnation emporte la peine du cachot.

Pendant deux jours consécutifs, si la condamnation emporte la peine de la gêne.

Pendant un jour, si la condamnation emporte la peine de la dégradation civique ou celle du carcan.

3.

Lorsque la condamnation prononcée contre un accusé contumace, emportera peine afflictive, ledit écriteau sera exposé en la forme qui vient d'être prescrite, dans les villes où, d'après les dispositions du titre V ci-dessus, l'exposition du condamné aurait lieu si le condamné était présent.

Lorsque ladite condamnation emportera peine infamante, mais non afflictive, ledit écriteau sera exposé seulement dans la place publique de la ville où siége le tribunal criminel qui aura prononcé ledit jugement (1).

TITRE XI.

De la réhabilitation des condamnés.

ARTICLE PREMIER.

Tout condamné qui aura subi sa peine, pourra

(1) Les effets des condamnations contre un accusé contumace, sont décrétés dans la loi portant établissement de jurés.

demander à la municipalité du lieu de son domicile une attestation à l'effet d'être réhabilité.

Savoir : les condamnés aux peines du cachot, de la gêne, de la prison, dix ans après l'expiration de leur peine.

Les hommes condamnés à la peine de la dégradation civique, les femmes condamnées à celle du carcan, après dix ans, à compter du jour de leur jugement.

2.

Huit jours au plus, après la demande, le conseil-général de la commune sera convoqué, et il lui en sera donné connaissance.

3.

Le conseil-général de la commune sera de nouveau convoqué au bout d'un mois; pendant ce temps chacun de ses membres pourra prendre sur la conduite de l'accusé tels renseignemens qu'il jugera convenables.

4.

Les avis seront recueillis par la voie du scrutin, et il sera décidé à la majorité, si l'attestation doit être accordée.

5.

Si la majorité est pour que l'attestation soit accordée, deux officiers municipaux, revêtus de leur écharpe, conduiront le condamné devant le tribunal criminel où le jugement de condamnation aura été prononcé.

Ils y paraîtront avec lui dans l'auditoire en présence des juges et du public.

Après avoir fait lecture du jugement prononcé contre le condamné, ils diront à haute voix : *Un tel..... a expié son crime en subissant sa peine : maintenant sa conduite est irréprochable; nous demandons, au nom de son pays, que la tache de son crime soit effacée.*

6.

Le président du tribunal, sans délibération, prononcera ces mots : *Sur l'attestation et la demande de votre pays, la loi et le tribunal effacent la tache de votre crime.*

Il sera dressé du tout procès-verbal, et mention en sera faite sur le registre du tribunal criminel, en marge du jugement de condamnation.

7.

Cette réhabilitation fera cesser, dans la personne du condamné, tous les effets et toutes les incapacités résultantes des condamnations.

8.

Si la majorité du corps municipal est pour refuser l'attestation, le condamné ne pourra former une nouvelle demande que deux ans après, et ainsi de suite de deux ans en deux ans (1), tant que l'attestation ne lui aura pas été accordée.

L'usage des lettres de grâce, de rémission, d'abolition, de pardon, de commutation de peine, est aboli.

Toutes les peines actuellement usitées, autres que celles qui sont établies ci-dessus, sont abrogées.

(1) Au bout de deux ans, un nouveau conseil de la commune aura été élu, en sorte que des préventions personnelles ne pourront pas opposer un obstacle permanent à la demande du condamné.

DEUXIÈME PARTIE.

DES CRIMES ET DE LEUR PUNITION.

TITRE PREMIER.

Crimes et attentats contre la chose publique.

Lorsqu'un Français, chef de parti, à la tête de troupes étrangères, ou à la tête de citoyens révoltés, aura exercé des hostilités contre la France, après qu'un décret du corps législatif l'aura déclaré ennemi public, chacun aura le droit de lui ôter la vie; s'il est arrêté vivant, il sera condamné à être pendu.

PREMIÈRE SECTION.

Des crimes contre la sûreté extérieure de l'État.

ARTICLE PREMIER.

Toutes machinations et intelligences pratiquées avec les puissances étrangères ou avec leurs agens, pour les engager à commettre des hostilités, ou pour leur indiquer les moyens d'entreprendre la guerre avec avantage, seront punies de la peine du cachot pendant douze ans, dans le cas où lesdites machinations et intelligences n'auront été suivies d'aucune hostilité.

2.

Si les manœuvres mentionnées en l'article précédent sont suivies de quelques hostilités, ou si elles sont liées à une conspiration formée dans l'intérieur du royaume, elles seront punies de la peine de vingt-quatre années de cachot.

3.

Toutes agressions hostiles, toutes infractions de traités tendantes à allumer la guerre entre la France et une puissance étrangère, seront punies de la peine de vingt années de cachot.

Tout agent subordonné qui aura contribué auxdites hostilités, soit en exécutant, soit en faisant passer les ordres de son supérieur légitime, n'encourra pas ladite peine.

Le ministre qui en aura donné ou contresigné l'ordre, ou le commandant qui, sans ordre du ministre, aura fait commettre lesdites hostilités ou infractions, en sera seul responsable, et subira la peine portée au présent article.

4.

Tout Français qui portera les armes contre la

France, sera condamné à vingt-quatre années de cachot.

5.

Toutes manœuvres, toute intelligence avec les ennemis de la France, tendantes, soit à faciliter leur entrée dans les dépendances de l'empire français, soit à leur livrer des villes, forteresses, ports, vaisseaux, magasins ou arsenaux appartenans à la France, soit à leur fournir des secours en soldats, argent, vivres ou munitions, soit à favoriser d'une manière quelconque le progrès de leurs armes sur le territoire français, ou contre nos forces de terre ou de mer, soit à ébranler la fidélité des officiers, soldats, et des autres citoyens envers la nation française, seront punies de la peine de vingt-quatre années de cachot.

6.

Les trahisons de la nature de celles mentionnées en l'article précédent, exercées en temps de guerre, envers les alliés de la France agissant contre l'ennemi commun, seront punies de la même peine.

DEUXIÈME SECTION.

Des crimes et délits contre la sûreté intérieure de l'État.

ARTICLE PREMIER.

Tout complot et attentat contre la personne du roi, ou de celui qui, pendant la minorité du roi, exercera les fonctions de la royauté, ou de l'héritier présomptif du trône, seront punis de la peine de vingt-quatre années de cachot.

2.

Toutes conspirations et complots tendans, sous des prétextes de religion ou de réformation du gouvernement, ou par toutes autres insinuations, à troubler l'État par une guerre civile, en armant les citoyens les uns contre les autres, ou contre l'exercice de l'autorité légitime, seront punis de la peine de vingt années de cachot.

3.

Tout enrôlement de soldats, levées de troupes, amas d'armes et de munitions pour exécuter les complots et machinations mentionnées en l'article précédent;

Toute attaque ou résistance envers la force publique agissant contre l'exécution desdits complots;

Tout envahissement de ville, forteresse, magasin, arsenal, port ou vaisseau, sera puni de la peine de vingt-quatre années de cachot.

Les auteurs, chefs et instigateurs desdites révoltes, et tous ceux qui seront pris les armes à la main, subiront les peines portées au présent article.

4.

Les pratiques et intelligences avec les révoltés,

de la nature de celles mentionnées en l'article 5 du titre premier, seront punies des peines portées auxdits articles.

5.

Tout commandant d'armée ou corps de troupes, d'une flotte ou d'une escadre, d'une place forte ou d'un poste, qui en retiendra le commandement contre l'ordre du roi;

Tout commandant qui retiendra son armée sous ses drapeaux, lorsque le licenciement en aura été ordonné, soit par le roi, soit par un décret du corps législatif, et après que lesdits ordres ou décrets lui auront été légalement notifiés, sera coupable du crime de révolte, et condamné à la peine de vingt années de cachot.

TROISIÈME SECTION.

Des crimes contre la constitution.

ARTICLE PREMIER.

Tous complots ou attentats pour empêcher la réunion, ou pour opérer la dissolution d'une assemblée primaire ou d'une assemblée électorale, seront punis de la peine du cachot pendant douze années.

2.

Si des troupes de ligne investissent le lieu des

séances desdites assemblées, ou pénètrent dans son enceinte sans l'autorisation ou la réquisition desdites assemblées, le ministre ou commandant qui en aura donné ou contresigné l'ordre, les chefs ou soldats qui l'auront exécuté, seront punis du cachot pendant quinze années.

3.

Toutes conspirations ou attentats pour empêcher la réunion, ou pour opérer la dissolution du corps législatif;

Tout attentat contre la liberté individuelle d'un de ses membres, seront punis de vingt-quatre années de cachot.

Tous ceux qui auront participé auxdites conspirations ou auxdits attentats, par les ordres qu'ils auront donnés ou exécutés, subiront la peine portée au présent article.

4.

Si des troupes de ligne approchent ou séjournent plus près de vingt mille toises de l'endroit où le corps législatif tiendra ses séances, sans que le corps législatif en ait autorisé ou requis l'approche ou le séjour, le ministre qui en aura donné ou contresigné l'ordre, le commandant en chef et le commandant particulier de chaque corps desdites troupes seront punis de la peine de douze années de gêne.

5.

Quiconque aura commis l'attentat d'investir d'hommes armés le lieu des séances du corps législatif, ou de les y introduire sans son autorisation ni réquisition, sera puni de la peine de vingt années de cachot.

Le ministre ou commandant qui en aura donné ou contresigné l'ordre, les chefs et soldats qui l'auront exécuté, subiront la peine portée au présent article.

6.

Toutes conspirations ou attentats ayant pour objet d'intervertir l'ordre de la succession au trône, déterminé par la constitution, seront punis de la peine de vingt années de cachot.

7.

Si quelque acte était publié comme loi, sans avoir été décrété par le corps législatif, de quelque forme que ledit acte soit revêtu;

Tout ministre qui l'aura contresigné, sera puni de la peine de vingt années de cachot.

Et si ledit acte n'est pas extérieurement revêtu de la forme constitutionnelle, prescrite par le décret du 7 octobre 1789, tout fonctionnaire public, commandant et officier, qui l'auront fait exécuter ou publier, seront punis de la peine de douze années de gêne.

Le présent article ne porte aucune atteinte au droit de faire publier des proclamations et autres actes réservés par la constitution au pouvoir exécutif.

8.

En cas de publication d'une loi falsifiée, le ministre qui l'aura contresignée, s'il est convaincu d'avoir altéré ou fait altérer le décret du corps législatif volontairement et à dessein, sera puni de quinze années de gêne.

9.

Si quelque acte portant établissement d'un impôt ou d'un emprunt, était publié sans que ledit impôt ou emprunt ait été établi en vertu d'un décret du corps législatif sanctionné par le roi;

Tout ministre qui aura contresigné ledit acte, ou donné ou contresigné des ordres pour percevoir ledit impôt, ou pour recevoir les fonds dudit emprunt, sera puni de la peine du cachot pendant vingt ans.

Tous agens quelconques du pouvoir exécutif qui auront exécuté lesdits ordres, soit en percevant ledit impôt, soit en recevant les fonds dudit emprunt, seront punis de la peine de douze années de gêne.

10.

Si quelque acte ou ordre émané du pouvoir exécutif créait des corps, ordres politiques, ou agens pour leur conférer un pouvoir que le corps constituant à seul le droit de déléguer, ou rétablissait des corps, ordres politiques, ou agens, que la constitution aurait détruits ;

Tout ministre qui aura contresigné ledit acte ou ledit ordre, sera puni de la peine de vingt années de cachot.

Tous ceux qui auraient participé à ce crime, soit en acceptant lesdits pouvoirs, soit en exerçant lesdites fonctions, seront punis de la peine de la gêne pendant six ans.

11.

Si quelque acte ou ordre émané du pouvoir exécutif détruisait les corps établis par la constitution;

Tout ministre qui aura contresigné ledit ordre ou ledit acte, sera puni de vingt ans de cachot.

12.

Si par quelque acte ou ordre émané du pouvoir exécutif, un fonctionnaire public quelconque était illégalement destitué, le ministre qui en aura contresigné l'ordre, sera puni de la gêne pendant douze années.

13.

S'il émanait du pouvoir exécutif un acte portant nomination, au nom du roi, d'un emploi qui suivant la constitution ne peut être conféré que par l'élection libre des citoyens, le ministre qui aura contresigné ledit acte, sera puni de la gêne pendant douze années.

Ceux qui auraient participé à ce crime, en acceptant lesdits emplois ou en exerçant lesdites fonctions, seront punis de la peine de six années de gêne.

14.

Toutes machinations, ou violences, ayant pour objet d'empêcher la réunion ou d'opérer la dissolution de toute assemblée de commune et municipale, de tout corps administratif ou judiciaire établis par la constitution, seront punies de la peine de six années de gêne, si lesdites violences sont exercées avec armes, et de trois années de prison, si elles sont exercées sans armes.

15.

Tout ministre qui sera coupable de crime mentionné en l'article précédent, par les ordres qu'il aura donnés ou contresignés, sera puni de la peine de douze années de cachot.

Tous chefs, commandans et officiers qui auront contribué à exécuter lesdits ordres, seront punis de la même peine.

16.

Tout ministre qui, en temps de paix, aura donné ou contresigné des ordres pour lever ou entretenir un nombre de troupes de terre supérieur à celui qui aura été déterminé par les décrets du corps législatif, ou pour augmenter le nombre proportionnel des troupes étrangères fixé par lesdits décrets, sera puni de douze ans de gêne.

17.

Toute violence exercée par l'action des troupes de ligne contre les citoyens, sans réquisition légitime et hors des cas expressément prévus par la loi, sera punie de la peine de douze années de cachot.

Le ministre qui en aura donné ou contresigné l'ordre, les commandans, officiers et soldats qui auront exécuté ledit ordre, ou qui sans ordre auront commis lesdites violences, seront punis de la même peine.

Si par l'effet de ladite violence quelque citoyen perd la vie, la peine sera de vingt années de cachot.

18.

Tout attentat contre la liberté individuelle, base essentielle de la constitution française, sera puni ainsi qu'il suit :

Tout homme, quelle que soit sa place ou son emploi, autre que ceux qui ont reçu de la loi le droit d'arrestation, qui donnera, signera, exécutera l'ordre d'arrêter une personne vivant sous l'empire et la protection des lois françaises, ou l'arrêtera effectivement, si ce n'est pour la remettre sur-le-champ à la police, dans les cas déterminés par la loi, sera puni de la peine de six années de gêne.

19.

Si ce crime était commis en vertu d'un ordre émané du pouvoir exécutif, le ministre qui l'aura contresigné, sera puni de douze ans de gêne.

20.

Tous geoliers et gardiens de maisons d'arrêts, de justice, de correction, ou de prison pénale, qui recevront ou retiendront ladite personne, sinon en vertu de mandats, ordonnances, jugemens, ou acte légal, seront punis de la peine de six années de gêne.

21.

Quoique ladite personne ait été arrêtée en vertu d'un acte légal, si elle est détenue dans une maison autre que les lieux légalement et publiquement désignés pour recevoir ceux dont la détention est autorisée par la loi;

Tous ceux qui auront donné l'ordre de la détenir, ou qui l'auront détenue, ou qui auront prêté leur maison pour la détenir, seront punis de la peine de six années de gêne.

Si ce crime était commis en vertu d'un ordre émané du pouvoir exécutif, le ministre qui l'aura contresigné, sera puni de la peine de douze années de cachot.

22.

Tout fonctionnaire public qui, par un acte illégal, attentera à la propriété d'un citoyen, ou mettra obstacle au libre exercice d'aller, d'agir, de parler et d'écrire, d'imprimer et de publier ses écrits, droits assurés par la constitution à tout individu, excepté dans les cas où un texte précis de la loi limite l'exercice desdits droits, sera puni de la peine de six années de gêne.

Si lesdits attentats étaient commis en vertu d'un acte ou d'un ordre émané du pouvoir exécutif, le ministre qui aura contresigné ledit ordre, sera puni de douze années de cachot.

23.

Quiconque aura volontairement et sciemment brisé le cachet et violé le secret d'une lettre confiée à la poste, sera puni de la peine de la dégradation civique.

Si le crime est commis, soit en vertu d'un ordre émané du pouvoir exécutif, soit par un agent du service des postes, le ministre qui en aura donné ou contresigné l'ordre, quiconque l'aura exécuté, ou l'agent du service des postes qui, sans ordre, aura commis ledit crime, sera puni de la peine de douze ans de gêne.

24.

S'il était émané du pouvoir exécutif quelque acte

où quelque ordre pour soustraire un de ses agens, soit à la poursuite légalement commencée de l'action en responsabilité, soit à la peine légalement prononcée en vertu de ladite responsabilité, le ministre qui aura contresigné ledit ordre ou acte, et quiconque l'aura exécuté, sera puni de la peine de douze années de cachot.

QUATRIÈME SECTION.

Délits des particuliers contre le respect et l'obéissance dus à la loi et à l'autorité des pouvoirs constitués pour la faire exécuter.

ARTICLE PREMIER.

Lorsqu'un ou plusieurs agens préposés, soit à l'exécution d'un décret du corps législatif, soit à la perception d'une contribution légalement établie, soit à l'exécution d'un jugement, mandat, d'une ordonnance de justice ou de police, lorsque tout dépositaire quelconque de la force publique, agissant légalement dans l'ordre de ses fonctions, aura prononcé cette formule: *Obéissance à la loi*,

Quiconque opposera des violences et voies de fait, sera coupable du crime d'*offense à la loi;* il sera puni de la peine de deux années de prison.

Si la résistance est opposée avec armes, la peine sera de quatre années de prison.

2.

Lorsque la résistance aux agens ou dépositaires

de la force publique, désignés en l'article précédent, sera opposée avec attroupement, et que les officiers civils de la municipalité ou du canton auront été contraints de requérir l'action de la force publique contre lesdites personnes attroupées; lorsqu'il leur aura été fait les sommations déterminées par les lois, si l'attroupement continue, les chefs de l'*émeute*, et ceux qui seront arrêtés sur-le-champ les armes à la main, ou en état de résistance, seront punis de la peine de la gêne pendant six années.

3.

Lorsque lesdites résistances et attroupemens n'auront pas cédé à la force publique de la municipalité ou du canton, et que l'administration du district aura requis l'action de forces plus considérables; après qu'il aura été fait auxdites personnes attroupées les sommations déterminées par les lois, si l'attroupement continue, les coupables seront constitués en sédition.

Les chefs des séditieux, et tous ceux qui seront arrêtés sur-le-champ les armes à la main, ou en état de résistance, seront punis de douze années de gêne.

4.

Lorsque lesdites résistances et attroupemens n'auront pas cédé à la force publique requise par l'administration du district, et que l'administration du département aura été contrainte de requérir l'action de forces plus considérables; après qu'il aura été fait aux séditieux attroupés les sommations déterminées par les lois, si l'attroupement continue, les coupables seront constitués en rebellion; les chefs des rebelles, et ceux qui seront arrêtés sur-le-champ les armes à la main, ou en état de résistance, seront punis de la peine de douze années de cachot.

5.

Les coupables des crimes *d'offense à la loi*, *d'émeute, de sédition, de rebellion*, qui auraient commis personnellement des homicides, incendies et autres actes de violence, seront punis des peines qui seront décrétées ci-après contre chacun de ces crimes, quand même ils n'auraient pas été arrêtés sur-le-champ, ni les armes à la main, ni en état de résistance.

6.

Quiconque aura outragé, verbalement ou par gestes, un fonctionnaire public au moment où il exerçait ses fonctions, sera puni de la peine de la dégradation civique.

S'il portait l'outrage jusqu'à le frapper, la peine sera de deux années de prison.

7.

Quiconque par force aura délivré ou tenté de

délivrer des personnes détenues légalement, quiconque les aura délivrées par adresse, sera condamné à la peine de la prison pendant deux années.

8.

Si ladite violence est exercée avec attroupement, ou avec armes, les auteurs, instigateurs et complices dudit attroupement, ou lesdites personnes armées, seront punis de quatre ans de prison.

9.

Si ladite tentative est exercée avec attroupement et armes, la peine sera de six années de gêne.

CINQUIÈME SECTION.

Crimes des fonctionnaires publics dans l'exercice des pouvoirs qui leur sont confiés (1).

ARTICLE PREMIER.

Tout agent du pouvoir exécutif, ou fonctionnaire public quelconque, qui aura employé ou requis

(1) Il n'y a point d'articles dans le Code pénal contre les délits qui peuvent être commis, soit par les corps délibérans, soit par les membres qui les composent, dans l'acte même de la délibération.

Voici les principes des deux comités sur cette question vraiment difficile.

Il faut distinguer l'acte qui émane du corps délibérant, et la délibération ou opinion individuelle des membres qui composent le corps.

Quant à l'acte du corps délibérant, s'il est infecté de quelque vice, la constitution a établi un moyen de répression :...... l'acte sera cassé par l'autorité supérieure, et son anéantissement arrêtera les mauvais effets qu'il pouvait produire.

l'action de la force publique, dont la disposition lui est confiée, pour empêcher l'exécution d'une

Si l'acte est de telle nature qu'il soit dangereux pour la chose publique de laisser subsister le corps dont il est émané, la constitution indique encore les formes avec lesquelles le corps entier doit être cassé, et alors chacun des membres qui le composent, sans être condamné ou flétri individuellement, se trouve destitué par le fait, mais sous ce seul rapport, qu'il faisait partie d'un corps politique qui a cessé d'être.

A l'égard de l'opinion individuelle des membres qui composent le corps délibérant, vos comités ont pensé qu'elle ne pouvait jamais servir de base à une action criminelle.

Quelquefois il y aurait de la difficulté à prouver quels étaient ceux qui ont assisté à la délibération, et ceux qui étaient absens.

Quels sont ceux qui ont été de l'avis qui a passé, et ceux qui étaient d'un avis contraire; car la signature des membres présens atteste seulement le vœu de la majorité, mais ne constate pas leur opinion.

Il faudrait recevoir pour dénonciateurs et pour témoins les collègues mêmes des accusés; et en ce cas il y aurait de l'immoralité à les entendre s'ils parlent, et de l'impossibilité à les faire parler s'ils se taisent.

Comment constater par une procédure si les différentes nuances qui ont distingué chaque opinion, rentrent dans la liberté légitime de déclarer son avis, ou dans la licence criminelle qui caractérise le délit?

En un mot, si l'opinant a été seul de son avis, ou en minorité, aucun mal politique n'en résulte, et aucun acte émané du corps ne relève le scandale de son opinion.

Si l'opinant a été en majorité, et que l'acte ait été conforme à l'avis qu'il a proposé, l'acte et le corps peuvent être annulés ainsi que nous venons de le développer, et le mal est arrêté par cette répression constitutionnelle.

Il est bien entendu que ces principes s'appliquent au seul fait de la délibération; et tout membre d'un corps délibérant qui intriguerait ou agirait criminellement hors la délibération, serait dans le cas d'être poursuivi et puni.

Cette question est très-importante et susceptible d'un développement très-étendu.

loi ou la perception d'une contribution légitimement établie, sera puni de la peine de la gêne pendant dix années.

Tous les agens subordonnés qui auront contribué à l'exécution desdits ordres, seront punis de la peine de six années de prison.

2.

Tout agent du pouvoir exécutif, tout fonctionnaire public quelconque, qui aura employé ou requis l'action de la force publique, dont la disposition lui est confiée, pour empêcher l'exécution d'un jugement, mandat, ou ordonnance de justice, ou d'un ordre émané d'officiers municipaux de police, ou de corps administratifs, ou pour empêcher l'action d'un pouvoir légitime, sera puni de la peine de six années de prison.

Le supérieur légitime qui, le premier, aura donné lesdits ordres, en sera seul responsable, et subira la peine portée au présent article (1).

3.

Si par suite, et à l'occasion de la résistance mentionnée aux deux articles précédens, il survient

(1) Pour le délit porté en l'article premier, les agens subordonnés sont responsables, parce que des décrets, ou des contributions ordonnées par le corps législatif, sont notoires pour tout Français.

Quant à des jugemens, arrêtés et ordonnances de corps particuliers, les subordonnés ne sauraient pas juger la légalité de leurs formes; et le supérieur seul, en ce cas, peut répondre des ordres qu'il a donnés.

une *émeute, sédition* ou *rebellion*, l'agent du pouvoir exécutif ou le fonctionnaire public, désignés auxdits articles, en sera responsable, ainsi que des meurtres, violences et pillages auxquels cette résistance aurait donné lieu, et il sera puni des peines prononcées contre les chefs des *émeutes, séditions* ou *rebellions*, meurtres, violences et pillages.

4.

Tout dépositaire ou agent de la force publique qui, après en avoir été requis légitimement, aura refusé de faire agir ladite force, sera puni de la peine de trois années de prison.

5.

Tout fonctionnaire public qui, sous prétexte de mandement ou de prédications, exciterait les citoyens par des discours prononcés dans des assemblées, ou par des exhortations rendues publiques par la voie de l'impression, à désobéir aux lois et aux autorités légitimes, ou les provoquerait à des meurtres ou à des crimes, sera puni de la peine de la dégradation civique.

Si par suite et à l'occasion desdites exhortations prononcées ou imprimées, il survient quelque *émeute, sédition, rebellion*, meurtres, pillages ou autres crimes, le fonctionnaire public désigné au présent article en sera responsable et subira les peines portées contre chacun desdits crimes.

6.

Tout fonctionnaire public révoqué ou destitué légitimement, tout fonctionnaire public électif et temporaire, après l'expiration de ses pouvoirs, qui persévérerait à exercer ses fonctions, sera puni de la peine de la dégradation civique.

Si par suite et à l'occasion de sa résistance, il survenait quelque *émeute, sédition, rebellion,* il en sera responsable et puni des peines prononcées contre les auteurs et instigateurs desdits crimes.

7.

Tout fonctionnaire public qui sera convaincu d'avoir, moyennant argent, présens, ou promesses, trafiqué de son opinion ou de l'exercice du pouvoir qu'il tient de la loi, sera puni de la peine de la dégradation civique.

8.

Tout juré, après les récusations consommées, tout juge criminel, tout officier de police en matière criminelle, qui sera convaincu d'avoir, moyennant argent, présens ou promesses, trafiqué de son opinion, sera puni de la peine de quinze ans de gêne.

9.

Tout fonctionnaire public qui sera convaincu d'avoir détourné les deniers publics dont il était comptable, sera puni de la peine de douze années de gêne.

10.

Tout fonctionnaire ou officier public qui sera convaincu d'avoir détourné ou soustrait des deniers, effets, actes, pièces ou titres dont il était dépositaire, à raison des fonctions publiques qu'il exerce et par l'effet d'une confiance nécessaire, sera puni de la peine de dix ans de gêne.

11.

Tout geolier ou gardien qui aura volontairement fait évader ou favorisé l'évasion de personnes légalement détenues, et dont la garde lui était confiée, sera puni de la peine de dix ans de gêne.

12.

Tout fonctionnaire ou officier public, tout préposé à la perception de droits et contributions publiques, qui sera convaincu du crime de concussion, sera puni de la peine de six années de prison.

13.

Tout fonctionnaire ou officier public qui sera convaincu de s'être rendu coupable du crime de faux dans l'exercice de ses fonctions, sera puni de la gêne pendant quinze années.

SIXIÈME SECTION.

Crimes contre la propriété publique.

ARTICLE PREMIER.

Quiconque, hors des hôtels des monnaies et ateliers où sont employés les préposés à la fabrication nationale, sera convaincu d'avoir fabriqué de la monnaie, encore que ladite monnaie soit au même titre, poids et qualité que celle ayant cours, sera puni de six années de gêne.

2.

Toute personne qui sera convaincue d'avoir fabriqué une monnaie inférieure en titre, poids ou qualité à la monnaie ayant cours, sera punie de la peine de quinze années de gêne.

3.

Tous contrefacteurs de papiers nationaux ayant cours de monnaie, seront punis de la peine de quinze années de cachot.

4.

Tous contrefacteurs du sceau de l'État, du timbre national, du poinçon servant à marquer l'or et l'argent, et de toutes marques apposées au nom du gouvernement sur toute espèce de marchandises, seront punis de la peine de douze années de gêne.

5.

Toute personne, autre que le dépositaire comptable, qui sera convaincue d'avoir dérobé d'une manière quelconque, des deniers publics ou effets appartenans à l'État, sera punie de la peine de dix ans de gêne.

Sans préjudice des peines plus graves portées ci-après contre les vols avec effraction ou violences, si ledit vol est commis avec lesdites circonstances.

6.

Quiconque, méchamment et à dessein, aura incendié des maisons, édifices, magasins, arsenaux, vaisseaux et autres propriétés appartenantes à l'État, sera puni de quinze années de cachot.

7.

Quiconque pillera ou détruira, autrement que par le feu, les propriétés ci-dessus mentionnées, sera puni de la peine de six années de gêne; et si ledit crime est commis avec attroupement, de douze années de ladite peine.

TITRE II.

Crimes et délits contre les particuliers.

PREMIÈRE SECTION.

Crimes et attentats contre les personnes.

ARTICLE PREMIER.

En cas d'homicide commis involontairement par un accident qui ne soit l'effet de la négligence ni de l'imprudence de celui qui l'a commis, il n'existe point de crime, et il n'y a lieu à admettre aucune action criminelle ni civile.

2.

En cas d'homicide commis involontairement, mais par l'effet de l'imprudence ou de la négligence de celui qui l'a commis, il n'existe point de crime, et il n'y a lieu à admettre aucune action criminelle; mais il sera statué par les juges sur les dommages et intérêts et sur les peines correctionnelles, selon les circonstances.

3.

En cas d'homicide commis volontairement avec cause légitime ou excuse péremptoire, il n'existe point de crime, et il n'y a lieu à admettre aucune action criminelle ou civile.

4.

L'homicide est commis avec cause légitime, lorsqu'il est autorisé par la loi, et commandé par une autorité légitime pour la défense de l'État et pour le salut public.

5.

L'homicide est commis avec excuse péremptoire, lorsqu'il est nécessité par la légitime défense de soi-même ou d'autrui.

6.

Hors les cas déterminés par les articles précédens, tout homicide commis volontairement envers quelques personnes, avec quelque arme, instrument, ou par quelque moyen que ce soit, sera puni ainsi qu'il suit, selon le caractère et les circonstances du crime.

7.

L'homicide commis sans préméditation, sera puni de la peine de douze années de cachot.

8.

Lorsque quelque circonstance atténuera la gravité du crime mentionné en l'article précédent, sans toutefois que ladite circonstance rende le fait légitime ou entièrement excusable, ledit crime d'homicide non prémédité avec circonstances atténuantes, sera puni de la peine de dix années de gêne.

9.

Si l'homicide non prémédité est commis dans la personne du père ou de la mère, légitime ou naturel, ou de tout autre ascendant légitime du coupable, la peine sera de seize années de cachot, et il ne pourra y avoir lieu à atténuation.

10.

Si l'homicide non prémédité est commis par un père ou une mère dans la personne de son fils ou de sa fille, naturel ou légitime, ou par tout ascendant dans la personne de ses descendans légitimes, ou par un mari dans la personne de sa femme, ou par une femme dans la personne de son mari, la peine dudit crime sera de quinze années de cachot, et en cas d'homicide non prémédité avec circonstances atténuantes, la peine sera de douze années de gêne.

11.

L'homicide commis avec préméditation, sera puni de la peine de seize années de cachot.

12.

La durée de la peine de l'homicide prémédité sera augmentée de trois années, par chacune des circonstances suivantes qui s'y trouvera réunie.

La première, lorsque le crime aura été commis par deux ou plusieurs personnes.

La deuxième, lorsqu'il aura été commis avec armes à feu, perçantes ou tranchantes.

La troisième, lorsqu'il aura été accompagné de mutilations ou de tortures.

La quatrième, lorsqu'il aura été commis la nuit.

La cinquième, lorsqu'il aura été commis, soit dans un grand chemin, rue ou place publique, soit dans l'intérieur d'une maison.

13.

L'homicide commis volontairement par poison, sera puni de la peine de vingt années de cachot.

14.

L'homicide commis sciemment et à dessein par l'incendie de maisons habitées, sera puni de vingt ans de cachot.

15.

La durée des peines prononcées par les quatre articles précédens, sera augmentée de quatre années, lorsque le coupable aura commis lesdits crimes envers les personnes mentionnées en l'article 9 ci-dessus.

16.

La durée desdites peines sera augmentée de trois années, lorsque le coupable aura commis lesdits crimes envers les personnes mentionnées en l'article 10 ci-dessus.

17.

Ne pourra toutefois, pour aucun des crimes d'homicides mentionnés en tous les articles précédens, la durée des peines excéder vingt-quatre années, quel que soit le caractère de l'homicide, le nombre des circonstances aggravantes qui puissent s'y trouver réunies, et envers quelles personnes il ait été commis.

18.

L'homicide, quoique non consommé, sera punissable dans les cas suivans.

19.

L'homicide prémédité, lorsque l'attaque à dessein de tuer aura été effectuée.

20.

L'homicide par l'incendie de maisons habitées, lorsque le feu aura été mis auxdites maisons.

21.

L'homicide par poison, lorsque l'empoisonnement aura été effectué, ou lorsque le poison aura été présenté, ou lorsque le poison aura été mêlé avec des alimens ou breuvages spécialement destinés, soit à l'usage de la personne contre laquelle ledit attentat aura été dirigé, soit à l'usage de toute une famille, société, ou d'habitans d'une maison, soit à l'usage du public.

22.

Toutefois, si avant l'empoisonnement effectué, ou avant que l'empoisonnement des alimens ou des breuvages ait été découvert, l'empoisonneur arrêtait l'exécution du crime, soit en supprimant lesdits alimens ou breuvages, soit en empêchant qu'on en fasse usage, les peines portées contre ledit crime ne seront pas encourues.

23.

Dans lesdits cas mentionnés aux quatre articles précédens, le crime sera punissable; mais lorsque personne n'aura perdu la vie par l'effet desdits attentats, la durée de la peine sera abrégée de quatre années.

24.

Tout homicide commis par un acte de violence volontaire, mais sans intention de donner la mort, sera puni de la peine de dix-huit années de gêne.

La durée de ladite peine sera augmentée de quatre années, si le crime est commis envers les personnes mentionnées en l'article 9 ci-dessus;

De deux années, s'il est commis envers les personnes mentionnées en l'article 10 ci-dessus.

25.

Quiconque aura volontairement et à dessein, par breuvages, violences, et par tous autres moyens, fait périr le fruit d'une femme enceinte ou procuré son avortement, sera puni de douze années de cachot.

26.

Toutes les dispositions portées aux articles 1, 2, 3, 4 et 5 précédens, relatives à l'homicide involontaire et à l'homicide légitime ou excusable, s'appliqueront également aux blessures faites, soit involontairément, soit avec cause légitime, ou excuse péremptoire.

27.

Les blessures faites involontairement, mais qui ne porteront point les caractères qui vont être spécifiés, seront poursuivies par action civile, et pourront donner lieu à des dommages et intérêts, et à des peines correctionnelles, sur lesquelles il sera statué par les juges, selon la nature des violences et les circonstances qui les auront accompagnées.

28 (1).

Les blessures faites involontairement, et qui por-

(1) La spécification des crimes de violence est incomplète.

Le supplément se trouvera dans le travail relatif à la police correctionnelle.

Il a été impossible de les comprendre dans le Code pénal, parce que ces délits peuvent varier dans leurs circonstances, d'une manière trop étendue pour être spécifiés avec la précision nécessaire à la loi que doivent appliquer les juges sur un fait déterminé par le verdict des jurés.

Les violences sont plus ou moins punissables, suivant que les bles-

teront les caractères qui vont être spécifiés, seront poursuivies par action criminelle, et punies des peines déterminées ci-après.

29.

Lorsque par l'effet desdites blessures, la personne maltraitée aura eu un membre cassé, la peine sera de trois années de prison.

30.

Lorsque par l'effet desdites blessures, la personne maltraitée aura perdu l'usage absolu, soit d'un œil, soit d'un membre, ou éprouvé la mutilation de quelques parties de la tête ou du corps, la peine sera de quatre années de gêne.

31.

La peine sera de six années de gêne, si la personne maltraitée s'est trouvée privée de l'usage absolu de la vue, par l'effet desdites violences.

32.

La durée des peines portées aux trois articles

sures sont plus ou moins dangereuses; suivant qu'il a fallu plus ou moins de temps pour leur guérison; suivant qu'elles ont mis la vie de la personne maltraitée plus ou moins en péril; suivant qu'elles ont altéré plus ou moins sa santé et ses forces.

Il faut laisser aux juges de la latitude pour apprécier toutes ces circonstances; et l'on ne doit pas s'imaginer que le renvoi de ces délits à la police correctionnelle les laisse impunis.

Ils pourront être réprimés par de forts dommages et intérêts, et par de longues et pénibles détentions.

précédens, sera augmentée de deux années, lorsque lesdites violences auront été commises dans une rixe, et que celui qui les aura commises aura été l'agresseur.

33.

La durée des peines portées auxdits articles 29, 30 et 31, sera augmentée de deux années, si lesdites violences ont été commises envers les personnes mentionnées en l'article 9 ci-dessus, et d'une année, si elles ont été commises envers les personnes mentionnées en l'article 10.

34.

La durée des peines portées aux articles précédens contre les auteurs des blessures, sera augmentée de trois années, lorsque les violences qui y sont mentionnées auront été commises de dessein prémédité.

Et dans le cas où la peine de la détention est prononcée par lesdits articles, elle sera convertie dans la peine de la prison, et sa durée sera également augmentée de trois ans.

35.

La durée des peines portées aux articles précédens, sera augmentée de deux années lorsque lesdites violences auront été commises :

Soit par deux ou plusieurs personnes ;

Soit par une personne armée, contre une personne sans armes;

Soit par un homme âgé de 18 ans accomplis et de moins de 60 ans accomplis, envers un enfant de moins de 14 ans accomplis, ou envers une femme, ou envers un vieillard âgé de plus de 70 ans accomplis.

36.

La castration commise par violence ou envers un enfant au-dessous de 15 ans accomplis, sera punie de douze années de gêne (1).

37.

Le viol sera puni de quatre années de la peine de la gêne.

38.

La peine du crime mentionné en l'article précédent sera de huit années de gêne, lorsqu'il aura été commis dans la personne d'une fille âgée de moins de quatorze ans accomplis, ou lorsque le coupable aura été aidé dans son crime par la violence et les efforts d'un ou de plusieurs complices (2).

(1) Il faut bien que les lois aient le courage de tout dire, puisque les hommes n'ont pas honte de tout faire.

Le crime mentionné en cet article n'est pas chimérique.

L'appât de l'intérêt le rend fréquent en Italie.

En France, les passions de la jalousie et de la vengeance en ont fourni plus d'un exemple.

(2) L'adultère, crime dont le mari seul peut intenter la poursuite,

39.

Quiconque sera convaincu d'avoir enlevé par violence ou séduction un enfant de l'un ou l'autre sexe au-dessous de quinze ans accomplis, hors de la maison des personnes sous la puissance desquelles est ledit enfant, ou de la maison où lesdites personnes le font élever, sera puni des peines prononcées ci-dessus contre les divers attentats à la liberté individuelle.

40.

Quiconque aura volontairement substitué un enfant à un autre enfant, sera puni de la peine de douze années de prison.

41.

La peine dudit crime sera de dix années de gêne, s'il est commis dans la personne d'une fille de quinze ans accomplis, à l'effet d'en abuser ou de la prostituer.

42.

Quiconque falsifiera ou détruira la preuve de l'état d'un enfant, sera puni de la peine de douze années de prison.

43.

Toute personne engagée dans les liens du ma-

et qui est punissable surtout par des déchéances de conventions matrimoniales et par des détentions, se retrouvera dans le travail de la police correctionnelle.

riage, qui en contractera un second avant la dissolution du premier, sera puni de la peine de huit années de prison.

44 (1).

Quiconque sera convaincu de s'être battu en combat singulier, après un cartel donné ou accepté, ou par l'effet d'une rencontre préméditée, sera puni ainsi qu'il suit, soit qu'il résulte ou non quelques blessures dudit combat.

45.

Le coupable sera attaché à un poteau sur un échafaud élevé dans la place publique; il y demeurera exposé aux regards du peuple pendant deux heures, revêtu d'une armure complète.

46.

Ladite exposition aura lieu dans les villes qui sont déterminées au titre IV des peines; et toutes les autres dispositions portées au même titre seront également observées.

(1) L'usage des duels a survécu à l'institution antique et aux vertus de la chevalerie. Il en était l'abus, de même que la chevalerie errante en était le ridicule.

Emprunter ce ridicule pour en faire la punition de l'abus, est un moyen plus répressif que ces peines capitales prononcées vainement contre ce crime, par un roi tout-puissant, peines atroces et inefficaces tout ensemble, qui, pas une seule fois, n'ont empêché de le commettre, et qui, si rarement, ont été appliquées contre ceux qui s'en étaient rendus coupables.

47.

Le coupable sera ensuite conduit à la maison publique où sont gardés les insensés et les furieux, la plus voisine de la ville dans laquelle aura été convoqué le jury d'accusation; il y demeurera enfermé pendant deux années.

48.

Les effets de cette peine seront les mêmes que ceux qui suivent la peine de la prison et qui sont déterminés au titre VIII des peines.

49.

La réhabilitation des condamnés pourra avoir lieu dans les mêmes délais et les mêmes formes que pour ceux qui ont été condamnés à la peine de la prison, suivant ce qui est prescrit au titre X des peines.

50.

Si l'un des combattans perd la vie par l'effet dudit combat, le survivant subira la peine de douze années de cachot.

DEUXIÈME SECTION.

Crimes et délits contre les propriétés.

ARTICLE PREMIER.

Tout vol simple, c'est-à-dire tout vol qui n'est pas accompagné de quelques-unes des circonstances qui vont être spécifiées ci-après, sera poursuivi et puni par voie de police correctionnelle.

2.

Le vol caractérisé sera puni ainsi qu'il suit :

3.

Tout vol commis à force ouverte et par violence envers les personnes, sera puni de dix années de prison.

La durée de la peine du crime mentionné en l'article précédent sera augmentée de deux années, par chacune des circonstances suivantes qui s'y trouvera réunie.

La première, si le crime a été commis la nuit.

La deuxième, si le coupable ou les coupables dudit crime étaient porteurs d'armes à feu, ou de toute autre arme meurtrière.

4.

Ne pourra néanmoins, la durée de la peine dudit crime, excéder quinze années à raison desdites circonstances, en quelque nombre qu'elles y soient réunies.

5.

Si le vol à force ouverte et par violence envers les personnes, est commis, soit dans un grand chemin, rue ou place publique, soit dans l'intérieur d'une maison, la peine sera de douze années de cachot.

6.

La durée de la peine dudit crime mentionné en l'article précédent, sera augmentée d'une année, par chacune des circonstances suivantes qui s'y trouvera réunie.

La première, si le crime a été commis la nuit.

La deuxième, s'il a été commis par deux ou plusieurs personnes.

La troisième, si le coupable ou les coupables étaient porteurs d'armes à feu, ou de toute autre arme meurtrière.

La quatrième, si le coupable s'est introduit dans l'intérieur de la maison ou du logement où il a commis le crime à l'aide d'effraction faite par lui-même ou par ses complices aux portes et clôtures, soit de ladite maison, soit dudit logement, ou à l'aide de fausses clefs, ou en escaladant les murailles, toits ou autres clôtures extérieures de ladite maison, ou si le coupable est commensal ou habitant de ladite maison, ou reçu habituellement dans ladite maison pour y faire un travail ou un service salarié.

7.

Toutefois la durée de ladite peine ne pourra excéder quinze ans, à raison desdites circonstances, en quelque nombre qu'elles s'y trouvent réunies.

8.

Tout autre vol commis sans violence envers des

personnes, à l'aide d'effraction faite, soit par le voleur, soit par son complice, sera puni de huit années de gêne.

9.

La durée de la peine dudit crime sera augmentée de deux ans, par chacune des circonstances suivantes qui s'y trouvera réunie.

La première, si l'effraction est faite aux portes et clôtures extérieures de bâtimens, maisons ou édifices.

La deuxième, si le crime est commis dans une maison actuellement habitée ou servant à l'habitation.

La troisième, si le crime a été commis la nuit.

La quatrième, si le coupable ou les coupables étaient porteurs d'armes à feu, ou de toute autre arme meurtrière.

10.

Ne pourra toutefois, la durée de la peine dudit crime, excéder quatorze années, à raison desdites circonstances, en quelque nombre qu'elles s'y trouvent réunies.

11.

Lorsqu'un vol aura été commis avec effraction intérieure dans une maison, par une personne habitante ou commensale de ladite maison, ou reçue habituellement dans ladite maison pour y faire un service ou un travail salarié, ladite effraction sera punie comme effraction extérieure, et le coupable encourra la peine portée aux articles précédens, à raison de la circonstance de l'effraction extérieure.

12.

Le vol commis à l'aide de fausses clefs, sera puni de la peine de six années de gêne.

13.

La durée de la peine mentionnée en l'article précédent, sera augmentée de deux années, par chacune des circonstances suivantes qui se trouvera réunie audit crime.

La première, si le crime a été commis dans une maison actuellement habitée ou servant à l'habitation.

La deuxième, s'il a été commis la nuit.

La troisième, s'il a été commis par deux ou plusieurs personnes.

La quatrième, si le coupable ou les coupables étaient porteurs d'armes à feu, ou de toute autre arme meurtrière.

14.

Ne pourra toutefois, la durée de la peine dudit crime, excéder douze années, à raison desdites circonstances, en quelque nombre qu'elles s'y trouvent réunies.

15.

Si le vol à l'aide de fausses clefs a été commis dans l'intérieur d'une maison, par une personne habitante ou commensale de ladite maison, ou reçue habituellement dans ladite maison pour y faire un service ou un travail salarié, le crime sera puni comme un vol avec effraction intérieure, et le coupable encourra la peine établie par les articles 8, 9 et 10 ci-dessus, à raison de ladite circonstance de l'effraction intérieure.

16.

Toutes les peines et dispositions portées aux articles précédens contre le vol à l'aide de fausses clefs, s'appliqueront également à tout vol commis en escaladant des toits, murailles ou toutes autres clôtures extérieures de bâtimens, maisons et édifices.

17.

Lorsqu'un vol aura été commis dans l'intérieur d'une maison par une personne habitante ou commensale de ladite maison, ou reçue habituellement dans ladite maison pour y faire un service ou un travail salarié, ledit crime sera puni des mêmes peines prononcées par les articles précédens contre ceux qui auront volé en escaladant lesdites maisons ou à l'aide de fausses clefs.

18.

Toutes les dispositions portées aux articles 6, 11, 15 et 17 ci-dessus, contre les vols faits par les habitans et commensaux d'une maison, s'appliqueront également aux vols qui seront commis dans les hôtels garnis, auberges, cabarets, cafés, bains et toutes autres maisons publiques. Tout vol qui y sera commis par les maîtres desdites maisons ou par leurs domestiques envers ceux qu'ils y reçoivent, ou par ceux-ci envers les maîtres desdites maisons, ou toute autre personne qui y sera reçue, sera réputé vol commis par un commensal, et puni selon les circonstances qui s'y trouveront réunies, des peines portées aux quatre articles ci-dessus mentionnés.

Toutefois ne sont point compris dans la présente disposition, les salles de spectacles, établissemens, édifices publics, boutiques ou ateliers.

19.

Lorsque deux ou plusieurs personnes non armées, ou une seule personne portant arme à feu ou toute autre arme meurtrière, se seront introduites sans violences personnelles, effractions, escalades, ni fausses clefs, dans l'intérieur d'une maison actuellement habitée ou servant à l'habitation, et y auront commis un vol, la peine sera de six années de gêne.

20.

Lorsque le crime aura été commis par deux ou plusieurs personnes, si les coupables ou l'un des coupables étaient porteurs d'armes à feu, ou de toute autre arme meurtrière, la peine sera de huit années de gêne.

21.

Si le crime a été commis la nuit, la durée de chacune des peines portées aux deux précédens articles, sera augmentée de deux années.

22.

Tout vol commis dans un enclos fermé, où le coupable se sera introduit en violant la clôture, sera puni de la peine de cinq années de gêne, si l'enclos ne tient pas immédiatement à une maison actuellement habitée ou servant à l'habitation, et de six années de gêne, si l'enclos tient immédiatement à ladite maison.

23.

Un enclos ne sera réputé fermé que lorsqu'il sera entouré, soit d'un mur, soit d'une palissade, qui dans leur moindre hauteur porteront six pieds d'élévation, à partir du sol extérieur, soit d'un fossé ayant au moins dix pieds d'ouverture, et revêtu dans sa profondeur d'un ou de deux côtés d'un mur ou d'une palissade portant au moins six pieds de hauteur, à partir du fond dudit fossé.

L'enclos ne sera point réputé fermé, s'il y existait, au moment du vol, une brèche ou ouverture, porte non scellée ou non fermée à clef, ou enfin si dans quelques-unes de ses parties la clôture est au-dessous des proportions déterminées par le présent article.

24.

La durée de ladite peine sera augmentée de deux années, par chacune des trois circonstances suivantes qui s'y trouvera réunie.

La première, si le crime a été commis la nuit.

La deuxième, s'il a été commis par deux ou plusieurs personnes.

La troisième, si le coupable ou les coupables étaient porteurs d'armes à feu, ou de toute autre arme meurtrière.

25.

Ne pourra toutefois, la durée de ladite peine, excéder neuf années, à raison desdites circonstances, en quelque nombre qu'elles y soient réunies, pour le vol dans un enclos tenant immédiatement à une maison actuellement habitée, ou servant à l'habitation, et de huit années pour le vol commis dans un enclos séparé de ladite maison.

26.

Tout vol de charrues, bestiaux, chevaux, poissons dans les étangs, rivières ou viviers, marchandises ou effets exposés, soit dans la campagne, soit sur les chemins, ventes de bois, ports, foires, marchés, boutiques et autres lieux quelconques sur la foi publique, sera puni de la peine de quatre années de prison.

27.

La durée de ladite peine sera augmentée à raison de trois circonstances, et dans les mêmes proportions établies pour le crime précédent, sans toutefois que la durée de ladite peine puisse excéder huit années, à raison desdites circonstances, en quelque nombre qu'elles s'y trouvent réunies.

28.

Quiconque volera dans la campagne la dépouille des arbres fruitiers, ou de toute espèce, soit de production d'un terrain en culture, soit de récolte coupée ou sur pied, ou des baliveaux et arbres de futaies dans les bois et forêts, ou des plants faits de main d'homme, sera puni de la même peine prononcée contre le crime mentionné aux deux articles précédens, et la durée de ladite peine sera augmentée à raison des mêmes circonstances, et dans les mêmes proportions.

29.

Quiconque se sera chargé d'un service ou d'un travail salarié, et aura volé les effets ou marchandises qui lui avaient été confiés pour ledit service ou ledit travail, sera puni de quatre années de gêne.

30.

La peine sera de six années de gêne pour le vol d'effets confiés aux coches, messageries et autres voitures publiques, par terre ou par eau, commis par les conducteurs desdites voitures, ou par les personnes employées au service des bureaux desdites administrations.

31.

Tout vol commis dans lesdites voitures par les personnes qui y occupent une place, sera puni de la peine de quatre années de prison.

32.

Tout vol qui ne portera aucun des caractères ci-dessus spécifiés, mais qui sera commis par deux ou par plusieurs personnes sans armes, ou par une seule portant arme à feu, ou toute autre arme meurtrière, sera puni de la peine de quatre années de prison.

33.

Lorsque le crime aura été commis par deux ou plusieurs personnes, et que les coupables ou l'un des coupables étaient porteurs d'armes à feu, ou de toute autre arme meurtrière, la peine sera de quatre années de gêne.

34.

Si le crime a été commis la nuit, la durée de

chacune des peines portées aux deux précédens articles, sera augmentée de deux années.

35.

Quiconque sera convaincu d'avoir détourné à son profit, ou dissipé, ou méchamment et à dessein de nuire à autrui, brûlé ou détruit d'une manière quelconque des effets, marchandises, deniers, titres de propriétés, écrits ou actes emportant obligation ou décharge, et toute autre propriété mobiliaire qui lui avaient été confiés gratuitement, à la charge de les rendre ou de les représenter, sera puni de la dégradation civique.

36.

Toute banqueroute faite frauduleusement et à dessein de tromper les créanciers légitimes, sera punie de six années de gêne.

37.

Ceux qui auront aidé ou favorisé lesdites banqueroutes frauduleuses, soit en divertissant les effets, soit en acceptant des transports, ventes ou donations simulées, soit en souscrivant tous autres actes qu'ils savent être faits en fraude des créanciers légitimes, seront punis de la dégradation civique dans la place publique.

38.

Quiconque, sciemment et à dessein de nuire à

autrui, aura furtivement déplacé ou supprimé des bornes ou pieds corniers, contradictoirement placés ou reconnus pour établir des limites entre différens héritages, sera puni de la peine de deux années de cachot.

39.

Quiconque sera convaincu d'avoir volontairement, par malice, vengeance, et à dessein de nuire à autrui, mis le feu à des édifices, bâtimens non habités, magasins, navires ou bateaux, forêts, bois taillis, récoltes en meule ou sur pied, ou à des matières combustibles disposées pour communiquer le feu auxdits édifices, navires, bois ou récoltes, soit que l'incendie ait été ou non la suite de ces tentatives, sera puni de la peine de douze années de cachot.

40.

Quiconque sera convaincu d'avoir volontairement, par malice ou vengeance, et à dessein de nuire à autrui, détruit ou renversé, par quelque moyen violent que ce soit, des bâtimens, maisons, édifices quelconques, digues et chaussées qui retiennent les eaux, sera puni de la peine de six années de gêne.

41.

La peine du crime mentionné en l'article précédent, sera de neuf ans de gêne, si lesdites violences sont exercées avec attroupement et à force ouverte.

42.

Quiconque sera convaincu d'avoir volontairement, par malice ou vengeance, et à dessein de nuire à autrui, dévasté des récoltes sur pied, des plants faits de main d'hommes, sera puni de la peine de quatre années de gêne.

43.

La peine du crime mentionné en l'article précédent, sera de six années de gêne, si lesdites violences ont été exercées avec attroupement et à force ouverte.

44.

Quiconque sera convaincu d'avoir volontairement, par malice ou vengeance, et à dessein de nuire à autrui, empoisonné des chevaux ou bêtes de somme, moutons, bestiaux, poissons conservés dans des étangs ou réservoirs, sera puni de la peine de quatre ans de gêne.

45.

Quiconque, volontairement, par malice ou par vengeance, et à dessein de nuire à autrui, aura brûlé ou détruit, d'une manière quelconque, des titres de propriété, billets, lettres de change, quittances, écrits ou actes opérant obligation ou décharge, sera puni de la peine de quatre années de gêne.

46.

Lorsque ledit crime aura été commis avec attroupement et à force ouverte, la peine sera de six années de gêne.

47.

La même peine sera encourue par toute espèce de pillages et dégâts de marchandises, d'effets et de propriétés mobiliaires, commis avec attroupement et à force ouverte.

48.

Quiconque sera convaincu d'avoir extorqué, par force ou par violence, la signature d'un écrit ou acte emportant obligation ou décharge, sera puni de la peine de quatre années de gêne.

49.

La peine sera de six ans de gêne, lorsque le crime mentionné en l'article précédent aura été commis par deux ou plusieurs personnes réunies.

50.

Quiconque sera convaincu d'avoir, méchamment et à dessein de nuire à autrui, commis le crime de faux, sera puni ainsi qu'il suit.

51.

Si ledit crime de faux est commis en écriture privée, la peine sera de quatre années de gêne.

52.

Si ledit crime de faux est commis en lettres de change et autres effets de commerce ou de banque, la peine sera de six années de gêne.

53.

Si ledit crime de faux est commis en écritures authentiques et publiques, la peine sera de huit années de gêne (1).

54.

Quiconque aura commis ledit crime de faux, ou aura fait usage d'une pièce qu'il savait être fausse, sera puni des peines portées ci-dessus contre chaque espèce de faux.

55.

Quiconque sera convaincu d'avoir, sciemment et à dessein, vendu à faux poids ou à fausse mesure, après avoir été précédemment puni deux fois par voie de police, à raison d'un délit semblable, subira la peine de quatre années de gêne.

56.

Quiconque sera convaincu du crime de faux témoignage en matière civile, sera puni de la peine de six années de gêne.

(1) Les peines contre les officiers publics qui se seraient rendus coupables du crime de faux dans l'exercice de leurs fonctions, sont portées aux titres des délits des fonctionnaires publics.

57.

Quiconque sera convaincu du crime de faux témoignage dans un procès criminel, sera puni de la peine de quinze ans de gêne.

TITRE III.

Des complices des crimes.

ARTICLE PREMIER.

Lorsqu'un crime aura été commis, quiconque sera convaincu d'avoir, par dons ou promesses, ordres ou menaces, provoqué le coupable ou les coupables à les commettre;

Ou d'avoir, sciemment ou dans le dessein du crime, procuré au coupable ou aux coupables les moyens, armes ou instrumens qui ont servi à son exécution;

Ou d'avoir, sciemment et dans le dessein du crime, aidé et assisté le coupable ou les coupables, soit dans les faits qui ont préparé ou facilité son exécution, soit dans l'acte même qui l'a consommé;

Sera puni de la même peine prononcée par la loi contre les auteurs du crime.

2.

Lorsqu'un crime aura été commis, quiconque sera convaincu d'avoir provoqué directement à le commettre, soit par des discours prononcés dans des lieux publics, soit par des placards ou bulletins affichés ou répandus dans lesdits lieux, soit par des écrits rendus publics par la voie de l'impression, sera puni de la même peine prononcée par la loi contre les auteurs dudit crime.

3.

Quiconque sera convaincu d'avoir reçu gratuitement, ou acheté, ou recélé tout ou partie d'effets volés, sachant que lesdits effets provenaient de vol, sera puni de la peine de deux années de prison, si le vol a été commis avec quelques-unes des circonstances spécifiées au présent Code.

Il sera poursuivi et puni par voie de police correctionnelle, si le vol provient d'un vol simple.

4.

Quiconque sera convaincu d'avoir caché ou recélé le cadavre d'une personne homicidée, encore qu'il n'ait pas été complice de l'homicide, sera puni de la peine de quatre années de prison.

Pour tout fait antérieur à la publication du présent Code, si le fait est qualifié crime par les lois existantes actuellement, et qu'il ne le soit pas par le présent décret; ou si le fait est qualifié crime par le présent Code, et qu'il ne le soit pas par les anciennes lois, l'accusé sera acquitté.

Sans toutefois rien préjuger, par le présent article, pour les faits qui seront du ressort, soit de la police municipale, soit de la police correctionnelle, soit de la police constitutionnelle.

Si le fait est qualifié crime par les lois anciennes et par le présent décret, l'accusé qui aura été déclaré coupable, sera condamné aux peines portées par le présent Code.

AVERTISSEMENT.

PENDANT la discussion du Code pénal, il s'éleva des opinions très-opposées sur le droit de grâce. Il y avait dans les esprits une grande divergence sur le mode de le faire exercer : car il ne fut pas question de le détruire, mais de savoir en quelles mains l'exercice pouvait en être remis sans dangers, sous le régime de la liberté. Mon frère mit fin à la discussion par les deux répliques suivantes.

ASSEMBLÉE CONSTITUANTE.

RÉPLIQUES

DU RAPPORTEUR

MICHEL LEPELETIER SAINT-FARGEAU,

SUR LE DROIT DE FAIRE GRACE.

Messieurs,

Il ne s'agit pas en ce moment d'examiner le droit que doit dans tous les cas avoir le corps législatif, de prononcer une amnistie, c'est un fait général : il s'agit ici du droit de grâce, qui ne s'applique qu'à des faits particuliers, et par lequel on annulle une procédure, un jugement rendu.

Le droit de miséricorde est utile quand il est exercé avec discrétion et discernement, et sans arbitraire ; mais il existe déjà dans votre législation criminelle ; il s'agit uniquement d'abroger l'usage abusif des lettres de grâce. Daignez entendre la question.

Le droit de grâce entre les mains d'un ministre, a toujours été et sera toujours l'instrument arbitraire de la faveur ; or c'est une injustice, un attentat contre la société, une barbarie contre le condamné et un meurtre que de lui faire subir toute la rigueur de la loi, tandis qu'à côté de lui le pouvoir arbitraire viendrait déployer, en faveur d'un homme coupable du même crime, le droit de miséricorde.

Mais qu'on ne craigne pas de voir périr des innocens, victimes de la rigueur de la loi ; le droit de miséricorde existe dans votre législation criminelle, et voici comment il est exercé.

Un assassinat a été commis ; il s'agit de savoir s'il l'a été volontairement ou non, et c'est dans ce dernier cas que les lettres de grâce étaient accordées. Hé bien, vos décrets sur la procédure par jurés rendent ici l'usage des lettres de grâce du ministère inutile, car la première question qui est proposée aux jurés est celle-ci : Le fait a-t-il été commis volontairement ou non ? Si les jurés déclarent qu'il a été commis involontairement, l'accusé est absous et remis en liberté.

Le fait a pu être commis volontairement, et cependant il a pu l'être légitimement : ainsi un homme m'attaque, pour défendre ma vie je le tue. Cette question est proposée aux jurés, et ils répondent : L'homme a été tué légitimement. Dans ce cas, comme dans le précédent, il n'est pas besoin de lettres de grâce, car il n'existe point de crime, puisque c'est à son corps défendant que l'accusé a donné la mort.

Il est absous par la seule déclaration du jury.

L'homme a encore pu être tué non pas volontairement, mais par l'effet de l'imprudence et de la négligence de celui qui a donné la mort : c'était encore un cas graciable. Hé bien, ici l'institution d'un jury d'accusation rend de même inutile l'usage des lettres de grâce ; car la question de savoir si le fait a été commis par négligence ou par imprudence, est proposée aux jurés, et sur leur déclaration affirmative l'accusé est absous du crime d'assassinat, et renvoyé au tribunal pour y être condamné en dommages et intérêts, et même en des peines correctionnelles.

Mais épuisons tous les cas. Un homme a pu être tué volontairement ; il a été tué sans imprudence ; mais cependant il a existé dans le fait quelques circonstances atténuantes : par exemple, l'homme qui a donné la mort, a été provoqué d'une manière grave ; il n'avait cependant pas le droit de donner la mort ; sa propre vie n'était pas en danger. Il est coupable, mais il l'est moins que celui qui a tué de dessein prémédité ; aussi existe-t-il dans votre Code pénal une disposition particulière qui atténue la peine, parce qu'il a existé dans le fait quelques circonstances qui en atténuaient la gravité. Ainsi la prévoyance de la loi se met encore ici à la place de l'arbitraire des lettres de grâce.

Poussons plus loin les hypothèses, et parcourons toutes les objections. On dit que l'homme a pu être tué sans que le fait ait été accompagné d'aucune des circonstances dont je viens de parler, mais que cependant l'accusé peut encore être sous certains égards excusable; que les grands services rendus à la patrie peuvent faire pardonner la fougue d'un tempérament violent...... Hé bien, votre loi criminelle prévoit encore ces inconvéniens, et après que toutes les questions précédentes ont été pesées, et soumises aux jurés, on vient encore leur dire : descendez dans votre cœur; voyez dans toutes les circonstances du crime s'il existe un motif d'excuse.

C'est là qu'est exercé au nom de la société le droit de miséricorde, mais une miséricorde raisonnable et réfléchie; et c'est après que tous ces degrés ont été remplis, après que toutes ces précautions ont été prises, qu'on propose de porter au roi la question de savoir si le crime doit être puni, si une procédure si rigoureuse et si favorable au coupable, doit être annulée! Quelle est donc l'idée qu'on se forme des jurés? Ce sont des citoyens, c'est tout le pays; et c'est lorsque le pays a été souillé et témoin d'un crime, c'est lorsque tout le pays dit: Non, cet homme n'est point excusable; la justice, l'utilité publique exige une réparation et une vengeance....., c'est alors qu'on vous propose de porter au roi la question de savoir s'il infirmera le jugement de tout le pays. (*Nombreux applaudissemens.*)

Je demande que pour tous les délits jugés par les jurés, l'usage des lettres de grâce soit aboli. (*Aux voix, aux voix. — La discussion est fermée*).

Sur la proposition faite par un membre (M. Malouet), *d'un amendement par lequel il voulait que lorsque les jurés auraient déclaré un crime excusable, le prévenu fût renvoyé par-devant le roi.*

Le même rapporteur Michel Lepeletier a répliqué :

Il y a deux réponses fort simples à faire au préopinant; l'une est un décret, l'autre est une raison. Dans le décret rendu sur la procédure par jurés, vous avez un article qui dit que, dans le cas où le jury aura répondu *excusable*, le juge prononcera que *l'accusé est innocent.* Ensuite, Messieurs, voici quelle est la raison : le préopinant désire que le nom du roi se trouve à côté du droit de miséricorde; cette idée-là est très-belle et très-vraie; mais elle existe par le fait. Au nom de qui la justice est-elle rendue? C'est au nom du roi............ (*Murmures à droite.*) Aussi au moment où le tribunal prononce, *l'accusé est acquitté,* c'est au nom du roi qu'il prononce ce jugement.

L'article, mis aux voix immédiatement, fut adopté en ces termes :

L'usage de tous actes tendans à empêcher ou à suspendre l'exercice de la justice criminelle, l'usage des lettres de grâce, de rémission, d'abolition, de pardon et de commutation de peine, est aboli pour tout crime poursuivi par voie de jurés. Art. 13, titre 7 du Code pénal.

DISCOURS

SUR LE DROIT

DE PAIX ET DE GUERRE.

(DISCUSSION DE LA SÉANCE DU MERCREDI 19 MAI 1790.)

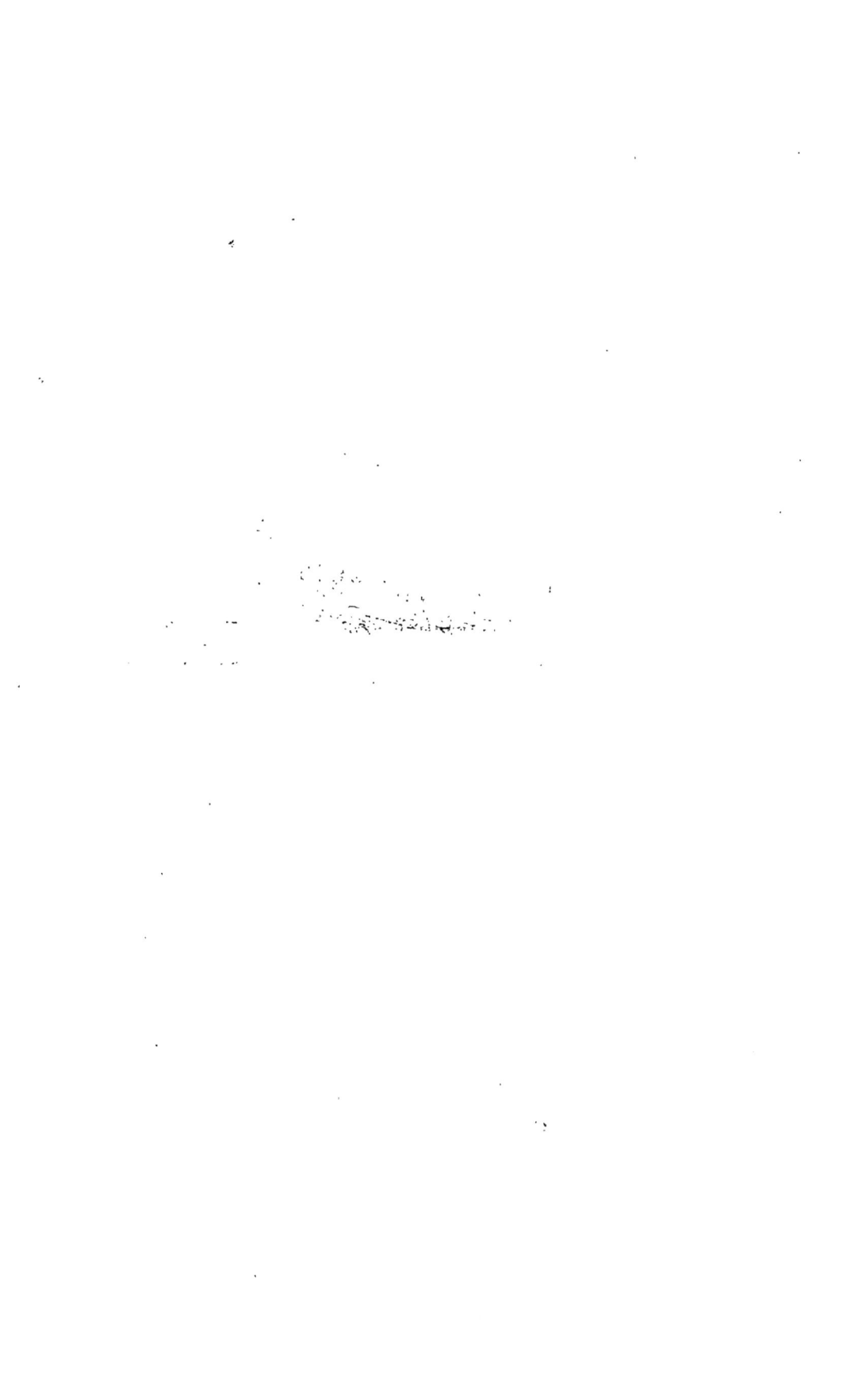

AVERTISSEMENT.

Le discours de mon frère, dans cette question du droit de paix et de guerre, capta d'autant plus les suffrages des patriotes à l'Assemblée constituante, que Mirabeau qui, dans cette circonstance et plusieurs autres, avait reçu de grandes sommes d'argent de la Cour, usa de tous les immenses moyens de son talent oratoire pour faire accorder entièrement au roi, par la constitution, le droit de faire la paix et la guerre. Mirabeau avait, si l'on peut s'exprimer ainsi, redoublé d'éloquence, et prétendait faire attribuer au roi ce droit de paix et de guerre. Avec un simple discours, mais plein de raison et de saine logique, mon frère se présenta avec confiance en opposition à un si vigoureux athlète, et neutralisa, pour ainsi dire, les terribles attaques de Mirabeau contre la liberté. Il en résulta que l'exercice du droit de paix et de guerre fut en quelque sorte partagé entre le pouvoir exécutif et la représentation nationale. L'Assemblée nomma mon frère, son président très-peu de temps après, pour lui manifester l'estime que son patriotisme lui avait méritée encore dans les débats de cette grande question constitutionnelle.

ASSEMBLÉE CONSTITUANTE.

DISCOURS

DE MICHEL LEPELETIER S^T-FARGEAU,

SUR CETTE QUESTION :

LA NATION DOIT-ELLE DÉLÉGUER AUX ROIS L'EXERCICE DU DROIT DE LA PAIX ET DE LA GUERRE?

MESSIEURS,

Pour établir dès ce moment la grande et importante délibération qui vous occupe, il est nécessaire de séparer deux questions indépendantes; savoir : la question constitutionnelle du droit de guerre et de paix, et la proclamation qu'on vous a proposée pour manifester à tous les peuples du monde votre renonciation à tout esprit de conquête. Le premier point de la question est celui de savoir, auquel des deux pouvoirs il est le plus convenable pour la nation de déléguer le droit de traiter les rapports politiques; le second est l'intérêt de la nation dans ses rapports extérieurs. Après avoir séparé de la délibération ce qui me semble ne lui pas appartenir, je réunirai plusieurs questions qui se rallient au même principe. Je joindrai au droit de faire la paix et la guerre, celui de faire des alliances ou des traités de commerce. Le pouvoir auquel l'un sera délégué doit réunir les autres. En accordant au roi le premier de ces points, le refus du second devient illusoire ; de même en donnant au roi le droit exclusif de faire des alliances et de conclure des traités, il sera encore arbitre de la guerre et de la paix; car tel traité peut nécessiter une guerre, soit parce qu'il est contraire aux intérêts de la nation, soit enfin sous le prétexte de violation de ce même traité. S'il est démontré que l'un de ces pouvoirs doive être délégué à l'un ou à l'autre, le second doit nécessairement être confié au même dépositaire. Le roi, en sa qualité de chef suprême de la nation, a le droit de régler les opérations de la guerre : pour reconnaître un autre droit dépendant du premier, je dis qu'il peut aussi conclure des trèves. Comme modérateur suprême des mouvemens des troupes, il peut presser les hostilités ou arrêter l'impulsion de la force publique, selon les circonstances.

Après avoir ainsi distingué tous les points étrangers à la question, dégagé de tout intérêt particulier, je vais l'aborder avec le sentiment profond de son importance. Le droit de déclarer la guerre ne peut être définitivement délégué qu'au corps législatif. Je chercherai les tempéramens nécessaires pour arrêter les inconvéniens de cette attribution. Si l'on considère les relations politiques, on ne pourra pas révoquer en doute que ce serait compromettre la liberté de la nation, que de déléguer au roi le droit de faire la guerre. Que n'auriez-vous pas à redouter de celui qui pourrait mettre sur pied des troupes nombreuses pour les diriger d'abord vers l'ennemi; mais qui les ramenant ensuite victorieuses au sein de son empire, pourrait s'en servir pour porter les coups les plus funestes à la liberté publique. Il faut calculer toute l'étendue de ce droit dangereux de déclarer la guerre. Ébranler le crédit national, épuiser les finances, changer les dispositions, absorber la force des esprits par l'idée d'un danger prochain, tels sont les moyens qu'on pourrait mettre en œuvre pour se soustraire à la souveraineté du peuple. C'est ainsi qu'on conduisait le peuple romain au siége de Veïes, lorsqu'il osait réclamer ses droits. Combien ce pouvoir ne serait-il pas plus dangereux encore, si l'on voyait d'un côté le peuple demander la paix, et le monarque ordonner la guerre. Pendant la paix, les ministres, toujours arrêtés par cette responsabilité à laquelle vous les avez si sagement assujettis, ne trouvent pas de moyens faciles de déprédations; mais vient-on à déclarer la guerre, alors la promptitude des mesures, et le secret que l'on suppose nécessaire dans toutes les opérations, servent à voiler leurs rapines.

Je ne suis rassuré ni par la faculté qu'a la nation de refuser les subsides, ni par l'exemple de l'Angleterre : cette faculté n'est pas libre; la nation est maîtrisée par des circonstances impérieuses, qui la forcent à continuer ses secours pour l'armée dont le roi a ordonné la marche.

Quant à l'exemple de l'Angleterre, la prospérité de ce peuple rend ses institutions recommandables. Deux motifs l'ont engagée à l'aliénation du droit de faire la guerre. Placée dans une île, elle n'a rien à redouter des manœuvres étrangères, et les forces navales sont peu redoutables à la liberté publique; 2° la forme de son gouvernement lui rendait la conservation de ce droit impossible; le principe de sa puissance réside dans le parlement, c'est-à-dire dans la chambre des communes et dans celle des pairs; chacune de ces chambres est armée d'un *veto*. Ainsi la constitution suppose une inaction momentanée, et le droit de faire la guerre ne peut être confié qu'à une puissance toujours active, et dont rien ne peut arrêter les déterminations.

En France, au contraire, l'unité des élémens du corps législatif engage à lui confier ce droit comme au dépositaire qui peut le moins en abuser. Je ne dirai rien des traités d'alliance et de commerce, ils sont intimement liés au droit de déclarer la guerre; et je soutiens qu'en France, il est souverainement impossible de conserver la liberté, si l'exercice de tous les pouvoirs n'est confié au corps législatif. Quant aux précautions provisoires, elles seront confiées au roi, toujours attentif à repousser tout ce qui pourrait porter atteinte à la propriété ou à la majesté de l'empire. Il pourra envoyer des ambassadeurs en pays étrangers, et faire des pactes et des traités provisoires, qui seront ratifiés par le corps législatif.

La France ne voulant point se porter à des attaques imprévues contre ses voisins, doit voter publiquement ses déclarations politiques. M. Pétion, dans son discours, a bien aperçu le cas où les puissances étrangères nous attaqueraient dans l'intervalle des sessions, et alors il a proposé de convoquer le corps législatif dans le plus court délai. Si la France n'avait que les possessions de son continent, cette précaution suffirait; mais elle a des colonies qu'il lui importe de conserver. En cas d'attaque, il faut des armemens extraordinaires. Si le corps législatif n'est pas assemblé au moment des hostilités, jusqu'à ce qu'il l'ait été, et qu'il ait pu délibérer, il s'écoulerait un espace de deux mois, et ce retard fatal pourrait ruiner notre commerce. Les colonies ne peuvent être défendues qu'autant que nos flottes seront expédiées en nombre égal, à l'instant où une escadre étrangère causerait de l'ombrage. Il faut donc laisser au roi, dans l'intervalle des sessions, les armemens que les circonstances rendront nécessaires. Ce devoir de la royauté ne peut alarmer les amis de la liberté; car même, en ce cas, il restera toujours la responsabilité des ministres, et le pouvoir à la nation de refuser les subsides. Une autre question politique s'est jointe prématurément : je veux parler de cette proclamation qui révèle les nobles secrets de la politique française. Il serait à propos d'établir un comité politique. C'est d'après le travail de ce comité que vous pourrez asseoir un système qui fera respecter de toutes les nations les vues politiques de la France. Voici le projet de décret :

« Le corps législatif exercera seul le droit de dé-
» clarer la guerre, de faire des traités d'alliance et
» de commerce.

» Le roi, en sa qualité de chef suprême de la
» nation, conduira les opérations de la guerre,
» pourra suspendre par trêve les hostilités, pourra
» envoyer des ambassadeurs auprès des princes
» étrangers, et faire des traités de paix, sous la
» condition de la ratification de la législature.

» Aucune armée extraordinaire ne pourra être
» levée sans un décret exprès du corps législatif.

» Si dans l'intervalle d'une session, les circons-

» tances politiques nécessitaient des préparatifs de
» guerre, le roi sera chargé de défendre son empire
» contre la violence, équipera des flottes, donnera
» ordre aux troupes de passer sur les frontières,
» pour repousser les attaques hostiles, le tout sous
» la responsabilité des ministres, pour l'exécution
» des ordres qu'ils auront donnés, et des chefs de
» l'armée, pour l'exécution des ordres qu'ils au-
» ront reçus.

» Dans ces circonstances, le corps législatif s'as-
» semblera dans le délai d'un mois; il approuvera
» ou révoquera les armemens ordonnés par le roi. »

L'Assemblée nationale décrète, qu'il sera nommé un comité de huit membres, chargé de recevoir des ministres du roi, les renseignemens qui ont nécessité le dernier armement, et il rendra compte incessamment à l'Assemblée nationale.

DISCOURS

SUR

LES PROVOCATIONS AU MEURTRE

ET LA LIBERTÉ DE LA PRESSE,

PAR

MICHEL LEPELETIER,

A LA CONVENTION NATIONALE.

AVERTISSEMENT.

Ce fut à l'occasion d'une loi proposée par son collègue Buzot contre les provocations au meurtre *par les écrits,* que mon frère prononça, quelque temps avant sa mort, à la fin de 1792, dans la Convention nationale, le discours ci-après. C'est, comme il le dit lui-même, la théorie fidèle de la liberté de la presse en France, depuis la révolution du 14 juillet 1789 jusqu'à la Convention, qu'il va exposer. C'est l'historique de cette liberté; et dès lors ce discours devient un morceau précieux pour les principes, et curieux par les faits, sur les personnages célèbres qui s'y trouvent rattachés comme principaux acteurs. Aussi ce discours produisit-il un grand effet dans la Convention nationale; il porta une vive lumière dans les esprits, et détermina l'opinion de l'Assemblée de la manière la plus solennelle et la plus décisive. La loi proposée par le député Buzot, ne fut pas adoptée, et la liberté entière de la presse fut encore l'égide de la liberté publique.

CONVENTION NATIONALE.

EXTRAIT de la séance de la Convention nationale, du mardi 30 octobre 1792.

DISCOURS

SUR LES PROVOCATIONS AU MEURTRE ET LA LIBERTÉ DE LA PRESSE.

MICHEL LEPELETIER monte à la tribune et dit :

« Messieurs, nous tendons tous au même but; nous désirons tous le bonheur de la république et la punition des hommes audacieux qui commettent le meurtre ou qui provoquent à l'assassinat et à la sédition. Quiconque voit de sang froid couler le sang de ses concitoyens, quiconque n'est pas saisi d'horreur au milieu des cris de carnage, celui-là est une exception à la nature humaine, c'est un monstre. Mais voyons si la loi proposée pour réprimer ces provocations atteint au but, et si elle remplit efficacement son objet. De grandes difficultés s'élèvent; ce projet de loi atteint la liberté de la presse : il serait sans doute très à souhaiter que cette liberté ne dégénérât jamais en licence; mais la route par laquelle il faut poursuivre cet abus est difficile à trouver. Il est difficile en ce point de faire une loi répressive qui ne porte point en même temps atteinte à la liberté des écrits et des discours. Au premier instant, à la vérité, la question paraît simple; il est facile, se dit-on, de faire une loi sévère contre les hommes qui provoquent au meurtre; mais lorsque l'on descend dans les détails de cette loi, alors les difficultés se multiplient; lorsqu'on l'approfondit, le problème devient insoluble.

» Voici quelle a été chez nous la théorie sur la liberté de la presse.

» Dans l'Assemblée constituante, le premier qui ait écrit sur cette matière est Sièyes. Il fit un ouvrage sur les moyens de réprimer les délits commis par la voie de la presse, il y présenta d'excellentes vues, des aperçus neufs; il découvrit de nouvelles contrées; cela tient à la profondeur et à la sagacité de son esprit. Eh bien! après que cet ouvrage fut approfondi, il fut reconnu que, quoiqu'il contînt des idées salutaires, on ne pouvait en faire l'application : il ne fut pas même mis à la discussion, et je vous fais cette observation pour prouver combien le problème de la répression des abus de la presse est difficile à résoudre, puisqu'un si bon esprit n'a pu toucher au but. J'ajoute que les comités de constitution, de révision et de judicature de l'Assemblée constituante, qui désiraient beaucoup modifier la liberté de la presse, ou au moins d'en réprimer les abus, eurent quinze conférences sur cet objet, et qu'après y avoir beaucoup réfléchi, ils convinrent qu'il est impossible de faire une bonne loi à cet égard.

» D'où vient la difficulté ? C'est que si l'on prohibe ces délits d'une manière générale, la loi peut servir à punir des innoçens, à persécuter les citoyens, à rendre les tribunaux juges arbitraires des pensées, et à enchaîner la liberté. Si au contraire on veut caractériser les délits, la loi reste sans effets, *parce qu'alors les malfaiteurs, sachant se mettre hors des termes de la loi, ne sont plus punissables par elle.*

» La provocation est ou directe ou indirecte : si l'on se sert du mot *indirecte*, on trouvera des crimes partout ; toute espèce d'expression pourra donner lieu à un procès criminel, et il n'est pas un écrivain qui ne puisse être en prison, en vertu d'un commentaire : si l'on se sert du mot de provocation *directe*, la loi devient illusoire. Un malfaiteur, un mauvais citoyen va provoquer au meurtre, et se trouvera toujours hors des limites de la loi pénale portée contre cette espèce de provocation; il dira: un tel est un aristocrate, un traître, un complice des coupables de Longwy, il a des intelligences avec les ennemis. Si le peuple, dans les jours de vengeance et de colère, fait un acte de justice, mais d'égarement, comment pourrez-vous punir le prévaricateur? Il aura eu soin de mettre au bas de son écrit un *post-scriptum*, dans lequel il dira: *Cependant, citoyens, je ne vous conseille pas de massacrer ceux dont je viens de vous parler.* Il aura même eu l'adresse de ne pas désigner d'une manière formelle et directe les individus. C'est ainsi que la loi anglaise, qui défend les calomnies, les diffamations, est *sans force et sans effet.* Que font les calomniateurs? Ils disent toutes les horreurs possibles d'un citoyen, mais ils ne mettent pas son nom en toutes lettres; ils font un tableau de son caractère, de son physique, ils le dépeignent à ne pas s'y tromper, mais le tribunal ne peut le condamner. Voilà ce qui rend infiniment délicate toute loi à faire relativement à la licence de la presse; voilà ce qui a déterminé les rédacteurs de votre CODE PÉNAL à n'y insérer que cette seule disposition: « *Que lorsqu'un crime aura été commis, quiconque l'aura conseillé, en sera réputé complice, et par conséquent puni des mêmes peines.* Quant à l'homicide, dans le cas même où il n'aura pas été consommé, s'il a eu un commencement d'exécution, celui qui l'a conseillé est puni de mort, comme celui qui effectue une attaque à dessein de tuer. » Voilà ce que nous avons fait après y avoir beaucoup réfléchi, et c'est la *seule* loi qui soit restée dans notre législation; je dis qui soit restée, car une autre avait été faite dans le but de réprimer les abus de la presse; mais je dois vous dire à quelle époque; cette anecdote est remarquable. »

Le jour trop fameux du 17 juillet 1791, un émissaire, un confident de *Lafayette*, vint nous annoncer qu'il y avait beaucoup de mouvement dans la ville de Paris, qu'il s'y affichait des placards incendiaires, et qu'il fallait réprimer cette licence. Comme j'étais rapporteur du *Code pénal*, il me proposa trois articles de loi, me disant *qu'il m'en faisait hommage* : je n'y trouvais pas les principes dans lesquels je m'étais fixé, et je ne voulus pas me charger de proposer une pareille loi à l'Assemblée; mais il s'adressa alors à d'autres membres du comité; la loi fut proposée et adoptée le 18 juillet au matin, et le 17 au soir était arrivé *le fameux massacre du Champ-de-Mars...... Une loi faite sous de tels auspices!* Le but qu'on s'y était évidemment proposé de ramener le despotisme pendant quelque temps, pénétra de douleur tous les bons citoyens. Cette loi, frappée d'une telle défaveur, fut révoquée par le dernier article du *Code pénal*, qui porte : *Toutes lois pénales antérieures, non comprises dans le présent Code, sont abrogées.* C'est ainsi que la liberté de la presse est sortie pure et entière des travaux de l'Assemblée constituante ; ce n'est pas qu'elle n'ait été très-souvent attaquée suivant l'intérêt des circonstances ; des lois restrictives étaient à chaque instant proposées par les modérés de tous les partis.

Malouet, qui était le modéré de l'aristocratie ; Dandré, qui était le modéré du parti prétendu patriote ; Desmeunier, Lechapelier, qui parlaient sans cesse des mauvais placards, nous harcelaient sans cesse ; mais plusieurs bons esprits ont alors formé une coalition, un pacte civique, pour conserver à l'État la liberté de la presse, et ils résistèrent à ces différens assauts. (*On applaudit.*) J'ai pour témoins et j'interpelle ici tous les bons citoyens qui ont conspiré dans cette trame, et participé à cette œuvre vraiment civique ; j'interpelle Buzot, qui était alors un des plus ardens défenseurs de la liberté indéfinie de la presse ; Pétion........ (Grégoire, Lépeaux, Dubois-Crancé, et plusieurs autres membres tous ensemble ; *Et moi ! — et moi ! — Il s'élève de nombreux applaudissemens.*)

Danton prenant la parole, s'écrie : *La liberté de la presse ou la mort !*.......... (*Les applaudissemens continuent dans une grande partie de l'Assemblée et dans les tribunes.*)

» *Lepeletier :* Roederer était aussi des nôtres : moi je défendais la liberté de la presse au comité ; lui la défendait dans l'Assemblée contre toutes les attaques qui lui étaient incessamment portées ; nous étions chacun à notre poste et toujours aux aguets. C'est ainsi que nous avons maintenu la liberté de la presse au milieu des erreurs de la vieillesse de l'Assemblée constituante, et peut-être c'est dans cette même liberté que nous avons trouvé le remède à toutes ses erreurs. (*On applaudit.*) Je n'en dirai pas davantage et je me contenterai de résumer mes idées. Est-il possible de faire une bonne loi contre les provocations au meurtre, à l'assassinat, etc. ? Je n'ose l'affirmer ; mais j'ai vu Siéyes essayer d'en faire une, et n'y pas réussir ; j'ai vu les comités de constitution et de révision de l'Assemblée constituante, qui avaient peut-être quelque intérêt à la faire, finir par y renoncer ; j'ai vu Buzot en faire une très-imparfaite. »

Il est donc vrai que cette loi renferme des difficultés presque insurmontables ; à moins qu'on ne veuille ouvrir la porte à toutes sortes de persécutions. Je demande, non pas qu'il n'en soit pas du tout délibéré ; on ne peut mettre la question préalable sur des vues qui tendent à purger la société d'un aussi terrible fléau que les provocateurs à l'anarchie et au meurtre ; mais je demande l'ajournement ; car ce problème a encore besoin d'être renvoyé à la méditation de vos comités et de tous les bons citoyens. Personne ne m'accusera sans doute d'être le complice et le fauteur des agitateurs. Dans l'Assemblée constituante, je n'ai jamais connu, que par oui-dire, le tarif et la théorie des insurrections : on disait alors que ce tarif montait depuis trente-six livres jusqu'à cent mille écus. Depuis que j'ai eu la confiance du département de l'Yonne, pour présider son administration, je crois qu'il n'y a pas eu dans la république un département où les lois aient été mieux respectées. Enfin personne n'a moins que moi le goût et les intérêts des agitations. (*On applaudit.*) Je vous ai exposé mes vues en bon citoyen; je conclus à l'ajournement.

PLAN

D'ÉDUCATION NATIONALE

DE

MICHEL LEPELETIER.

RÉFLEXIONS PRÉLIMINAIRES.

Dans la Convention nationale, mon frère avait adopté sincèrement et sévèrement les principes républicains. Il s'y serait rallié même précédemment dans une circonstance très-remarquable, lors de la fuite du roi à Varennes. L'entrée des Prussiens et des émigrés en septembre 1792, à mains armées, la journée du 10 août, et ce qui s'était passé de la part du trône depuis le 14 juillet 1789, tout lui avait prouvé que Louis XVI, entièrement influencé par la reine, ne pourrait coopérer avec sincérité à la régénération de la France par une monarchie constitutionnelle. Ce que l'on avait pu connaître des traités de Pilnitz et de Pavie, venait ajouter à cette conviction, celle de tous les dangers pour la France, d'avoir à la tête du pouvoir exécutif une volonté flottante, irrésolue, ou même secrètement hostile, appuyée sur les cabinets des autres rois de l'Europe, et excitée par le fanatisme religieux de Rome et de l'intérieur.

Déjà, dès la fuite du roi et de la reine en 1791, et lorsqu'ils furent ramenés de Varennes à Paris par plus de soixante mille âmes, mon frère avait désespéré du monarque. Dès cette époque il commençait à penser que ce ne serait qu'en se détachant de lui, et par ses propres mains, que la France pourrait terminer le grand œuvre de sa régénération politique. On doit se rappeler les conseils que vint demander instamment, à cette époque, M. de Malsherbes à Michel Lepeletier; que celui qu'il donna fut l'éloignement volontaire du roi, son *abdication* (1); c'était le moyen de calmer tout. La nation eût continué seule et paisiblement ses réformes. Elle n'eût plus eu lieu de se plaindre d'une coopération fausse de la part de la dynastie : elle eût terminé avec sécurité la régénération sociale; et qui sait, si, persistant dans son système de monarchie mixte et tempérée, elle n'eût pas ensuite rappelé Louis XVI, et ne lui eût pas de nouveau et comme par élection, remis les rênes d'un État auquel ses devanciers étaient parvenus par les mêmes formes (2).

Mais enfin, dès cette fuite à Varennes, le mot de république fut fortement prononcé. Les murs de Paris furent couverts de placards où l'on demandait cette forme de gouvernement; une fraction nom-

(1) Voyez la vie de Michel Lepeletier, pag. 50.
(2) *Electione populi, rex constitutus*, Baluze capit. T. 2. p. 273.

breuse du peuple paya bien cher cet acte mémorable d'une grande clairvoyance : *Vox populi, vox Dei*..... Son sang fut répandu au Champ-de-Mars par une nouvelle aristocratie déjà concentrée. Deux belles renommées vinrent s'y obscurcir....... Cependant des hommes d'un grand mérite s'étaient montrés appuyant de leurs suffrages cette nécessité de sauver la France par le gouvernement républicain.

Condorcet, Brissot de Varville, Manuel, Achille du Châtelet, descendirent dans la lice en faveur du gouvernement républicain. Ces noms présentent à la pensée de grandes lumières, et ne sentent pas l'anarchie (1) : les citer, c'est appeler un examen sérieux sur le fond des conjonctures de ce temps. Cette époque fut funeste sous tous les rapports. La clairvoyance fut un crime. On versa par les armes le sang de la nation...... Une révision de la constitution eut lieu, mais à son détriment. La vieillesse de l'Assemblée constituante s'y fit sentir. Le roi remonta sur le trône, et prêta serment à la constitution. Le roi et l'Assemblée se donnèrent des fêtes : personne n'était sincère ni rassuré. L'Assemblée constituante termina ses travaux.

En portant ses regards sur tout cet ensemble de

(1) Tout le monde de nos jours connaît les trois premiers : le dernier n'est pas autant connu. Voyez pièces justificatives QQ.

notre situation politique, mon frère me disait alors : *Nous marchons de force à la république, ou la liberté sera anéantie*...... Quelques mois après, la journée du 10 août vint trancher la question.

Lorsque la Convention nationale, le 21 septembre 1792, eut proclamé la république, et que la France eut juré de vaincre ou de mourir pour elle, les vues de Michel Lepeletier se portèrent à l'instant sur ce qui pouvait seul fonder ce gouvernement avec solidité. Car, pour qu'un peuple soit républicain, il ne suffit pas de graver en tête de ses lois, et partout, ce grand nom de *République*. De tous les gouvernemens qui régissent les nations, c'est celui où le personnel des citoyens, leurs habitudes, leurs mœurs constituent vraiment l'essence du gouvernement. Tandis que tous les autres n'ont pas un besoin impérieux des vertus des citoyens, la république au contraire, ne peut exister sans elles.

Profondément convaincu de ces grandes vérités, mon frère sentit que le plus important devoir des législateurs de la France, était de former sans délai des hommes dignes du gouvernement républicain; que sans cette garantie l'ouvrage manquerait de consistance et de solidité. Toutes ses pensées se portèrent sur un plan d'éducation nationale. « Il faut, » me disait-il alors, reprendre la France en sous-

» œuvre, pour ainsi dire; et de la base, fortement » assise et consolidée, remonter au sommet. »

Aussitôt arrivé à la Convention, à l'instant il se mit à travailler à son plan d'éducation publique. Il ne vécut que quatre mois après, et son plan était terminé. C'était un gros cahier ployé en deux. Il est probable que cette œuvre lui eût sauvé la vie, si son assassin eût porté le coup au cœur, au lieu de lui plonger le fer dix pouces plus bas (1). Il l'avait sur sa poitrine, ce plan, au moment où il fut frappé.

Lorsque Roberspierre, abusant (2) de ma confiance, eut fait le rapport de ce plan à la Convention nationale, celle-ci en ordonna l'impression à vingt mille exemplaires.

Lorsque dans la soirée du même jour j'en donnai lecture à la société des Jacobins, elle en ordonna l'impression aussi à vingt mille exemplaires.

Aujourd'hui je le publie de nouveau dans les œuvres de mon frère.

On dira peut-être de cette institution, que c'était un rêve! une utopie!...... Un rêve?.... Michel Lepeletier était convaincu du contraire. Mais si c'est

(1) Ce sont des papiers ployés ainsi qui ont sauvé cette année la vie à un jeune et intéressant Français, Emmanuel de Las-Cases, lorsqu'un assassin étranger lui porta le premier coup au cœur, dans une rue de Passy.

(2) Voyez la note DD.

un rêve pour les temps où nous vivons, il est au moins celui d'un véritable ami de la liberté, d'un homme qui comprenait quelles bases il faut aux républiques pour qu'elles soient stables. Une utopie! C'est ainsi qu'on a prétendu dégrader les hautes pensées de Platon et de Thomas Morus : *Mânes de mon frère, consolez-vous !*

ÉDUCATION NATIONALE.

La Convention nationale doit trois monumens à l'histoire; la Constitution, le Code des lois civiles, l'Éducation publique.

Je mets à peu près sur la même ligne, l'importance comme la difficulté de chacun de ces grands ouvrages.

Puissions-nous leur donner la perfection dont ils sont susceptibles! Car la gloire des conquêtes et des victoires est quelquefois passagère; mais les belles institutions demeurent et elles immortalisent les nations.

L'instruction publique a déjà été l'objet d'une discussion intéressante; la manière dont ce sujet a été traité, honore l'Assemblée et promet beaucoup à la France.

J'avoue pourtant que ce qui a été dit jusqu'ici, ne remplit pas l'idée que je me suis formée d'un plan complet d'éducation. J'ai osé concevoir une plus vaste pensée; et considérant à quel point l'espèce humaine est dégradée par le vice de notre ancien système social, je me suis convaincu de la nécessité d'opérer une entière régénération, et, si je peux m'exprimer ainsi, de créer un nouveau peuple.

Former des hommes, propager les connaissances humaines, telles sont les deux parties du problème que nous avons à résoudre.

La première constitue l'éducation, la seconde l'instruction.

Celle-ci, quoiqu'offerte à tous, devient par la nature même des choses, la propriété exclusive d'un petit nombre de membres de la société, à raison de la différence des professions et des talens;

Celle-là doit être commune à tous, et universellement bienfaisante.

Quant à l'une, le comité s'en est occupé, et il vous a présenté des vues utiles.

Pour l'autre, il l'a entièrement négligée.

En un mot, son plan d'instruction publique me paraît fort satisfaisant; mais il n'a point traité l'éducation.

Tout le système du comité porte sur cette base, l'établissement de quatre degrés d'enseignement; savoir : les écoles primaires, les écoles secondaires, les instituts, les lycées.

Je trouve dans ces trois derniers cours, un plan qui me paraît sagement conçu pour la conservation, la propagation et le perfectionnement des connaissances humaines. Ces trois degrés successifs ouvrent à l'instruction une source féconde et habilement ménagée; et j'y vois des moyens tout à la fois convenables et efficaces pour seconder les talens des citoyens qui se livreront à la culture des lettres, des sciences et des beaux-arts.

Mais avant ces degrés supérieurs, qui ne peuvent devenir utiles qu'à un petit nombre d'hommes, je cherche une instruction générale pour tous, qui est la dette de la république envers tous; en un mot, une éducation vraiment et universellement nationale; et j'avoue que le premier degré que le comité vous propose, sous le nom d'écoles primaires, me semble bien éloigné de présenter tous ces avantages.

D'abord, je remarque avec peine que jusqu'à six ans l'enfant échappe à la vigilance du législateur, et que cette portion importante de la vie reste abandonnée aux préjugés subsistans et à la merci des vieilles erreurs.

A six ans, la loi commence à exercer son influence: mais cette influence n'est que partielle, momentanée; et par la nature même des choses, elle ne peut agir que sur le moindre nombre des individus qui composent la nation.

Suivant le projet, il doit être établi environ vingt à vingt-cinq mille écoles primaires, c'est-à-dire à peu près une école par lieue carrée.

Ici commence à se faire sentir une première inégalité ; car les enfans domiciliés dans la ville, bourg, village où sera située l'école primaire, seront bien plus à portée des leçons, en profiteront et bien plus souvent, et bien plus constamment : ceux au contraire qui habitent les campagnes et les hameaux, ne pourront pas les fréquenter aussi habituellement, à raison des difficultés locales, des saisons, et d'une foule d'autres circonstances.

Cet inconvénient n'aura pas lieu seulement à l'égard de quelques maisons éparses et séparées : un très-grand nombre de communes et de paroisses vont l'éprouver.

Il ne faut qu'un calcul bien simple pour s'en convaincre.

Il existe dans la république quarante-quatre mille municipalités ; on propose l'établissement de vingt à vingt-cinq mille écoles primaires ; il est clair que la proportion majeure sera à peu près de deux paroisses par école. Or, personne ne peut douter que la paroisse, où l'école sera placée, aura de grands avantages sur la continuité, la commodité de l'instruction, et pour la durée des leçons.

Une bien plus grande inégalité va s'établir encore à raison des diverses facultés des parens ; et ici les personnes aisées, c'est-à-dire le plus petit nombre, ont tout l'avantage.

Quiconque peut se passer du travail de son enfant pour le nourrir, a la facilité de le tenir aux écoles tous les jours, et plusieurs heures par jour.

Mais quant à la classe indigente, comment fera-t-elle? Cet enfant pauvre, vous lui offrez bien l'instruction; mais avant il lui faut du pain. Son père laborieux s'en prive d'un morceau pour le lui donner; mais il faut que l'enfant gagne l'autre. Son temps est enchaîné au travail; car au travail est enchaînée sa subsistance. Après avoir passé aux champs une journée pénible, voulez-vous que, pour repos, il s'en aille à l'école éloignée peut-être d'une demi-lieue de son domicile? Vainement vous établiriez une loi coercitive contre le père; celui-ci ne saurait se passer journellement du travail d'un enfant qui, à huit, neuf et dix ans, gagne déjà quelque chose. Un petit nombre d'heures par semaine, voilà tout ce qu'il peut sacrifier. Ainsi l'établissement des écoles, telles qu'on les propose, ne sera, à proprement parler, bien profitable qu'au petit nombre de citoyens indépendans dans leur existence, hors de l'atteinte du besoin : là ils pourront faire cueillir abondamment par leurs enfans les fruits de l'instruction; là il n'y aura encore qu'à glaner pour l'indigent.

Cette inégale répartition du bienfait des écoles primaires, est le moindre des inconvéniens qui me frappent dans leur organisation. J'en trouve un bien plus grand dans le système d'éducation qu'elles présentent.

Je me plains qu'un des objets les plus essentiels de l'éducation est omis : le perfectionnement de l'être physique. Je sais qu'on propose quelques exercices de gymnastique : cela est bon, mais cela ne suffit pas. Un genre de vie continu, une nourriture saine et convenable à l'enfance, des travaux graduels et modérés, des épreuves successives, mais continuellement répétées, voilà les seuls moyens efficaces de donner au corps tout le développement et toutes les facultés dont il est susceptible.

Quant à l'être moral, quelques instructions utiles, quelques momens d'étude, tel est le cercle étroit dans lequel est renfermé le plan proposé. C'est l'emploi d'un petit nombre d'heures; mais tout le reste de la journée est abandonné au hasard des circonstances; et l'enfant, lorsque l'instant de la leçon est passé, se trouve bientôt rendu, soit à la mollesse du luxe, soit à l'orgueil de la vanité, soit à la grossièreté de l'indigence, soit à l'indiscipline de l'oisiveté. Victime malheureuse des vices, des erreurs, de l'infortune, de l'incurie de tout ce qui l'entoure, il sera un peu moins ignorant que par le passé, les écoles un peu plus nombreuses, les maîtres un peu meilleurs qu'aujourd'hui; mais aurons-nous vraiment formé des hommes, des citoyens, des républicains; en un mot, la nation sera-t-elle régénérée?

Tous les inconvéniens que je viens de développer sont insolubles, tant que nous ne prendrons pas une grande détermination pour la prospérité de la république.

Osons faire une loi qui applanisse tous les obstacles, qui rende faciles les plans les plus parfaits d'éducation, qui appelle et réalise toutes les belles institutions; une loi qui sera faite avant dix ans, si nous nous privons de l'honneur de l'avoir portée; une loi tout en faveur du pauvre, puisqu'elle reporte sur lui le superflu de l'opulence; que le riche lui-même doit approuver, s'il réfléchit; qu'il doit aimer, s'il est sensible. Cette loi consiste à fonder une éducation vraiment nationale, vraiment républicaine, également et efficacement commune à tous, la seule capable de régénérer l'espèce humaine, soit pour les dons physiques, soit pour le caractère moral; en un mot, cette loi est l'établissement de l'institution publique.

Consacrons-en le salutaire principe; mais sachons y apporter les modifications que l'état actuel des esprits et l'intérêt industriel de la république peuvent rendre nécessaires.

Je demande que vous décrétiez que, depuis l'âge de cinq ans jusqu'à douze pour les garçons, et jusqu'à onze pour les filles, tous les enfans, sans distinction et sans exception, seront élevés en commun, aux dépens de la république; et que tous, sous la sainte loi de l'égalité, recevront mêmes vêtemens, même nourriture, même instruction, mêmes soins.

Par le mode d'après lequel je vous proposerai de répartir la charge de ces établissemens, presque tout portera sur le riche; la taxe sera presque insensible pour le pauvre; ainsi vous atteindrez les avantages de l'impôt progressif que vous désirez d'établir; ainsi, sans convulsion et sans injustice, vous effacerez les énormes disparités de fortune dont l'existence est une calamité publique.

Je développe en peu de mots les avantages, les détails et les moyens d'exécution du plan que je vous soumets.

Tous les enfans recevront le bienfait de l'institution publique durant le cours de sept années, depuis cinq ans jusqu'à douze ans.

Cette portion de la vie est vraiment décisive pour la formation de l'être physique et moral de l'homme.

Il faut la dévouer tout' entière à une surveillance de tous les jours, de tous les momens.

Jusqu'à cinq ans on ne peut qu'abandonner l'enfance aux soins des mères; c'est le vœu, c'est le besoin de la nature : trop de détails, des attentions trop minutieuses sont nécessaires à cet âge; tout cela appartient à la maternité.

Cependant je pense que la loi peut exercer quelque influence sur ces premiers instans de l'existence humaine. Mais voici dans quelles bornes je crois qu'il faut renfermer son action.

Donner aux mères, encouragemens, secours, instruction; les intéresser efficacement à allaiter leurs enfans; les éclairer par un moyen facile, sur les erreurs et négligences nuisibles, sur les soins et les attentions salutaires; rendre pour elles la naissance et la conservation de leurs enfans, non plus une charge pénible, mais au contraire une source d'aisance et l'objet d'une espérance progressive ; c'est là tout ce que nous pouvons faire utilement en faveur des cinq premières années de la vie : tel est l'objet de quelques-uns des articles de la loi que je propose. Les mesures indiquées sont fort simples ; mais je suis convaincu que leur effet certain sera de diminuer d'un quart pour la république, la déperdition annuelle des enfans qui périssent victimes de la misère, des préjugés et de l'incurie.

A cinq ans, la patrie recevra donc l'enfant des mains de la nature; à douze ans, elle le rendra à la société.

Cette époque, d'après les convenances particulières et l'existence politique de la France, m'a paru la plus convenable pour le terme de l'institution publique.

A dix ans, ce serait trop tôt, l'ouvrage est à peine ébauché.

A douze ans, le pli est donné, et l'impression des habitudes est gravée d'une manière durable.

A dix ans, rendre les enfans à des parens pauvres, ce serait souvent leur rendre encore une charge; le bienfait de la nation serait incomplet.

A douze ans, les enfans peuvent gagner leur subsistance; ils apporteront une nouvelle ressource dans leur famille.

Douze ans est l'âge d'apprendre les divers métiers, c'est celui où le corps, déjà robuste, peut commencer à se plier aux travaux de l'agriculture. C'est encore l'âge où l'esprit déjà formé peut, avec fruit, commencer l'étude des belles-lettres, des sciences, ou des arts agréables.

La société a divers emplois : une multitude de professions, d'arts industriels et de métiers appellent les citoyens.

A douze ans, le moment est venu de commencer le noviciat de chacun d'eux; plus tôt, l'apprentissage serait prématuré; plus tard, il ne resterait pas assez de cette souplesse, de cette flexibilité, qui sont les dons heureux de l'enfance.

Jusqu'à douze ans, l'éducation commune est bonne, parce que jusque-là il s'agit de former, non des laboureurs, non des artisans, non des savans, mais des hommes pour toutes les professions.

Jusqu'à douze ans, l'éducation commune est bonne, parce qu'il s'agit de donner aux enfans les qualités physiques et morales, les habitudes et les connaissances qui, pour tous, ont une commune utilité.

Lorsque l'âge des professions est arrivé, l'éducation commune doit cesser, parce que, pour chacune, l'instruction doit être différente; réunir dans une même école l'apprentissage de toutes, est impossible.

Prolonger l'institution publique jusqu'à la fin de l'adolescence, est un beau songe; quelquefois nous l'avons rêvé délicieusement avec Platon; quelquefois nous l'avons lu avec enthousiasme, réalisé dans les fastes de Lacédémone; quelquefois nous en avons retrouvé l'insipide caricature dans nos colléges; mais Platon ne faisait que des philosophes; Lycurgue ne faisait que des soldats; nos professeurs ne faisaient que des écoliers. La République Française, dont la splendeur consiste dans le commerce, l'industrie et l'agriculture, a besoin de faire des hommes de tous les états : alors ce n'est plus dans les écoles qu'il faut les renfermer, c'est dans les divers ateliers, c'est sur la surface des campagnes qu'il faut les répandre; toute autre idée est une chimère qui, sous l'apparence trompeuse de la perfection, paralyserait des bras nécessaires, anéantirait l'industrie, amaigrirait le corps social, et bientôt en opérerait la dissolution.

Je propose que, pour les filles, le terme de l'institution publique soit fixé à onze ans; leur développement est plus précoce, et d'ailleurs elles peuvent commencer plus tôt l'apprentissage des métiers auxquels elles sont propres, parce que ces métiers exigent moins de force.

Dans un moment, je parlerai de l'éducation supplémentaire, offerte à tous les jeunes citoyens sans exception. Je parlerai aussi des cours d'études auxquels un petit nombre pourra se trouver porté par son goût, ses facultés, ou son talent.

Mais tout cela est pour l'adolescence; nul n'y sera admis avant douze ans; tout cela est la suite de l'institution publique : il faut d'abord pour tous, que le cours entier de l'institution ait été parcouru.

Je reviens maintenant au mode d'en organiser les établissemens.

Dans les villes pour chaque section; pour chaque canton dans les campagnes, d'ordinaire une seule maison d'institution pourra suffire. Il en sera établi plusieurs si la population l'exige; chaque établissement contiendra quatre à six cents élèves.

Je propose cette division, parce qu'elle concilie deux avantages : d'un côté elle diminue les frais qui sont moindres dans une seule grande maison que dans plusieurs maisons séparées; et cependant elle ne met pas une trop grande distance entre les enfans et leurs familles; le plus grand éloignement sera au plus de deux ou trois lieues : ainsi les parens pourront souvent et facilement revoir le dépôt qu'ils auront confié à la patrie, et l'austérité de l'institution républicaine ne coûtera pas un regret à la nature.

Ici s'élève une question bien importante.

L'institution publique des enfans sera-t-elle d'obligation pour les parens, ou les parens auront-ils seulement la faculté de profiter de ce bienfait national?

D'après les principes, tous doivent y être obligés.

Pour l'intérêt public, tous doivent y être obligés.

Dans peu d'années, tous doivent y être obligés.

Mais dans le moment actuel, il vous semblera peut-être convenable d'accoutumer insensiblement les esprits à la pureté des maximes de notre nouvelle constitution. Je ne le vous propose qu'à regret; je soumets à votre sagesse une modification que mon désir intime est que vous ne jugiez pas nécessaire. Elle consiste à décréter que d'ici à quatre ans, l'institution publique ne sera que facultative pour les parens. Mais ce délai expiré, lorsque nous aurons acquis, si je peux m'exprimer ainsi, la force et la maturité républicaines, je demande que quiconque refusera ses enfans à l'institution commune, soit privé de l'exercice des droits de citoyen pendant tout le temps qu'il se sera soustrait à remplir ce devoir civique, et qu'il paie, en outre, double contribution dans la taxe des enfans, dont je vous parlerai dans la suite.

Il vous sera facile de placer ces établissemens dans les édifices appartenans à la nation, maisons religieuses, habitations d'émigrés, et autres propriétés publiques.

Je voudrais encore qu'à défaut de cette ressource, les vieilles citadelles de la féodalité s'ouvrissent pour cette intéressante destination. De toutes parts on murmure et l'on réclame contre l'existence de ces châteaux et de ces tours, monumens odieux d'oppression. Au lieu de les détruire, employons utilement leur masse antique.

Dans un canton composé communément de six à huit paroisses, la nation pourra choisir entre plusieurs, tout en dédommageant le propriétaire; elle se procurera encore à peu de frais un local étendu; elle fera sortir des mains de simples citoyens, des palais qui offensent l'œil sévère de l'égalité; et ce dernier sacrifice servira, malgré lui peut-être, le triste châtelain, actuellement oppressé de sa colossale demeure, depuis que l'affranchissement des campagnes a tari la source de son opulence.

D'après les calculs que j'ai faits, il m'a semblé qu'un maître pour cinquante enfans suffirait.

D'abord on pourrait croire que c'est une trop forte charge pour une seule personne; mais j'ai imaginé qu'il serait facile de classer les enfans de telle manière que les plus âgés, ceux de dix et de onze ans, par exemple, pussent soulager le maître dans ses fonctions, surveiller les plus jeunes, aider pour les répétitions.

Je trouve beaucoup d'avantages à établir dans la petite troupe enfantine ces espèces de grades; ils seront propres à faciliter l'exécution de tous les détails, et y maintenir une exacte discipline.

Chaque maître aura sous lui un égal nombre d'enfans de différens âges. Il sera indépendant des autres maîtres, comme aussi son autorité se bornera aux enfans qui lui seront confiés. Il ne sera responsable qu'aux administrations publiques, et à l'établissement spécial de surveillance, dont je vais parler dans un moment.

Je ne fais qu'indiquer rapidement, je ne développe point le mode de créer et d'organiser les établissemens; la nomination, la distribution des instituteurs et institutrices, l'ordre intérieur de la maison, tous ces détails seront l'objet des réglemens particuliers.

Je me hâte d'aborder une question plus intéressante de mon travail, je veux dire le système de l'éducation qui sera suivi dans le cours de l'institution publique.

Ici j'écarte toute théorie abstraite; j'abandonne les recherches savantes sur la nature de l'homme, sur la perfectibilité morale et physique dont il est susceptible, sur l'origine et les causes de ses affections, de ses passions, de ses vertus, de ses vices.

Que des observateurs, que des métaphysiciens méditent ces grandes questions; j'avoue que je n'aime que les idées simples et claires. Je cherche une bonne méthode bien usuelle, de bons moyens bien familiers, de bons résultats bien évidens : qu'ici rien ne soit ingénieux, mais que tout soit utile. J'ai toujours pensé qu'en politique, en législation, en économie sociale, des conceptions trop fines, trop déliées, et, si je peux m'exprimer ainsi, trop parfaites, sont d'un médiocre usage. Il faut opérer des effets généraux, il faut produire en masse, et si je parviens à réaliser l'existence d'une somme d'avantages bien sensibles pour la société tout entière, et pour les individus en particulier, je croirai avoir bien servi l'humanité et mon pays.

N'oublions pas quel est l'objet de cette première éducation commune à tous, égale à tous.

Nous voulons donner aux enfans les aptitudes physiques et morales, qu'il importe à tous de retrouver dans le cours de la vie, quelle que soit la position particulière de chacun. Nous ne les formons pas pour telle ou telle destination déterminée, il faut les douer des avantages dont l'utilité est commune à l'homme de tous les états; en un mot, nous préparons, pour ainsi parler, une matière première, que nous tendons à rendre essentiellement bonne, dont nous élaborons les élémens de telle sorte qu'en sortant de nos mains, elle puisse recevoir la modification spéciale des diverses professions dont se compose la république.

Tel est le problème que nous avons à résoudre. Voici de quelle manière je pense que nous pouvons y procéder utilement.

Nos premiers soins se porteront sur la portion physique de l'éducation.

Former un bon tempérament aux enfans, augmenter leurs forces, favoriser leur croissance, développer en eux vigueur, adresse, agilité; les endurcir contre la fatigue, les intempéries des saisons, la privation momentanée des premiers besoins de la vie, voilà le but auquel nous devons tendre; telles sont les habitudes heureuses que nous devons créer en eux; tels sont les avantages physiques qui, pour tous en général, sont un bien précieux.

Les moyens pour remplir cet objet seront faciles dans le système de l'institution publique. Ce qui serait impraticable pour des enfans envoyés à l'école deux heures par jour, quelquefois deux heures seulement par semaine, et tout le reste du temps hors de la dépendance d'une commune discipline, se réalise ici sans effort.

Continuellement sous l'œil et dans la main d'une active surveillance, chaque heure sera marquée pour le sommeil, le repas, le travail, l'exercice, le délassement; tout le régime de vie sera invariablement réglé; les épreuves graduelles et successives seront déterminées; les genres de travaux du corps seront désignés; les exercices de gymnastique seront indiqués; un réglement salutaire et uniforme prescrira tous ces détails, et une exécution constante et facile en assurera les bons effets.

Je désire que pour les besoins ordinaires de la vie, les enfans privés de toute espèce de superfluité, soient restreints à l'absolu nécessaire.

Ils seront couchés durement; leur nourriture sera saine, mais frugale; leur vêtement commode, mais grossier.

Il importe que pour tous l'habitude de l'enfance soit telle, qu'aucun n'ait à souffrir du passage de l'institution aux divers états de la société. L'enfant qui rentrera dans le sein d'une famille pauvre, retrouvera toujours ce qu'il quitte; il aura été accoutumé à vivre de peu, il n'aura pas changé d'existence. Quant à l'enfant d'un riche, d'autres habitudes plus douces l'attendent, mais celles-là se contractent facilement. Et pour le riche lui-même, il peut exister dans la vie telles circonstances où il bénira l'âpre austérité et la salutaire rudesse de l'éducation de ses premiers ans.

Après la force et la santé, il est un bien que l'institution publique doit à tous, parce que pour tous il est d'un avantage inestimable, je veux dire l'accoutumance au travail.

Je ne parle point ici de telle ou telle industrie particulière; mais j'entends, en général, ce courage pour entreprendre une tâche pénible, cette action en l'exécutant, cette constance à la suivre, cette persévérance jusqu'à ce qu'elle soit achevée, qui caractérise l'homme laborieux.

Formez de tels hommes, et la république, composée bientôt de ces robustes élémens, verra doubler dans son sein les produits de l'agriculture et de l'industrie.

Formez de tels hommes, et vous verrez disparaître presque tous les crimes.

Formez de tels hommes, et l'aspect hideux de la misère n'affligera plus vos regards.

Créez dans vos jeunes élèves ce goût, ce besoin, cette habitude de travail, leur existence est assurée, ils ne dépendent plus que d'eux-mêmes.

J'ai regardé cette partie de l'éducation comme une des plus importantes.

Dans l'emploi de la journée tout le reste sera accessoire, le travail des mains sera la principale occupation.

Un petit nombre d'heures en sera distrait; tous les ressorts qui meuvent les hommes seront dirigés pour activer l'ardeur de notre laborieuse jeunesse.

Les pères de famille, les élèves, les maîtres, tous, par la loi que je vous propose, seront intéressés à produire dans les ateliers des enfans, la masse la plus considérable de travail qu'il sera possible; tous y seront excités par leur propre avantage.

Les uns, parce qu'ils y trouveront la diminution de la charge commune; les autres, parce qu'ils y verront l'espérance d'être honorés et récompensés; les enfans enfin, parce que le travail sera pour eux la source de quelques douceurs toujours proportionnées à la tâche qu'ils auront remplie.

Il est une foule d'emplois laborieux dont les enfans sont susceptibles.

Je propose que tous soient exercés à travailler à la terre; c'est la première, c'est la plus nécessaire, c'est la plus générale des occupations de l'homme; partout d'ailleurs elle offre du pain.

On peut encore leur faire ramasser et répandre les matériaux sur les routes; les localités, les saisons, les manufactures voisines de la maison d'institution offriront des ressources particulières. Enfin un parti plus général ne serait peut-être pas impraticable.

Je voudrais qu'on établît dans les maisons même d'institution divers genres de travaux auxquels tous les enfans sont propres, et qui, distribués et répartis dans tous ces établissemens, grossiraient sensiblement pour la république la masse annuelle des productions manufacturières.

J'appelle sur cette vue importante d'économie politique, l'attention et le génie des citoyens intelligens dans les arts. J'offre un programme à remplir sur cet objet, et je demande que la nation promette une honorable récompense pour tous ceux qui indiqueront un genre d'industrie facile, qui soit propre à remplir la destination que je vous propose.

Régler sa vie, se plier au joug d'une exacte discipline, sont encore deux habitudes importantes au bonheur de l'être social. Elles ne peuvent se prendre que dans l'enfance; acquises à cet âge, elles deviennent une seconde nature.

On calculerait difficilement à quel point une vie réglée et bien ordonnée multiplie l'existence, moralise les actions de l'homme, fait entrer dans sa conduite tout ce qui est bien, et la remplit tellement d'actes utiles, qu'il n'y reste plus de place, si je peux parler ainsi, pour tout ce qui est vice ou désordre.

Je n'attache pas un moindre prix à l'habitude d'une austère discipline. Souvenons-nous que nous élevons des hommes destinés à jouir de la liberté, et qu'il n'existe pas de liberté sans obéissance aux lois. Ployés tous les jours et à tous les instans sous le joug d'une règle exacte, les élèves de la patrie se trouveront tous formés à la sainte dépendance des lois et des autorités légitimes. Voyez ce jeune soldat avant qu'il ne s'engage, et retrouvez-le après qu'il a servi quelque temps; ce n'est plus le même homme : ce changement est pourtant l'ouvrage de quelques mois de discipline militaire. Combien ce moyen ne sera-t-il pas plus efficace, étant dirigé sur les organes souples et flexibles de l'enfance, modifié avec philosophie et mis en œuvre avec habileté et intelligence.

Sans l'éducation commune et nationale, il est également impossible de créer les deux habitudes importantes que je viens de développer. Deux heures d'école ébaucheraient à peine l'ouvrage; l'indépendance du reste du jour en effacerait jusqu'à la trace.

Sans l'éducation nationale, il vous faut renoncer à former ce que j'appelle les mœurs de l'enfant, qui bientôt, par ce plan, vont devenir les mœurs nationales; et par là je veux dire la sociabilité, son caractère, un langage qui ne soit point grossier, l'attitude et le port d'un homme libre, enfin des manières franches, également distantes de la politesse et de la rusticité. Entre citoyens égaux d'une même république, il faut que ces divers avantages de l'éducation soient répartis à tous : car on a beau dire, ces nuances, lorsqu'elles existent, créent d'incalculables différences, et établissent de trop réelles inégalités entre les hommes.

Je ne sais si je m'abuse, mais il me semble que toutes les habitudes, dont j'ai présenté jusqu'ici l'énumération, sont une source féconde d'avantages pour les enfans et pour l'État; ce sont les vrais fondemens d'une salutaire éducation; sans elle il n'existe pas d'éducation. Si dans l'enfance, nous ne les donnons point à tous les citoyens, la nation ne peut pas être profondément régénérée.

De toutes ces habitudes, il n'en est pas une seule dont j'entrevoie la source dans le système du comité.

Créer des habitudes est un objet entièrement étranger à son plan : il offre à tous d'utiles leçons; mais pour former des hommes, des instructions ne suffisent pas.

J'aborde maintenant l'enseignement, cette partie de l'éducation, la seule que le comité ait traitée, et ici je marcherai d'accord avec lui.

Quelles sont les notions, quelles sont les connaissances que nous devons à nos élèves? Toujours celles qui leur sont nécessaires pour l'état de citoyen, et dont l'utilité est commune à toutes les professions.

J'adopte entièrement, pour l'institution publique, la nomenclature que le comité vous a présentée pour le cours des écoles primaires, apprendre à lire, écrire, compter, mesurer, recevoir des principes de morale, une connaissance sommaire de la constitution, des notions d'économie domestique et rurale, développer le don de la mémoire en y gravant les plus beaux récits de l'histoire des peuples libres et de la révolution française; voilà le nécessaire pour chaque citoyen; voilà l'instruction qui est due à tous.

Je me contenterai d'observer que, sans multiplier davantage ces objets d'étude, je désire que l'enseignement en soit un peu plus étendu et plus approfondi que dans le plan du comité, je voudrais reporter quelque chose de l'instruction destinée par le comité, pour les écoles secondaires, dans mon cours d'institution publique.

Le comité dans les écoles primaires n'avait préparé cette substance morale, pour l'enfance, que jusqu'à l'âge de dix ans. Je prolonge jusqu'à douze l'institution publique, et ces deux années comportent une nourriture plus solide et plus abondante.

Jusqu'ici j'ai développé le système de diverses habitudes dont la réunion forme le complément d'un bon cours d'éducation ; et cependant je n'ai pas encore prononcé le nom de cette habitude morale qui exerce une si souveraine influence sur toute la vie de l'homme ; je veux dire la religion : sur cette matière délicate, il est plus aisé d'exprimer ce qui est mieux que ce qui est possible.

C'est d'après le principe que l'enfance est destinée à recevoir l'impression salutaire de l'habitude, que je voudrais qu'à cet âge, il ne soit point parlé de religion, précisément parce que je n'aime point dans l'homme ce qu'il a toujours eu jusqu'à présent, une religion d'habitude.

Je regarde ce choix important comme devant être l'acte le plus réfléchi de la raison.

Je désirerais que, pendant le cours entier de l'institution publique, l'enfant ne reçût que les instructions de la morale universelle, et non les enseignemens d'aucune croyance particulière.

Je désirerais que ce ne fût qu'à douze ans, lorsqu'il sera rentré dans la société, qu'il adoptât un culte avec réflexion. Il me semble qu'il ne devrait choisir que lorsqu'il pourrait juger.

Cependant d'après la disposition actuelle des esprits, surtout dans les campagnes, peut-être pourriez-vous craindre de porter le mécontentement et le scandale même au milieu de familles simples et innocentes, si les parens voyaient leurs enfans séparés jusqu'à douze ans, des pratiques extérieures de tout culte religieux. Je soumets cette difficulté de circonstances à la sagesse de vos réflexions; mais j'insiste, dans tous les cas, pour que cette partie d'enseignement n'entre point dans le cours de l'éducation nationale, ne soit point confiée aux instituteurs nationaux, et qu'il soit seulement permis (*si vous jugez cette condescendance nécessaire*), de conduire à certains jours et à certaines heures les enfans au temple le plus voisin, pour y apprendre et y pratiquer la religion à laquelle ils auront été voués par leurs familles.

Telles sont les bornes dans lesquelles se renferme le plan de l'institution publique.

Je peux le résumer en deux mots.

Donner à tous les habitudes physiques et les habitudes morales, les instructions et les connaissances qui, étant acquises dans l'enfance, influent sur tout le reste de la vie, qu'il importe à tous d'acquérir, qui ont une commune utilité pour tous, à quelque profession qu'ils se destinent, et qui doivent produire une masse sensible d'avantages pour la société, lorsqu'elle en aura également pourvu tous les membres qui sont destinés à la composer. Au surplus, ce plan tracé à la hâte a besoin d'être perfectionné. De meilleurs esprits, des philosophes plus profonds pourront suppléer à ce qu'il a de défectueux. Le temps et l'expérience l'enrichiront. Mais j'observe que ce qu'il a d'utile, que son principal avantage, c'est cette susceptibilité de recevoir un perfectionnement graduel et progressif; c'est un cadre dans lequel toute vue utile, toute institution bienfaitrice à l'enfance peut se placer d'elle-même.

Jamais dans les écoles primaires, nous ne trouverons qu'une instruction imparfaite. Leur vice radical, c'est de ne s'emparer que de quelques heures et de livrer à l'abandon toutes les autres. On concevra en vain des théories ingénieuses; en vain, pour former, pour instruire l'enfance, établira-t-on des méthodes parfaites : tout cela, avec des écoles primaires, manquera toujours pour l'exécution; avec un tel moyen il est impossible de produire autre chose que des effets, ou nuls, ou partiels, ou profitables à un très-petit nombre d'individus.

Dans l'institution publique au contraire, la totalité de l'existence de l'enfant nous appartient; la matière, si je peux m'exprimer ainsi, ne sort jamais du moule, aucun objet extérieur ne vient déformer la modification que vous lui donnez. Prescrivez, l'exécution est certaine; imaginez une bonne méthode, à l'instant elle est suivie; créez une conception utile, elle se pratique complètement, continuement, et sans efforts.

J'ai adopté un moyen que je crois très-efficace, pour donner à nos établissemens d'institution publique la perfection dont ils sont susceptibles.

C'est de publier des programmes.

Dans mon projet de décret je vous en présente l'aperçu.

Il m'a semblé facile de diviser les différens élémens dont l'ensemble complète notre cours d'éducation. Les uns concernent la formation de l'être physique; les autres ont rapport à la formation de l'être moral.

Sur chacun de ces programmes, les citoyens seront invités à travailler et à concourir.

Ouvrez vos trésors pour récompenser sur chaque partie les meilleurs ouvrages; et cette munificence même enrichira la république.

Je pousserai encore plus loin cette idée, et j'ose

attester que la société et l'humanité pourraient recueillir d'importans avantages de l'établissement permanent de prix annuels proposés à quiconque aura conçu une pensée utile sur l'éducation et ajouté un bon article au Code de l'enfance.

Jusqu'ici je n'ai considéré le sujet que je traite, que sous le rapport de l'éducation : maintenant je vais vous le présenter sous un autre aspect bien important, celui de l'économie politique.

Diminuer les nécessités de l'indigence, diminuer le superflu de la richesse, c'est un but auquel doivent tendre toutes nos institutions ; mais il faut que la justice comme la prudence règle notre marche. On ne peut s'avancer que pas à pas ; tout moyen convulsif est inadmissible, la propriété est sacrée, et ce droit a reçu de votre premier décret une nouvelle et authentique garantie.

La mesure la plus douce comme la plus efficace de rapprocher l'immense distance des fortunes, et de corriger la bizarre disparité que le hasard de la propriété jette entre les citoyens, se trouve dans le mode de répartir les charges publiques. Soulager celui qui a peu, que le poids porte principalement sur le riche ; voilà toute la théorie, et j'en trouve une bien heureuse et bien facile application dans la nouvelle charte qui va résulter de l'établissement de l'institution publique.

En deux mots, l'enfant du pauvre sera élevé

aux dépens du riche, tous contribuant pourtant dans une juste proportion, de manière à ne pas laisser à l'indigent même l'humiliation de recevoir un bienfait.

Un calcul simple va établir ce résultat jusqu'à l'évidence.

Je propose que, dans chaque canton, la dépense de la maison d'institution publique, nourriture, habillement, entretien des enfans, soit payée par tous les citoyens du canton, au prorata de la contribution directe de chacun d'eux. Pour rendre la proportion plus sensible, je prends l'exemple de trois citoyens.

Je suppose l'un ayant tout juste les facultés requises autrefois pour être citoyen actif, c'est-à-dire payant la valeur de trois journées de travail, que j'évalue à trois livres.

Je suppose à l'autre un revenu de mille livres, qui lui produit deux cents livres d'imposition.

Enfin je donne à l'autre cent mille livres de rente, pour lesquelles il paie une contribution de vingt mille livres.

Maintenant j'évalue par aperçu la taxe pour l'éducation commune des enfans, à une moitié en sus de la contribution directe.

Quelle sera la portion contributoire de ces trois citoyens?

L'homme aux trois journées de travail paiera, pour la taxe des enfans, une livre dix sous.

Le citoyen qui a mille livres de revenu, y contribuera pour cent livres.

Et celui qui est riche de cent mille livres de rente, mettra pour sa part dans la taxe dix mille livres.

Comme vous voyez, c'est un dépôt commun qui se forme de la réunion de plusieurs mises inégales: le pauvre met très-peu, le riche met beaucoup; mais lorsque le dépôt est formé, il se partage ensuite également entre tous; chacun en retire même avantage, l'éducation de ses enfans.

L'homme aux trois journées de travail, moyennant sa surtaxe de trente sous, se verra affranchi du poids d'une famille souvent nombreuse; tous ses enfans seront nourris aux dépens de l'État; avec ce faible sacrifice de trente sous, il pourra avoir jusqu'à sept enfans à la fois, élevés aux frais de la république.

J'ai cité l'homme aux trois journées, et cependant ce citoyen était dans la classe ci-devant privilégiée, il était doué de l'*activité*, quelle foule innombrable ne profitera pas, d'une manière encore plus sensible, de la bienfaisance de cette loi; puisque toute la classe des citoyens ci-devant *inactifs*, au moyen d'une taxe moindre que trente sous, jouira du même avantage.

Il est de toute évidence que, depuis la classe des citoyens ci-devant inactifs, en remontant jusqu'au propriétaire de mille livres de rente, tout ce qui se trouve dans l'intervalle a intérêt à la loi.

Même pour le propriétaire de mille livres de rente, elle est utile; car il n'est aucun citoyen qui, jouissant de ce revenu, ne s'abonne volontiers à cent livres par an pour la dépense de l'éducation de tous ses enfans. Ainsi tout le poids de la surcharge portera uniquement sur ceux qui possèdent plus de mille livres de rente.

Ainsi, plus des dix-neuf vingtièmes de la France est intéressé à la loi; car certainement il n'y a pas plus d'un vingtième des citoyens dont le revenu excède cent pistoles.

Dans toute cette partie nombreuse de la nation, je ne vois de lésés que les célibataires, ou les personnes mariées et sans enfans; car ils retirent zéro. Mais je doute que leurs plaintes vous touchent; ceux-ci ont moins de charge que le reste des citoyens.

D'après ce système, vous voyez qu'il n'y a que le riche dont la taxe se trouverait plus forte que ce qui lui en coûterait pour élever sa famille. Mais dans sa surcharge même, j'aperçois un double avantage : celui de retrancher une portion du superflu de l'opulence, celui de faire tourner cette surabondance maladive au soulagement des citoyens peu fortunés, j'ose dire au profit de la société tout entière, puisqu'elle lui fournit les moyens de fonder une institution vraiment digne d'une république, et d'ouvrir la source la plus féconde de prospérité, de splendeur et de régénération.

J'ose le demander, où sera maintenant l'indigence? Une seule loi bienfaitrice l'aura fait disparaître du sol de la France.

Jetez les yeux sur les campagnes; portez vos regards dans l'intérieur de ces chaumières; pénétrez dans les extrémités des villes, où une immense population fourmille, couverte à peine de haillons; connaissez les détails de ces utiles familles : là même le travail apporterait l'aisance; mais la fécondité y ramène encore le besoin. Le père et la mère, tous deux laborieux, trouveraient facilement dans leur industrie ce qu'il leur faut pour vivre; mais ce pain gagné péniblement n'est pas pour eux seuls, des enfans nombreux leur en arrachent une partie, et la richesse même qu'ils donnent à l'État repousse sur eux toutes les horreurs de la misère.

Là, par l'injustice vraiment odieuse de notre économie sociale, tous les sentimens naturels se trouvent dépravés et anéantis.

La naissance d'un enfant est un accident. Les soins que la mère lui prodigue, sont mêlés de regrets et du mal-être de l'inquiétude. A peine les premières nécessités sont-elles accordées à cette malheureuse créature; car il faut que le besoin qui partage soit parcimonieux : l'enfant est mal nourri, mal soigné, mal traité; et souvent parce qu'on souffre, il ne se développe point, ou il se développe mal ; et à défaut de la plus grossière culture, cette jeune plante est avortée.

Quelquefois même, le dirai-je, un spectacle plus déchirant m'a navré ; je vois une famille affligée, j'approche : un enfant venait d'expirer, il était là......... Et d'abord la nature arrachait à ce couple infortuné quelques pleurs ; mais bientôt l'affreuse indigence lui présentait cette consolation plus amère encore que ses larmes........ C'est une charge de moins.

Utiles et malheureux citoyens ; bientôt peut-être cette charge ne sera plus pour vous un fardeau ; la république bienfaisante viendra l'alléger un jour ; peut-être rendus à l'aisance et aux douces impulsions de la nature, vous pourrez donner sans regret des enfans à la patrie. La patrie les recevra tous également, les élevera tous également sur les fonds du superflu de la richesse, les nourrira tous également, les vêtira tous également ; et lorsque vous les reprendrez tous formés de ses mains, ils feront rentrer dans vos familles une nouvelle source d'abondance, puisqu'ils y apporteront la force, la santé, l'amour et l'habitude du travail.

Quelque considérable que dût être la taxe des enfans, ce ne serait pas un motif suffisant pour se priver des avantages d'une aussi belle institution, puisque cette taxe ne gréverait que le riche ; tandis que les parens dont la fortune est médiocre paieraient au-dessous de ce qu'il leur en coûterait chez eux pour élever leurs enfans.

Mais cette charge ne sera pas énorme, si vous adoptez quelques autres dispositions que je vous propose.

D'abord, le produit du travail des enfans viendra au soulagement de la dépense de la maison; tout enfant au-dessus de huit ans, c'est-à-dire plus de la moitié des élèves, peut gagner sa nourriture. Il n'y aura que les enfans de cinq, six et sept ans qui seront en pure charge; ceux-là recevront sans rien mettre. Quiconque a vu des lieux où fleurit l'industrie, sait qu'on connaît l'art d'employer fort utilement des enfans de huit ans et au-dessus.

Tout consiste à établir un ordre sage, et à bien monter la machine.

Ici tous les intérêts concourent à multiplier auprès des maisons nationales d'institution des objets de travaux à la convenance des enfans.

Les citoyens du canton s'occuperont, s'empresseront d'en appeler les occasions, puisque la masse des produits diminuera d'autant la charge qu'ils supportent.

L'ardeur des enfans sera animée par des encouragemens qu'un réglement sage présentera à leur émulation.

Les maîtres eux-mêmes recevront des récompenses, lorsque les enfans confiés à leurs soins auront emporté le prix du travail.

Je crois qu'il est encore une autre ressource dont nous pourrons grossir les fonds destinés à nos établissemens.

Quelques enfans auront des revenus personnels.

Tant qu'ils seront au nombre des élèves de la nation, toute dépense cesse pour eux : qu'est-il besoin que ces revenus épargnés chaque année, grossissent leurs capitaux pour le moment où ils seront en âge de jouir de leur bien? N'est-il pas plus naturel que pendant le temps où la nation prend soin d'eux, leurs revenus soient appliqués à la dépense commune?

Notre droit positif se joint ici à la raison pour indiquer cet emploi.

Les pères et mères, par droit de garde, jouissaient des revenus de leurs enfans mineurs; mais l'entretien des enfans en était la condition et la charge : alors la charge passerait à la patrie; il paraît juste et convenable qu'elle jouisse aussi des avantages.

Voici donc comme je propose de doter nos établissemens d'institution nationale.

1° *Le produit du travail des enfans.*

2° *Les revenus personnels des enfans qui y seront élevés, pendant tout le temps de leur éducation.*

3° *Le surplus sera fourni par les produits d'une*

taxe imposée sur tous les citoyens du canton, chacun dans la proportion de ses facultés.

Je n'ajoute plus qu'une observation pour terminer cet aperçu; c'est que les intéressés devant eux-mêmes administrer, ainsi que je vais le développer dans un instant, la plus sévère économie sera apportée dans les dépenses.

Les dépenses se borneront au juste nécessaire.

Aucun domestique ne sera employé dans les maisons d'institution : les enfans les plus âgés donneront aux plus jeunes les secours dont ils pourront avoir besoin; ils feront, chacun à leur tour, le service commun; ils apprendront, tout à la fois, à se suffire à eux-mêmes, et à se rendre utiles aux autres.

Il n'existera donc, à proprement parler, que trois articles de dépense.

Les appointemens des instituteurs et institutrices, le vêtement, la nourriture des enfans.

Je propose de fixer les appointemens des instituteurs à quatre cents livres, et ceux des institutrices à trois cents, en leur donnant, pour leur nourriture, double portion de celle des enfans les plus âgés.

Quant aux vêtemens, les étoffes les plus communes y seront employées, et vous pourrez concevoir que les frais n'en seront pas considérables.

Tous les citoyens du canton ayant un intérêt

commun à l'économie, chacun y mettra un peu du sien; l'un y mettra son étoffe, l'autre le métier qu'il fait, les mères de famille leur travail; tous se partageront la tâche à l'envi, et ainsi la charge deviendra plus légère pour tous.

A l'égard de la nourriture, les alimens les plus simples et les plus communs, à raison de leur abondance, seront préférés.

Il sera fait un état de ceux qui conviennent à la santé des enfans; et dans le nombre déterminé, on choisira toujours celui que le climat et la saison offrent à moins de frais. Je crois que le vin et la viande en doivent être exclus; l'usage n'en est point nécessaire à l'enfance; et pour vous présenter un aperçu de l'utile parcimonie qu'on peut apporter dans les frais de nourriture des jeunes élèves, je vous citerai un fait que tous les journaux du temps ont publié. « Dans le grand hiver de 1788, le curé de Sainte-Marguerite à Paris, employa avec le plus grand succès, une recette composée d'un mélange de plusieurs espèces d'alimens; il fit vivre fort sainement une multitude immense de malheureux, et la portion d'un homme fait n'allait pas à trois sous par jour. »

Maintenant il ne me reste plus qu'à vous exposer de quelle manière je conçois que doit être organisée l'administration des nouveaux établissemens d'institution publique.

Quels autres que les pères de famille du canton, pourraient recevoir cette marque honorable de la confiance publique?

Qui pourrait y apporter un intérêt plus direct?

Où trouverions-nous une surveillance plus éclairée?

Les pères de famille ont, tout à la fois, et le droit et le devoir de couver continuellement des regards de la tendresse et de la sollicitude, ces intéressans dépôts de leurs plus douces espérances.

Mais aussi aux pères de famille seuls est dû cet honneur......... Le célibataire ne l'a pas encore mérité.

Je propose que, tous les ans, les pères de famille du canton réunis, choisissent, pour chaque maison d'éducation nationale qui y sera établie, un conseil de cinquante-deux pères pris dans leur sein.

Chacun des membres du conseil sera obligé de donner dans tout le cours de l'année, sept jours de son temps, et chacun fera sa semaine de résidence dans la maison d'institution, pour suivre la conduite, et des enfans et des maîtres.

De cette manière, il y aura pour tous les jours de l'année un père de famille chargé de la surveillance; ainsi l'œil de la paternité ne perdra pas de vue l'enfance d'un seul instant.

Le père de famille surveillant aura pour fonction de s'assurer de la bonne qualité et de la juste distribution des alimens, de maintenir l'exécution des réglemens pour l'emploi des différentes heures de la journée, d'activer le travail des mains, de dresser l'état des tâches que chaque enfant aura remplies, d'entretenir la propreté si nécessaire à la bonne santé des élèves, de les faire soigner s'ils sont malades, afin de tenir constamment les enfans et les maîtres dans la ligne étroite des devoirs qui seront tracés aux uns et aux autres.

Une fois tous les mois, le conseil des cinquante-deux pères de famille s'assemblera, et chacun y rendra compte de ses observations, des plaintes ou des éloges dont sa semaine de surveillance lui aura fourni l'occasion.

Je crois utile que quelques membres des autorités constituées soient présens à cette séance, pour qu'ils puissent sans délai porter remède aux abus dont ils acquerraient la connaissance.

Pour l'administration pécuniaire, pour la recette et pour la dépense, le conseil des cinquante-deux pères formera un comité de quatre membres, pris dans son sein, dont les fonctions seront de régler tous les achats pour le vêtement, la nourriture et l'entretien de la maison; de prescrire, suivant les saisons, la nature des alimens qui seront fournis aux enfans; de déterminer les genres de travaux corporels auxquels ils seront employés; de fixer le prix de leurs tâches; afin de tenir tous les registres.

Chaque mois, ils présenteront leurs comptes au conseil des cinquante-deux pères de famille, et le double en sera adressé aux autorités constituées.

Telle est l'administration, tout à la fois simple et active, que je propose pour chaque établissement d'éducation. Avec ces précautions, avec cette surveillance, avec cette économie de l'intérêt personnel, nous pouvons être assurés que la taxe, toujours légère pour le pauvre et pour le propriétaire d'une fortune médiocre, ne sera jamais excessive même pour le riche. Au surplus, en fait de taxe publique, c'est moins sa mesure qui appauvrit un État, que sa mauvaise répartition ou son emploi; or ici les caractères les plus heureux d'une saine économie politique se réunissent; puisque la taxe proposée n'a d'autres effets que de placer une somme de superflu, pour la verser sur le besoin. La somme d'une dépense qui existait auparavant, celle de la nourriture et de l'entretien des enfans, est changée: mais alors tous mettaient également, c'était une charge supportée par tête; aujourd'hui, dans mon système, elle devient proportionnelle aux facultés. La pauvreté n'y met presque rien, la médiocrité reste à peu près au même point, l'opulence y met presque tout.

En Angleterre, la seule taxe des pauvres monte à soixante millions (1); en Angleterre, dont le

(1) Aujourd'hui, en 1826, elle est de 250 millions. Voyez l'ouvrage de M. H. Passy, publié par Ad. Bossange, *sur l'aristocratie*, etc.

territoire et la population ne formeraient à peine qu'un tiers de la France.

Là, une contribution aussi énorme est employée pour guérir une maladie du corps politique. En France, la taxe des enfans opérera des effets plus généraux et plus salutaires, puisqu'elle renouvellera tous les élémens de l'État, qu'elle épurera, pour ainsi parler, tous les germes nationaux, et qu'elle portera dans la république les principes impérissables d'une vigueur et d'une santé toute nouvelle.

Ce mot de *taxe des pauvres* me fait concevoir une pensée à laquelle je crois quelque moralité.

Nous regardons comme une dette de la société l'obligation de nourrir les vieillards et les infirmes hors d'état de gagner leur vie; déjà vous en avez reconnu le principe, et vous vous occupez des moyens d'exécution. Pourquoi élever dispendieusement de nouveaux édifices? Formons une réunion doublement utile : je voudrais que les vieillards à la charge des communes d'un canton, trouvassent leur asyle dans une partie des établissemens destinés à l'institution publique.

Là, presque sans frais, ils partageraient une frugale nourriture; là, presque sans frais, ils recevraient les assistances journalières qui leur sont nécessaires : les enfans les plus âgés et les plus forts seraient successivement employés à l'honneur de les servir.

Quelle utile institution! Quelle leçon vivante des devoirs sociaux!

Il me semble qu'il existe quelque chose de touchant et de religieux dans le rapprochement du premier et du dernier âge, de l'infirmité caduque et de la vigueur de l'enfance.

Ainsi le saint respect pour la vieillesse, la compassion pour le malheur, la bienfaisante humanité, pénétreront dans l'âme de nos élèves avec leurs premières sensations, s'y graveront profondément; leurs habitudes mêmes deviendront en eux des vertus.

Tel est, Représentans, l'aperçu rapide du plan que je vous soumets.

Jusqu'ici il me semble que tous ceux qui ont traité cette matière, se sont appliqués uniquement à former un système d'instruction publique : moi, j'ai cru qu'avant l'instruction, il fallait fonder l'institution publique.

L'une est profitable à plusieurs, l'autre est le bien de tous.

Celle-là propage des connaissances utiles, celle-ci crée et multiplie des habitudes nécessaires.

Bientôt dans mon plan l'instruction publique aura sa place désignée, c'est une décoration partielle de l'édifice; mais l'institution publique est la base fondamentale sur laquelle l'édifice entier est assis.

L'institution publique, comme je la conçois,

sans nuire aux arts ni à l'agriculture, leur prépare au contraire une nouvelle prospérité ; elle leur emprunte quelques années de l'enfance, mais pour leur rendre bientôt des bras plus vigoureux et doués encore de toute la flexibilité du premier âge.

Ainsi la population recevra de puissans encouragemens.

Ainsi les mères, par leur propre intérêt, seront ramenées au plus doux des devoirs, à celui d'allaiter elles-mêmes leurs enfans.

Ainsi, jusqu'à cinq ans, l'enfance sera moins abandonnée à une pernicieuse incurie; des encouragemens et quelques lumières conserveront à la république une foule innombrable de ces êtres malheureux que la nature constitua pour vivre, et que la négligence condamne, chaque année, à périr.

Ainsi, depuis cinq ans jusqu'à douze, c'est-à-dire dans cette portion de la vie si décisive pour donner à l'être physique et moral la modification, l'impression, l'habitude qu'il conservera toujours, tout ce qui doit composer la république, sera jeté dans un moule républicain.

Là, traités tous également, nourris également, vêtus également, enseignés également, l'égalité sera pour les jeunes élèves, non une spécieuse théorie, mais une pratique continuellement effective.

Ainsi se formera une race renouvelée, laborieuse, réglée, disciplinée, et qu'une barrière impénétrable aura séparée du contact impur des préjugés de notre espèce vieillie.

Ainsi réunis tous ensemble, tous indépendans du besoin, par la munificence nationale, la même instruction, les mêmes connaissances leur seront données à tous également; et les circonstances particulières de l'éloignement du domicile, de l'indigence des parens, ne rendront illusoire pour aucun le bienfait de la patrie.

Ainsi la pauvreté est secourue dans ce qui lui manque; ainsi la richesse est dépouillée d'une portion de son superflu : et sans crise ni convulsion, ces deux maladies du corps politique s'atténuent insensiblement.

Depuis long-temps elle est attendue, cette occasion de secourir une portion nombreuse et intéressante de la société; les révolutions qui se sont passées depuis trois ans ont tout fait pour les autres classes de citoyens, presque rien encore pour la plus nécessaire peut-être, pour les citoyens prolétaires dont la seule propriété est dans le travail.

La féodalité est détruite, mais ce n'est pas pour eux; car ils ne possèdent rien dans les campagnes affranchies.

Les contributions sont plus justement réparties; mais, par leur pauvreté même, ils étaient presque inaccessibles à la charge : pour eux, le soulagement est aussi presque insensible.

L'égalité civile est rétablie, mais l'instruction et l'éducation leur manquent; ils supportent tout le poids du titre de citoyens; ont-ils vraiment aptitude aux honneurs auquel le citoyen peut prétendre?

Jusqu'ici l'abolition de la gabelle est le seul bien qui ait pu les atteindre, car la corvée n'existait déjà plus, et momentanément ils ont souffert par la cherté des denrées, par le ralentissement du travail, et par l'agitation inséparable des tempêtes politiques.

Ici est la révolution du pauvre...... mais révolution douce et paisible, révolution qui s'opère sans alarmer la propriété, et sans offenser la justice. Adoptez les enfans des citoyens sans propriété, et il n'existe plus pour eux d'indigence. Adoptez leurs enfans, et vous les secourez dans la portion la plus chère de leur être. Que ces jeunes arbres soient transplantés dans la pépinière nationale; qu'un même sol leur fournisse ses sucs nutritifs; qu'une culture vigoureuse les façonne; que, pressés les uns contre les autres, vivifiés comme par les rayons d'un astre bienfaisant, ils croissent, se développent, s'élancent tous ensemble et à l'envi sous les regards et sous la douce influence de la patrie.

L'enfant est parvenu à douze ans; à cet âge finit pour lui l'institution publique : il est temps de le rendre aux divers travaux de l'industrie.

L'en séparer davantage, ce serait nuire à la société.

Mais jusque-là la société a payé sa dette rigoureuse envers lui, elle lui a conservé tout ce qu'il reçut de la nature, elle en a même perfectionné les dons dans sa personne : il est susceptible de tout, le sol est fertilisé pour toute espèce de productions. Le jeune élève a les habitudes physiques et morales nécessaires dans tous les états, il a les connaissances d'une commune utilité aux citoyens de toutes les professions : en un mot, il a la préparation, la modification générale qu'il lui importe d'avoir reçue, soit pour le bien-être particulier de sa vie, soit pour constituer utilement une des portions élémentaires destinées à composer la république.

Cependant à cet âge placé entre la jeunesse et l'enfance, la patrie ne peut pas cesser toute surveillance : des soins sont encore dus à l'adolescence, parce qu'ils lui sont encore nécessaires ; et ici se présentent à nous des questions donc l'intérêt est vraiment digne de l'attention du législateur.

Au sortir de l'institution publique, l'agriculture et les arts mécaniques vont appeler la plus grande partie de nos élèves, car ces deux classes constituent la presque totalité de la nation.

Une très-petite portion, mais choisie, sera destinée à la culture des arts agréables et aux études qui tiennent à l'esprit.

Voyons quels sont les devoirs de la société envers les uns et les autres.

Quant aux premiers, l'apprentissage de leurs divers métiers n'est pas du ressort de la loi. Le meilleur maître c'est l'intérêt; la leçon la plus persuasive c'est le besoin. Les champs, les ateliers sont ouverts; ce n'est point à la république à instruire chaque cultivateur et chaque artisan en particulier; tout ce qu'elle peut faire, c'est de surveiller en général le perfectionnement de l'agriculture et des arts, surtout d'en développer les progrès par des encouragemens efficaces et par les lois d'une saine économie.

Laisserons-nous pourtant à un abandon absolu ces deux classes nombreuses de jeunes citoyens devenus artisans et laboureurs? ou plutôt la société ne doit-elle pas continuer encore envers eux les soins de quelque culture morale?

Voici ce qui m'a paru utile et en même temps praticable.

La semaine appartient au travail, les en détourner serait absurde et impossible; mais aux jours de délassement, à certaines époques qui seront déterminées, il est bon, il est convenable que la jeunesse retrouve des exercices du corps. Quelques leçons, des fêtes, des rassemblemens qui appellent son attention, intéressent sa curiosité, excitent son émulation. Ainsi les heureuses impressions qu'aura reçues l'enfance ne s'effaceront point; et sans rien dérober du temps nécessaire aux travaux, le repos cessera d'être oisif, et le plaisir lui-même présentera des instructions.

Vos comités, dans un travail vraiment philosophique, vous ont offert des moyens d'appeler dans des solennités civiques la jeunesse sortie des premières écoles.

Ici donc s'achève mon plan par celui de vos comités, je n'ajouterai rien de neuf, et vos momens sont précieux.

Voici mon projet de décret :

ARTICLES GÉNÉRAUX.

ARTICLE PREMIER.

Tous les enfans seront élevés aux dépens de la république, depuis l'âge de cinq ans jusqu'à douze pour les garçons, et depuis cinq ans jusqu'à onze pour les filles.

2.

L'éducation nationale sera égale pour tous; tous recevront même nourriture, mêmes vêtemens, même instruction, mêmes soins.

3.

L'éducation nationale étant la dette de la république envers tous, tous les enfans ont droit de la recevoir, et les parens ne pourront se soustraire à l'obligation de les faire jouir de ses avantages.

4.

L'objet de l'éducation nationale sera de fortifier le corps des enfans, de le développer par des exercices de gymnastique, de les accoutumer au travail des mains, de les endurcir à toute espèce de fatigue, de les plier au joug d'une discipline salutaire, de former leur cœur et leur esprit par des instructions utiles, et de leur donner les connaissances qui sont nécessaires à tout citoyen, quelle que soit sa profession.

5.

Lorsque les enfans seront parvenus au terme de l'éducation nationale, ils seront remis entre les mains de leurs parens ou tuteurs, et rendus aux travaux des divers métiers et de l'agriculture; sauf les exceptions qui seront spécifiées ci-après, en faveur de ceux qui annonceraient des talens et des dispositions particulières.

6.

Le dépôt des connaissances humaines et de tous les beaux-arts sera conservé et enrichi par les soins de la république, leur étude sera enseignée publiquement et gratuitement par des maîtres salariés par la nation. Leurs cours seront partagés en trois degrés d'instruction : les écoles publiques, les instituts, les lycées.

7.

Les enfans ne seront admis à ces cours qu'après avoir parcouru celui de l'éducation nationale.

Ils ne pourront être reçus avant l'âge de douze ans aux écoles publiques.

Le cours d'étude y sera de quatre années : il sera de cinq dans les instituts, et de quatre dans les lycées.

8.

Pour l'étude des belles-lettres, des sciences et des beaux-arts, il en sera choisi un sur cinquante. Les enfans qui auront été choisis seront entretenus aux frais de la république auprès des écoles publiques, pendant le cours d'étude de quatre ans.

9.

Parmi ceux-ci, après qu'ils auront achevé ce premier cours, il en sera choisi la moitié, c'est-à-dire, ceux dont les talens se seront développés davantage ; ils seront également entretenus, aux dépens de la république, auprès des instituts pendant les cinq années du second cours d'étude.

Enfin moitié des pensionnaires de la république qui auront parcouru avec plus de distinction le degré d'instruction des instituts, sera choisie pour être entretenue auprès du lycée, et y suivre le cours d'étude pendant quatre années.

10.

Le mode de ces élections sera déterminé ci-après.

11.

Ne pourront être admis à concourir ceux qui, par leurs facultés personnelles, ou celles de leurs parens, seraient en état de suivre, sans les secours de la république, ces trois degrés d'instruction.

12.

Le nombre et l'emplacement des écoles publiques, des instituts et des lycées, le nombre des maîtres et le mode de l'instruction, seront déterminés ci-après.

DE L'ÉDUCATION NATIONALE.

ARTICLE PREMIER.

Il sera formé dans chaque canton un ou plusieurs établissemens d'éducation nationale, où seront élevés les enfans de l'un ou de l'autre sexe, dont les pères et mères, ou, s'ils sont orphelins, dont les tuteurs seront domiciliés dans le canton.

Pour les villes, les enfans de plusieurs sections pourront être réunis dans le même établissement.

2.

Lorsqu'un enfant aura atteint l'âge de cinq ans accomplis, ses père et mère, ou, s'il est orphelin, son tuteur, seront tenus de le conduire à la maison d'éducation nationale du canton, et de le remettre entre les mains des personnes qui y sont préposées.

3.

Les pères et mères ou tuteurs qui négligeraient de remplir ce devoir, perdront les droits de citoyens, et seront soumis à une double imposition directe pendant tout le temps qu'ils soustrairont l'enfant à l'éducation commune.

4.

Lorsqu'une femme conduira un enfant âgé de cinq ans à l'établissement de l'éducation nationale, elle recevra de la république pour chacun des quatre premiers enfans qu'elle aura élevés jusqu'à cet âge, la somme de cent livres, le double pour chaque enfant qui excédera le nombre de quatre jusqu'à huit; et enfin trois cents livres pour chaque enfant qui excédera ce dernier nombre.

Aucune mère ne pourra refuser l'honneur de cette récompense; elle n'y aura droit qu'autant qu'elle justifiera par une attestation de la municipalité, qu'elle a allaité son enfant.

5.

Il sera rédigé avec simplicité, brièveté et clarté, une instruction indicative des attentions, du régime et des soins qui peuvent contribuer à la conservation et à la bonne santé des enfans pendant la grossesse des mères, le temps de la nourriture, du sevrage, et jusqu'à ce qu'ils aient atteint l'âge de cinq ans.

6.

La Convention invite les citoyens à concourir à la rédaction de cette instruction, à adresser leur ouvrage à son comité d'instruction publique.

L'auteur de l'instruction qui aura été jugée la meilleure, et adoptée par la Convention, aura bien mérité de la patrie, et recevra une récompense de vingt-quatre mille livres.

7.

A la tête de cette instruction, sera imprimé l'article ci-après.

8.

Les officiers publics chargés de recevoir les déclarations des mariages et des naissances, seront tenus de remettre un exemplaire de cette instruction à chaque personne qui se présentera devant eux pour déclarer son mariage.

9.

Tous les enfans d'un canton ou d'une section seront, autant qu'il sera possible, réunis dans un seul établissement; il y aura pour cinquante garçons un instituteur, et pour pareil nombre de filles une institutrice.

Dans chacune de ces divisions, les enfans seront classés de manière que les plus âgés seront chargés de surveiller et de faire répéter les plus jeunes, sous les ordres de l'inspecteur, de l'instituteur ou de l'institutrice, ainsi qu'il sera expliqué par le réglement.

10.

Durant le cours de l'éducation nationale, le temps des enfans sera partagé entre l'étude, le travail des mains, et les exercices de la gymnastique.

11.

Les garçons apprendront à lire, écrire, compter, et il leur sera donné les premières notions du mesurage et de l'arpentage.

Leur mémoire sera cultivée et développée; on leur fera apprendre par cœur quelques chants civiques, et le récit des traits les plus frappans de l'histoire des peuples libres et de celle de la révolution française.

Ils recevront aussi des notions de la constitution de leur pays, de la morale universelle, et de l'économie rurale et domestique.

12.

Les filles apprendront à lire, à écrire, à compter. Leur mémoire sera cultivée par l'étude des chants civiques, et quelques traits de l'histoire, propres à développer les vertus de leur sexe.

Elles recevront aussi des notions de morale, et d'économie domestique et rurale.

13.

La principale partie de la journée sera employée par les enfans de l'un et l'autre sexe au travail des mains.

Les garçons seront employés à des travaux analogues à leur âge, soit à ramasser, à répandre des matériaux sur les routes, soit dans les ateliers des manufactures qui se trouveraient à portée des maisons d'éducation nationale, soit à des ouvrages qui pourraient s'exécuter dans l'intérieur même de la maison : tous seront exercés à travailler à la terre.

Les filles apprendront à filer, à coudre et à blanchir; elles pourront être employées dans les ateliers de manufactures qui seront voisines, ou à des ouvrages qui pourront s'exécuter dans l'intérieur de la maison d'éducation.

14.

Ces différens travaux seront distribués à la tâche, aux enfans de l'un et l'autre sexe.

La valeur de chaque tâche sera estimée et fixée par l'administration des pères de famille dont il sera parlé ci-après.

15.

Le produit du travail des enfans sera employé ainsi qu'il suit.

Les neuf dixièmes en seront appliqués aux dépenses de la maison ; un dixième sera remis à la fin de chaque semaine à l'enfant, pour en disposer à sa volonté.

16.

Tout enfant de l'un et l'autre sexe, âgé de plus de huit ans, qui dans la journée précédente, si c'est un jour de travail, n'aura pas rempli une tâche équivalente à sa nourriture, ne prendra son repas qu'après que les autres enfans auront achevé le leur, et il aura la honte de manger seul ; ou bien il sera puni par une humiliation publique qui sera indiquée par le réglement.

17.

Les momens et les jours de délassemens seront employés à des exercices de gymnastique, qui seront indiqués par le réglement. Les garçons seront formés en outre au maniement des armes.

18.

Aucun domestique ne sera employé dans les maisons d'éducation nationale. Les enfans les plus âgés, chacun à leur tour, et sous les ordres et l'inspection des instituteurs et institutrices, rempliront les diverses fonctions du service journalier de la maison, ainsi qu'il sera expliqué par le réglement.

19.

Les enfans recevront également et uniformément, chacun suivant leur âge, une nourriture saine, mais frugale; un habillement commode, mais grossier; ils seront couchés sans mollesse; de telle sorte que, quelque profession qu'ils embrassent, dans quelques circonstances qu'ils puissent se trouver durant le cours de leur vie, ils apportent l'habitude de pouvoir se passer des commodités et des superfluités, et le mépris des besoins factices.

20.

Dans l'intérieur, ou à portée des maisons d'éducation nationale, seront placés, autant qu'il sera possible, les vieillards ou infirmes hors d'état de gagner leur vie, et qui seront à la charge de la commune.

Les enfans seront employés chacun à leur tour, suivant leur force et leur âge, à leur service et assistance.

21.

Les établissemens de l'éducation nationale seront placés dans les édifices publics, maisons religieuses ou habitations d'émigrés, s'il en existe dans le canton; s'il n'en existait point, les corps administratifs sont autorisés à choisir un local convenable dans les châteaux dépendans des ci-devant fiefs, après avoir toutefois payé aux propriétaires la juste et préalable indemnité. Enfin, à défaut de ces ressources, il sera pourvu autrement à la formation la plus économique (et par devis) de ces établissemens.

22.

Chaque instituteur recevra un traitement de 400 livres, et chaque institutrice 300 livres; ils auront en outre le logement et double portion de la nourriture des enfans les plus âgés.

23.

Les dépenses des établissemens d'éducation nationale seront supportées ainsi qu'il suit:

Les récompenses fixées par l'article 4 ci-dessus, en faveur des mères qui ont allaité leurs enfans, et les auront élevés jusqu'à l'âge de cinq ans, ainsi que les traitemens en argent des instituteurs et institutrices, seront à la charge de la république.

Quant aux frais d'établissemens et d'entretien des maisons d'éducation nationale, à la nourriture et au vêtement des enfans, et autres dépenses de la maison, il y sera pourvu, 1° par le produit du travail des enfans, sauf la retenue du dixième, dont il est autrement disposé par l'article 15 ci-dessus; 2° les revenus personnels qui pourraient appartenir aux enfans élevés dans lesdites maisons, seront employés à la dépense commune pendant tout le temps qu'ils y demeureront; 3° le surplus sera acquitté comme charge locale, par toutes les personnes domiciliées dans le canton ou section, chacun au marc la livre de ses facultés présumées d'après la cote de ses impositions directes.

24.

Pour régir et surveiller chaque établissement d'éducation nationale, les seuls pères de famille domiciliés dans le canton ou section, formeront un conseil de cinquante-deux personnes choisies parmi eux.

Chaque membre du conseil sera tenu à sept jours de surveillance dans le cours de l'année, en sorte que chaque jour un père de famille sera de service dans la maison d'éducation.

Sa fonction sera de veiller à la préparation et à la distribution des alimens des enfans, à l'emploi du temps et à son partage entre l'étude, le travail des mains et les exercices, à l'exactitude des instituteurs et institutrices à remplir des devoirs qui leur sont confiés, à la propreté et à la bonne tenue des enfans et de la maison, au maintien et à l'exécution du réglement, enfin à pourvoir à ce que les enfans reçoivent, en cas de maladie, les secours et les soins convenables.

Le surplus et le détail des fonctions du père de famille surveillant, seront développés par le réglement.

Le conseil des pères de famille commettra en

outre une administration de quatre membres, tirés de son sein, pour déterminer, selon les temps et les saisons, les alimens qui seront donnés aux enfans, régler l'habillement, fixer les genres de travail des mains auxquels les enfans seront employés, et en arrêter le prix.

L'organisation et les devoirs, tant du conseil-général des pères de famille que de l'administration particulière, seront plus amplement déterminés par un réglement.

25.

Au commencement de chaque année, le conseil des pères de famille fera passer au département l'état des enfans qui auront été élevés dans la maison d'éducation nationale de leur canton ou section, et de ceux qui sont morts dans le courant de l'année précédente.

Il enverra pareillement l'état du produit du travail des enfans pendant l'année.

Les deux états ci-dessus dénoncés seront doubles, l'un pour les garçons et l'autre pour les filles.

Il sera accordé par le département une gratification de 300 livres à chacun des instituteurs de la maison dans laquelle il sera mort, pendant le cours de l'année, un moindre nombre d'enfans, comparativement aux autres maisons situées dans le département, et en observant les proportions du nombre des enfans qui y ont été élevés.

Pareille gratification sera accordée à chacun des instituteurs de la maison dans laquelle le produit du travail des enfans aura été le plus considérable, comparativement avec les autres maisons du département, et en observant aussi les proportions du nombre des enfans qui y auront été élevés. Les dispositions précédentes auront lieu pareillement en faveur des institutrices des filles.

Le département fera imprimer chaque année le nom des maisons, celui des instituteurs et institutrices qui auront obtenu cet honneur. Ce tableau sera envoyé au corps législatif et affiché dans chacune des municipalités du département.

Pour la parfaite organisation des écoles primaires, il sera procédé au concours, à la composition des livres élémentaires qui vont être indiqués, et à la solution des questions suivantes.

LIVRES ÉLÉMENTAIRES A COMPOSER.

1° Méthode pour apprendre aux enfans à lire, à écrire, à compter, et pour leur donner les notions les plus nécessaires de l'arpentage et du mesurage.

2° Principes sommaires de la constitution, de la morale, de l'économie domestique et rurale; récit des faits les plus remarquables de l'histoire des peuples libres et de la révolution française; le tout divisé par leçons propres à exercer la mémoire des enfans, et à développer en eux le germe des vertus civiles et des sentimens républicains.

3° Réglement général de discipline, pour être observé dans toutes les maisons d'éducation nationale.

4° Instruction à l'usage des instituteurs et institutrices, de leurs obligations, des soins physiques qu'ils doivent prendre des enfans qui leur sont confiés, et des moyens moraux qu'ils doivent employer pour étouffer en eux le germe des défauts et des vices, développer celui des vertus et découvrir celui des talens.

Le comité d'instruction publique spécifiera par un programme l'objet de ces différens ouvrages.

Tous les citoyens sont invités à concourir à la rédaction de ces livres élémentaires, et à adresser leurs travaux au comité d'instruction publique.

L'auteur de chacun de ces livres élémentaires qui aura été jugé le meilleur, et adopté par la Convention, aura bien mérité de la patrie, et recevra une récompense de quarante mille livres.

QUESTIONS A RÉSOUDRE.

1° Quelle est la forme d'habillement complet des enfans de l'un et de l'autre sexe, le plus commode et le plus économique?

Il sera présenté deux modèles, l'un pour l'habillement des garçons, l'autre pour celui des filles.

L'auteur du modèle qui sera adopté par la Convention, recevra une récompense de trois mille livres.

2° Quels sont les divers genres d'alimens les plus convenables aux enfans, depuis l'âge de cinq ans jusqu'à douze, et en même temps les plus économiques?

Les recettes qui seront indiquées par les citoyens, devront, autant qu'il sera possible, être variées et multipliées : ils auront égard aux productions qui sont les plus communes selon la saison et les différens climats de la république. Elles contiendront également, pour chaque espèce de climats, les quantités qui feront par jour la portion de l'enfant, en graduant les quantités indiquées suivant les différens âges.

3° Quels sont les soins et attentions physiques propres à conserver et fortifier la santé des enfans? Quels sont les exercices de gymnastique les plus propres à favoriser leur croissance, développer leurs muscles, et leur donner force, adresse et agilité?

4° Quels sont les divers genres de travail des mains auxquels on peut le plus commodément, le plus utilement employer les enfans dans l'intérieur des maisons d'éducation nationale, lorsqu'ils ne seront pas occupés à des travaux au dehors? Et quelle est la méthode la plus simple de partager les tâches, et de reconnaître chaque jour facilement l'évaluation de chaque enfant?

Les citoyens qui présenteront les solutions les plus satisfaisantes sur les trois questions précédentes, et dont les ouvrages auront été adoptés par la Convention, recevront, pour chacune des trois questions résolues, une récompense de vingt-quatre mille livres.

OPINION

DE MICHEL LEPELETIER

SUR

LE JUGEMENT DE LOUIS XVI,

CI-DEVANT ROI DES FRANÇAIS.

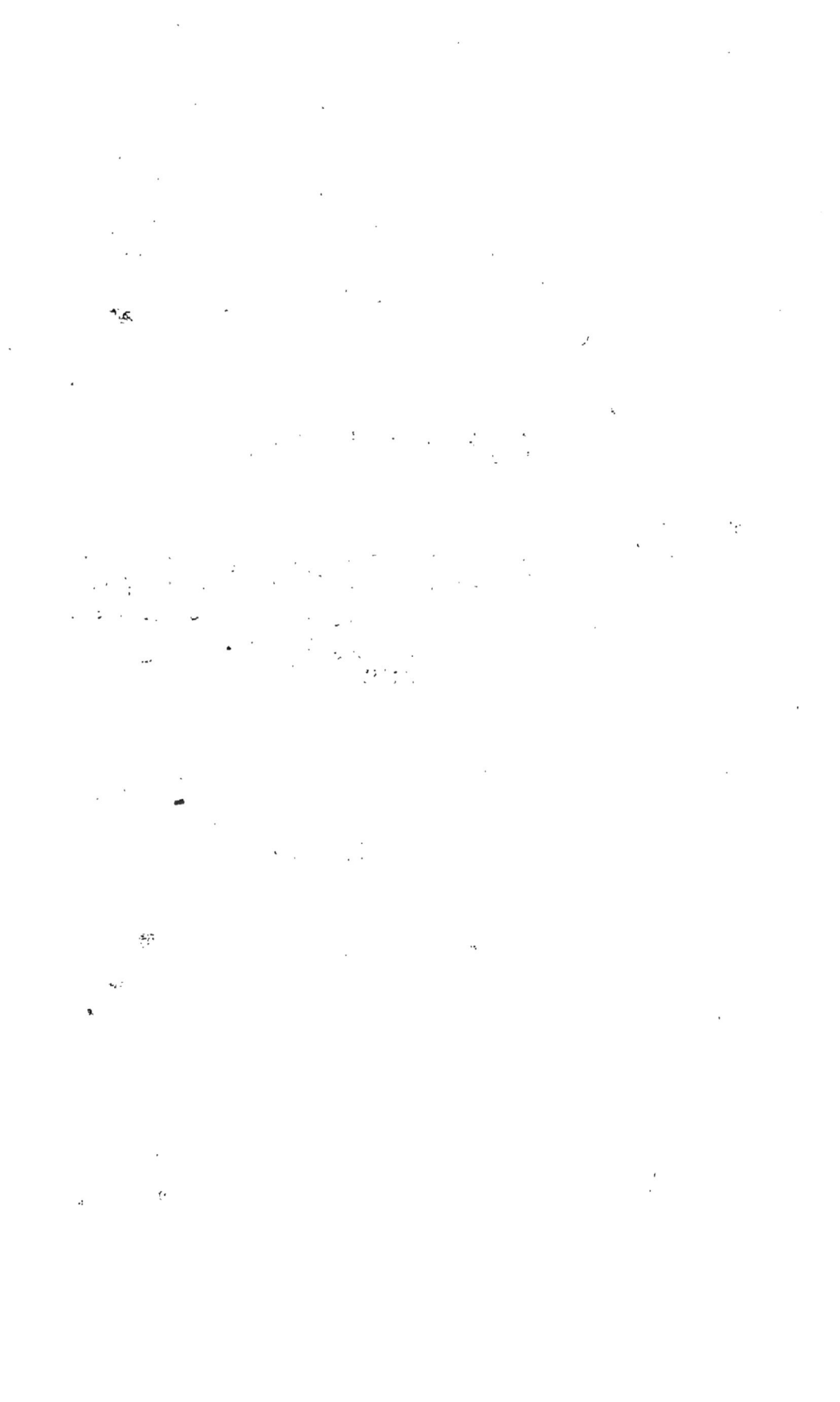

RÉFLEXIONS PRÉLIMINAIRES.

Je n'attaque point autrui, je défends une mémoire qui m'est chère. Ce n'est pas dans des vues hostiles que moi, Félix Lepeletier, je reproduis en ce jour l'opinion de mon frère dans un procès fameux. Ce procès tiendra une telle place dans l'histoire de la France de notre célèbre époque, que le silence méticuleux d'un frère ne changerait rien à la publicité du fait principal et des faits qui y sont relatifs. D'ailleurs sous quelque point de vue que la postérité envisage ce procès : *Res sacra miser.* Et ici, l'un des juges de Louis n'a pas moins de droit à l'application de cette maxime éternelle, que la victime de la loi; son assassinat fait son droit. Les deux trépas eurent une telle connexion, que l'histoire ne pourra séparer le sort de la victime royale, de celui de la victime nationale.

L'Avenir, ce juge suprême qui confirme ou casse en dernier ressort, voudra en connaître. Il porte encore caché dans un sombre et épais nuage le jugement dernier de la postérité. Plus la question fut haute, royale et nationale, plus les pièces du procès devienment importantes : plus il faut qu'elles subsistent dans toute leur intégralité. L'éclat d'un trône, les défenseurs si puissans qu'il a dans tous les autres trônes, lieux si forts, d'où descendent, d'où procèdent les grandes fonctions, les grandes faveurs, et ce qu'on appelle les fortunes, ne constituent que de trop nombreux et redoutables adversaires à l'un de ceux qui figurèrent dans ce grand procès. Je consacrai mon existence à la mémoire de mon frère, sur ses restes déchirés. Pourquoi reculerais-je aujourd'hui devant un devoir? S'il y a péril; ce serait lâcheté de s'abstenir. Le grand Milton osa bien employer sa plume et son génie à défendre le peuple anglais dans la cause de la destinée funeste de Charles Ier. La postérité n'a point oublié le grand nom de Milton, et peut-être un tel courage a-t-il contribué à lui mériter l'estime des hommes. Moi, je le répète, je ne viens point attaquer, je défends, et j'ouvre ici seulement le sanctuaire d'une conscience qui, se fût-elle trompée, n'en serait pas moins pure. Car j'ose dire de mon frère, comme du Romain Caton :

> Détaché de soi-même et né pour l'univers,
> Il en sent tous les maux, et plaint tous les revers.

CONVENTION NATIONALE.

AVERTISSEMENT

DE MICHEL LEPELETIER.

Cette opinion avait été préparée lorsque la question de l'inviolabilité du ci-devant roi avait été séparée des autres, et soumise seule à la discussion.

Je ne dirai qu'un mot relativement à la forme du jugement.

Je pense que la Convention doit prononcer sur le sort de Louis.

1° Aucun des tribunaux existans ne peut le juger, parce que chaque tribunal appartient à une section de la république, et le roi n'est justiciable que de l'universalité de la nation, ou du corps qui représente la nation tout entière.

2° Il y aurait les plus grands inconvéniens à établir un tribunal spécial pour juger ce procès.

Il s'écoulerait plusieurs mois avant qu'il pût être formé. A chaque pas de la procédure, il s'éleverait des incidens, qui tous vous seraient renvoyés, et sur lesquels vous auriez à porter des décrets interprétatifs. On serait peut-être obligé d'y appeler comme nécessaires des témoins répandus sur toute la surface de l'Europe : avec ces formes, l'affaire ne serait pas jugée dans un an ; et à mon avis, de longs délais sont ici un grand mal politique.

Remarquez encore combien la corruption serait à craindre vis-à-vis de jurés connus plusieurs mois avant le jugement, votant secrètement (1), dont il suffirait d'acheter le quart des voix, et à la vertu desquels les puissances étrangères ne manqueraient pas d'opposer l'écueil d'immenses trésors.

3° Le parti à prendre sur le sort du ci-devant roi, est une mesure politique qui concerne la sûreté de toute la république ; c'est tout à la fois une loi à rendre et un jugement à prononcer. Le titre d'accusation est un vaste complot qui couvrait toute la France, et dont les fils agitaient tous les cabinets étrangers. Vous ne pouvez pas déléguer une si haute surveillance. Quel autre tribunal que celui des représentans de toute la république peut poursuivre avec calme et sécurité un procès où nous verrons peut-être, mais sans les craindre, toutes les royautés de l'Europe intervenir avec 300,000 hommes ?

(1) Dans le système actuel des procédures criminelles les boules sont déposées par chacun des jurés, hors de la présence du public, des juges et des jurés eux-mêmes.

Je crois important de n'admettre pour ou contre Louis que les preuves écrites : la preuve testimoniale serait suspecte au milieu d'aussi grands intérêts.

Enfin ce doit être par appel nominal, à haute voix, sous les yeux du peuple, que les représentans du peuple émettent dans cette affaire une opinion dont ils sont comptables à toute la république.

« CITOYENS,

» Le roi constitutionnel des Français peut-il » être traduit en jugement par la nation? Telle » est la question que nous avons à résoudre. Déjà » la discussion a répandu beaucoup de lumières » sur ce grand problème politique : mon objet » n'est point de donner aux vues des orateurs qui » m'ont précédé de nouveaux développemens, mais » plutôt de préciser la question, et surtout de la » dégager des élémens qui me semblent devoir être » étrangers à sa décision. »

« Pour savoir si Louis XVI peut être mis en ju- » gement, sera-t-il besoin de vous retracer le sou- » venir des maux que la royauté a versés pendant » tant de siècles sur le genre humain?........ Déjà » et pour jamais la royauté est jugée. »

« J'écarte également de ma pensée tout ce que les » crimes imputés à Louis XVI doivent inspirer d'hor- » reur........ Ce sentiment appartient au reste de la

» France; mais j'observe qu'à nous seuls peut-être,
» il est interdit; et soit comme juges de Louis, si nous
» nous réservons la connaissance de cette cause im-
» portante; soit comme ses accusateurs devant un
» tribunal national; soit comme législateurs, il est
» convenable que nous sachions nous en défendre. »

« Pourquoi nous a-t-on fait parcourir les fastes
» de l'histoire? Là n'est point encore la solution
» du problème qui nous occupe. »

« Depuis les Égyptiens qui, après la mort de leurs
» rois, jugeaient leur mémoire, jusqu'à la fameuse
» condamnation de *Stuard*, dans cette longue suite
» de siècles, nous voyons apparaître quelques exem-
» ples de la justice des nations; quelques rois ont
» été condamnés et punis; et s'il était besoin d'inter-
» rompre la prescription pour le maintien de droits
» inaliénables, le genre humain aurait conservé les
» siens par ces actes rares, mais solennels, de ven-
» geance envers les tyrans. »

« Mais il ne s'agit plus maintenant du droit gé-
» néral qu'ont les peuples de juger les rois qu'ils
» se sont donnés. »

« La souveraineté des nations est reconnue. »

« C'est une vérité éternelle, que les autorités
» émanent du peuple, sont déléguées par le peu-
» ple, sont subordonnées à la suprême puissance
» du peuple. »

« Ces dogmes politiques sont établis par la raison;

» ils sont profondément gravés dans nos esprits et
» dans nos cœurs; et les exemples seraient super-
» flus pour nous persuader l'évidence. »

« Au reste, toutes ces citations comme tous ces
» principes généraux tiennent au droit commun
» des nations; et en ce moment la difficulté naît
» du pacte spécial qui a été fait entre Louis XVI et
» les Français, de la convention particulière qu'ils
» ont réciproquement consentie : le peuple en lui
» présentant la royauté constitutionnelle, et le mo-
» narque en l'acceptant. »

« Jusqu'ici je ne me suis occupé que du soin
» d'écarter les idées qui m'ont paru, dans la dis-
» cussion présente, étrangères au problème, ou
» insuffisantes pour le résoudre. »

« Je crois pourtant avoir fait quelques pas vers la
» vérité : car il est bon de soulager l'attention de tout
» ce qui la distrait et la fatigue, sans pouvoir fixer
» ses doutes; et lorsque le point d'une question est
» marqué, il devient plus facile de frapper le but
» directement. »

« Les élémens de la décision sont ici infiniment
» simples. »

« Ils se trouvent dans l'analyse du principe de
» l'inviolabilité constitutionnelle du roi. »

« Quel est le caractère de cette inviolabilité? Ce
» n'est point un privilége personnel à l'individu
» royal, c'est un privilége national. »

« Cette inviolabilité n'est point absolue ; elle était » seulement relative. »

« Je développe en peu de mots ces deux idées. »

« C'eût été le comble de l'immoralité et de la » démence d'accorder à un individu, pour cet in- » dividu, par égard pour son intérêt propre, la » barbare prérogative de se souiller impunément » de toute espèce de crimes. Sous ce rapport, l'in- » violabilité serait aussi absurde qu'atroce. Mais » l'erreur de la constitution a été plus spécieuse ; » elle a fait de l'inviolabilité royale, un privilége » tout-à-fait national. »

« C'est uniquement pour l'intérêt, du moins ap- » parent, du peuple, qu'elle avait établi cette pré- » rogative. »

« Pour la tranquillité de la nation, pour éviter » les secousses et l'anarchie que l'accusation du » premier magistrat aurait pu faire naître dans » l'État, la loi l'avait placé hors de l'atteinte de ses » organes ordinaires. Le roi était chargé éminem- » ment du pouvoir exécutif, c'est-à-dire, d'une ac- » tion qui ne peut s'arrêter un seul instant, sans » paralyser tout l'empire. »

« Le traduire en jugement, c'était, disait-on, » suspendre le mouvement de toute la machine » politique. »

« Dans ce système, si les raisons n'étaient pas » invincibles, du moins il faut convenir que les

» prétextes ne manquaient pas ; car quiconque peut
» être accusé lorsqu'il est coupable, doit subir,
» quoiqu'innocent, tous les débats et toutes les
» formes judiciaires, jusqu'à ce qu'il se soit justifié. »

« Vous sentez combien il était facile de suppo-
» ser, d'exagérer l'inconvenance et les dangers de
» voir le premier magistrat, appelé sans cesse en
» jugement ; ce chef suprême du pouvoir exécutif,
» détourné du soin du gouvernail de l'État, pour
» répondre à des inculpations sans cesse renais-
» santes, et des malveillans toujours prêts à dé-
» sorganiser le corps politique par des accusations
» mensongères, dirigées contre celui dont l'ac-
» tion continue était indispensable pour lui con-
» server le mouvement et la vie. »

« J'ai prouvé que l'inviolabilité du roi était un
» privilége purement national, il sera facile encore
» d'établir qu'elle n'était que relative. Le roi ne pou-
» vait être cité devant aucune des autorités consti-
» tuées. Il était égal à l'une et supérieur à toutes
» les autres. Il était lui-même un pouvoir : par cela
» même il devait être indépendant ; il eût cessé de
» l'être, s'il avait été justiciable de l'autre pouvoir. »

« Tels sont les principes, ou plutôt les erreurs
» sur lesquelles la constitution a été établie : mais
» tirons maintenant la conséquence qui dérive né-
» cessairement de ce système. »

« L'exception de l'inviolabilité pouvait être in-

» voquée par le roi, au nom de la nation, sous le » prétexte de l'intérêt national, contre l'atteinte » des autorités constituées. »

« Mais elle ne peut être opposée pour le salut » personnel du roi, contre l'intérêt de la nation, » et la nation elle-même. »

« Représentez-vous ici sous quels traits révol- » tans un roi cité par la nation souveraine, paraî- » trait devant elle tout couvert de ses crimes et de » sa prétendue inviolabilité. »

« Quel langage serait dans sa bouche, quelle » pourrait être sa défense? Là l'intérêt de la na- » tion ne pourrait plus être opposé à la nation, » exerçant elle-même tous ses droits, l'accusé ne » pourrait plus parler de cette balance des pouvoirs, » de ce maintien de la tranquillité générale, de » cette loi suprême au-dessus des autres lois, et » qui peut quelquefois les réduire toutes au si- » lence, le salut du peuple; enfin de ces prétextes » constitutionnels dont un roi se serait couvert, » sinon avec justice, du moins sans impudeur, » contre les citations qui l'eussent appelé en juge- » ment devant une autorité égale à la sienne, ou » devant des tribunaux qui lui étaient subordon- » nés. » Privé du voile de la publique utilité, il » faudrait bien que l'intérêt de l'accusé se montrât » seul à découvert; il faudrait bien que l'accusé » défendît, pour lui-même, le privilége de son

» inviolabilité ; et alors voici le seul argument qui » lui reste. »

« *Vous m'avez trompé, car vous m'aviez promis » l'impunité; j'ai compté sur votre foi, car je ne » me serais pas rendu coupable des crimes que vous » me reprochez sans la garantie de mon inviola- » bilité. Si vous me jugez, vous manquez à votre » promesse, vous romprez un traité réciproque- » ment obligatoire. Vous violez la condition sous » laquelle j'ai accepté la royauté, sans laquelle je » ne l'aurais pas acceptée; car je n'ai consenti » d'être roi, que parce que vous aviez attaché à ce » titre la faculté de commettre à discrétion et im- » punément tous les forfaits.* »

« Cette apologie vous révolte; cette excuse fait » horreur : voilà pourtant la seule forme sous la- » quelle un roi coupable pourrait opposer au tri- » bunal de la nation entière le privilége de son in- » violabilité. Cité devant les autorités constituées, » il la colore de l'intérêt du peuple. »

« Cité devant la nation, il ne peut plus en par- » ler que pour se couvrir lui-même; et dès lors sa » défense devient un scandale. »

« J'ose le dire, le sentiment et la raison se réu- » nissent pour démontrer de cette manière toute la » théorie de l'inviolabilité constitutionnelle du roi. »

« C'est un privilége national, il n'est établi qu'en » faveur de la nation, créé pour son seul intérêt, il

» ne peut être invoqué que pour elle ; elle seule
» a le droit de le faire valoir, mais également elle
» a la faculté de l'abandonner; et toujours est-il
» évident que cette égide dont elle couvrait impru-
» demment peut-être, son premier magistrat contre
» les traits de ses autres mandataires, ne peut ja-
» mais lui être opposée. »

« Je m'arrête ici; je crois que c'est là le mot de la
» question. D'autres théories peuvent être brillantes,
» d'autres idées peuvent être hardies; celle-ci me
» paraît, si je puis m'exprimer ainsi, la plus vraie. »

« Après avoir réduit la démonstration de ce pro-
» blème à des termes aussi simples, qu'il me soit
» permis d'en sortir un instant, mais pour réfuter
» deux orateurs qui s'en étaient eux-mêmes écartés,
» quoiqu'en suivant des routes bien différentes. »

« L'un d'eux vous a proposé, comme une me-
» sure politique, de dévouer Louis XVI à une
» longue et ignominieuse détention, peine plus ef-
» ficace et plus exemplaire que la mort. »

« L'autre a soutenu au contraire que si la tête de
» Louis échappait au glaive de la loi, au peuple
» appartiendrait encore le droit, il a presque dit
» le devoir de la faire tomber. »

« Je répondrai à Fauchet, et je lui dirai que,
» comme lui, j'ai défendu l'abolition de la peine de
» mort; mais alors je pensais et je soutiens encore
» aujourd'hui que si la raison et l'humanité rem-

» portent cette belle victoire sur d'antiques er-
» reurs, la politique et l'intérêt suprême des nations
» commandent peut-être une seule exception, pré-
» cisément contre ceux dont l'existence est une oc-
» casion de troubles, un foyer d'agitations, une
» espérance pour les malveillans, une inquié-
» tude pour les citoyens. En un mot la peine de
» mort doit être bannie de notre Code pour tous,
» hors les chefs de partis dont on ne peut prolon-
» ger la vie sans conserver un germe dangereux
» de dissensions et de maux. A l'égard de l'autre
» système, quant à la théorie d'un assassinat pré-
» tendu légitime, j'avoue que je ne l'adopterai, que
» je ne la concevrai jamais. »

« J'admire Brutus frappant César. Pourquoi ?
» C'est que lorsqu'il tient en main le pouvoir, immo-
» ler un tyran, c'est combattre. Mais pour Louis
» terrassé et captif, il n'appartient qu'à la loi seule
» de le punir. »

« Même si j'ai relevé ce mot terrible échappé
» au patriotisme d'un de nos collègues, je ne l'ai
» point fait pour détruire une telle opinion dans
» vos esprits ; je sais qu'elle ne peut pas y pénétrer ;
» mais j'ai cru important pour le peuple qui nous
» entend, de ne pas laisser germer une erreur qui,
» prononcée dans cette assemblée, serait d'autant
» plus dangereuse que sa source même la rendrait
» plus respectable. »

« Hasarderai-je de manifester toute ma pensée? »

« Il me semble que Robert a aperçu une vérité,
» mais qu'il l'a déplacée; révélons-la au peuple,
» et qu'il connaisse tous ses droits, pour qu'il ne
» viole aucun devoir. »

« S'il arrivait que nous vinssions à prononcer sur
» le sort de Louis d'une manière évidemment con-
» traire à la justice, à l'intérêt public, à la cons-
» cience intime de tout le peuple français...........
» Serait-ce contre Louis au temple, que ce même
» peuple devrait exercer, sans l'intermédiaire des
» lois, sa vengeance? »

« Non; car là est la trahison désarmée. »

« Ce serait contre les mandataires infidèles de
» la nation que l'insurrection deviendrait légitime,
» parce que là seraient réunies la trahison et la
» puissance. »

« Hâtons-nous d'écarter ces suppositions odieu-
» ses; mais qu'il ne reste plus parmi nous, et sur-
» tout dans l'esprit du peuple, aucune trace du
» système de l'assassinat; c'est-à-dire, d'un crime pu-
» nissable dans tout individu, flétrissant pour toute
» nation qui s'en rend coupable, et dont la légiti-
» mité n'a pu, me semble, être un instant supposée,
» que par cette fatalité attachée à la royauté qui,
» elle-même, fut une exception à la raison pu-
» blique, et une longue erreur du genre humain. »

DISCOURS

SUR

LA VIE D'ÉPAMINONDAS,

FAIT ET PRONONCÉ

PAR MICHEL LEPELETIER St.-FARGEAU,

A L'AGE DE HUIT ANS ET DEMI.

DISCOURS

SUR

LA VIE D'ÉPAMINONDAS.

Fuit autem incertum vir melior an, duxerat.

La Grèce, ce pays si policé, qui reçut ses lois des plus sages législateurs; cette source inépuisable de grands hommes, d'où sortirent les Épaminondas, les Solon, les Lycurgue, les Miltiade, les Thémistocle et les Aristide, l'honneur de l'humanité; la Grèce était déchirée par des guerres civiles; la passion de dominer s'était emparée de tous les esprits. Lacédémone, plus belliqueuse que les autres villes, avait usurpé la souveraine puissance : rien ne pouvait arrêter le progrès de ses armes : jusqu'alors invincible, elle croyait toujours l'être. Ce fut dans ces circonstances que naquit Épaminondas, ce fameux Thébain, auquel fut réservée la gloire de dompter et d'abattre l'orgueil et la fierté de Sparte.

Ce grand homme était philosophe par inclination,

général par nécessité, courageux au milieu des dangers, ferme dans l'adversité, également prudent et également expérimenté, sachant parfaitement garder un secret, patient pour souffrir les injures et les injustices de la patrie; prêt à sacrifier pour elle sa vie, ses biens et sa fortune; d'une amitié et d'une fermeté à toute épreuve, ennemi du luxe et de la mollesse; frugal, conservant son sang froid dans toutes ses actions; d'un noble désintéressement: il se piquait surtout de vérité et de sincérité, et se faisait un grand scrupule de dire le moindre mensonge, même en plaisantant: *Adeò veritatis diligens, ut ne joco quidem mentiretur.* Tant de vertus, tant de grandes qualités réunies, peuvent mettre ce grand homme au-dessus de tous les héros.

Son père Polimnus ne négligea rien de ce qui pouvait contribuer à la bonne éducation de son fils; Lysis, reste précieux de la secte de Pithagore, enseigna la philosophie à Épaminondas, et jeta dans son cœur la semence des grandes vertus qui le firent admirer de toute la Grèce. Le jeune disciple se livrait avec une ardeur incroyable aux leçons de ce maître: il préférait la compagnie de ce vieillard, triste et austère, à celle des jeunes gens de son âge. Il aimait à écouter les personnes savantes, pensant que c'était le seul moyen de s'instruire. Lorsqu'il se trouvait dans une assemblée où l'on traitait quelque matière de philosophie, il ne se retirait que lorsque le sujet était épuisé. Il s'exerçait aussi à la lutte et à la course, plutôt pour acquérir de la légèreté que de la force. Mais ce n'était qu'avec peine qu'il s'arrachait à l'étude qu'il préférait à tous les exercices. Il savait beaucoup et parlait peu; mais tout ce qu'il disait était rempli de sagesse : c'est ce qui donna lieu au beau mot d'un habitant de Tarente : *Je n'ai jamais vu*, dit-il en parlant d'Épaminondas, *quelqu'un qui sache tout et qui parle si peu.*

Lysis lui inspirait ce mépris pour les richesses et cet amour de la pauvreté qu'il conserva toute sa vie. Il ne voulut recevoir de sa patrie que la gloire de l'avoir bien servie. En vain Pélopidas, avec lequel il lia une amitié si étroite, lui offrit des sommes considérables; en vain Jason, tyran de Thessalie, désirant de s'allier avec les Thébains, résolut de mettre ce héros dans ses intérêts, en lui offrant de grandes richesses. Son espérance fut trompée : Épaminondas refusa constamment l'or et l'argent que lui apportaient les députés de Jason; il leur dit avec une noble indignation : *Si votre maître demande des choses utiles à ma patrie, sans le secours de ses trésors, je suis prêt à le seconder en tout mon pouvoir. Si au contraire il exige de moi des démarches qui puissent lui être pernicieuses, tout son or ne pourrait me faire manquer à l'at-*

tachement que je lui dois; et c'est me faire injure que de vouloir par des présens corrompre ma probité. Épaminondas montra plus de grandeur d'âme en refusant ces présens que le roi en les lui offrant.

Le philosophe thébain savait inspirer ses sentimens à ses concitoyens, semblable à un fleuve dont les eaux portent partout où elles coulent, l'abondance et la fécondité. Pélopidas, né dans le sein de l'opulence, fut un des premiers qu'il détacha de l'amour des richesses. Son exemple entraîna les gens de bien. On vit la frugalité et la tempérance prendre la place de la mollesse et de la bonne chère. Thèbes jusqu'alors plongée dans le luxe et entièrement ignorée, se fit respecter de ses voisins. Sparte vit s'élever une rivale qui devait arrêter pour un temps le cours de ses prospérités. On ne connaissait point encore les vertus guerrières que notre héros cachait sous le voile modeste de la philosophie. Bientôt il fit preuve de son courage dans la guerre qui s'alluma contre les Arcadiens. Il est mis à la tête de l'armée thébaine, ainsi que Pélopidas. Dès qu'on se rencontre, on en vient aux mains. Les ennemis chargent les Béotiens avec une impétuosité incroyable, les ébranlent, les repoussent et les mettent en fuite : les deux généraux amis, Épaminondas et Pélopidas, soutiennent seuls le choc des Arcadiens. Ils font des prodiges de valeur. Pélopidas, couvert de blessures, tombe sur un monceau de morts. Épaminondas, effrayé du péril où son ami est exposé, vole à son secours, le couvre de son bouclier, et écarte avec son épée tous ceux qui veulent lui porter des coups. Les Thébains, encouragés par son exemple, se rallient, reviennent à la charge et mettent en déroute les Arcadiens; sans Épaminondas et Pélopidas la victoire ne se fût point déclarée pour les Béotiens. Ils tinrent ferme: leur valeur et leur intrépidité rallièrent autour d'eux les fuyards, et firent revivre dans ce combat l'ancienne réputation de leur patrie.

Ces exploits attirèrent aux Thébains la jalousie des Lacédémoniens qui, sous la conduite de Phétidas, s'emparèrent par ruse de la Cadmée, citadelle de Thèbes; massacrèrent la plupart de ceux qui leur étaient opposés, et condamnèrent les autres à un bannissement perpétuel. Pélopidas était du nombre de ces derniers. Les bannis au nombre de quatre cents se réfugièrent à Athènes, où ils furent reçus très-favorablement. Quelque temps après, Pélopidas indigné de voir sa patrie opprimée, forma le dessein de la délivrer de ses injustes oppresseurs. Il fait part de son projet à ses compagnons : il est généralement approuvé : on prend les mesures nécessaires pour le faire réussir. Les conjurés envoient dire aux partisans qu'ils avaient à Thèbes, de se tenir prêts pour les recevoir : ils partent au nombre de douze, déguisés en chasseurs, mettent à leur tête Pélopidas, arrivent à Thèbes et se rendent chez Charon, homme d'une présence d'esprit et d'une fidélité à toute épreuve. Archias ayant quelques doutes sur les étrangers qui arrivaient chez Charon, l'envoya aussitôt chercher. Celui-ci sait tromper le tyran de sa patrie et revient délivrer du trouble et de la crainte les conjurés qui prennent leurs armes, sortent de chez leur hôte, égorgent les Lacédémoniens et tous ceux qui avaient suivi leur parti. Pendant tout le tumulte, Épaminondas se tint dans sa maison, persuadé que l'innocent, dans de pareilles circonstances, est souvent confondu avec le coupable. Lorsque le carnage eut cessé, il sortit avec Gorgidas pour rassurer les esprits remplis de frayeur; il fit succéder la joie à une incertitude plus cruelle que la mort même.

Les Lacédémoniens, irrités de cette action courageuse, font des levées, donnent à Cléombrote le commandement de leurs troupes, entrent dans la Béotie, bien résolus de se venger. Dans cette alarme universelle, les Thébains jettent les yeux sur Épaminondas et sur Pélopidas, qui par leur vigilance firent échouer toutes les entreprises des Spartiates. Cléombrote retourne à Sparte, et laisse ses troupes à Sphodrias, officier renommé par son courage.

Les généraux thébains ayant reconnu son caractère, sachant que c'était un homme vif, entreprenant, incapable de conseil, et auquel le désir immodéré de la gloire fermait les yeux de la prudence, lui envoyèrent un marchand thébain qui sut flatter son ambition, et lui persuada de faire pendant la nuit une tentative contre le Pirée, citadelle d'Athènes. Sphodrias reçoit avec joie ce projet, se met aussitôt en marche; mais le jour l'ayant surpris, il est obligé de retourner sur ses pas et de faire une retraite honteuse.

Les Spartiates accoutumés à vaincre, voyant qu'ils ne remportaient aucun avantage considérable, et même qu'ils avaient souvent le dessous dans de légères escarmouches, choisirent pour leur général Agésilas, le plus grand capitaine de Lacédémone. Thèbes lui opposa les mêmes chefs qu'auparavant, dont ni la valeur ni le courage ne le cédaient pas à ses grandes qualités. Il se livra entre les deux peuples rivaux des combats peu décisifs : la victoire se déclarait toujours pour les Thébains, ce qui leur élevait le courage, et leur inspirait une noble fierté.

Dans une de ces actions, Agésilas voyant ses troupes renversées et mises en désordre par une embuscade qu'Épaminondas lui avait dressée, se jette au milieu des combattans, emploie les promesses et les menaces pour rallier les fuyards, ne peut les ramener à la charge, et lorsqu'il fait des prodiges de valeur, est blessé dangereusement et tiré de la mêlée. Lorsqu'on le portait dans son camp, Antalcidas lui dit ces paroles remarquables :

Vous venez de recevoir la digne récompense d'avoir appris aux Thébains le métier de la guerre : sans vous, ils l'ignoreraient encore.

Les avantages des Thébains ne se bornèrent point à ces premiers succès : enveloppés de toutes parts par les Lacédémoniens, ils combattirent auprès du Tégyre avec une valeur héroïque, se firent jour au travers des ennemis, se tirèrent de ce mauvais pas, et conservèrent leur gloire qui leur était beaucoup plus chère que la vie.

Malgré tous ces avantages, lorsque Thèbes montrait que ce n'était pas seulement les terres baignées par l'Eurotas qui produisaient les grands hommes et les héros, Sparte voulait obliger ses vainqueurs à mettre en liberté les villes de la Béotie. Épaminondas fut député pour aller soutenir les intérêts de sa patrie. Cette ambassade lui fournit les moyens de faire paraître sa fermeté, sa justice et son éloquence. Agésilas lui ordonnant de porter sa patrie à rendre libres les villes qui étaient sous sa dénomination : *Quel droit*, lui répondit Épaminondas, *autorise les Lacédémoniens de commander aux habitans de la Grèce? Sous le nom de liberté ils cachent l'esclavage; ils forcent leurs alliés à les secourir, lorsqu'ils font la guerre pour augmenter leur domination : quelle récompense leur donnent-ils, lorsqu'ils ont exposé leur vie pour contenter leur ambition? Ils leur font souffrir des injustices criantes. Quelle a été leur perfidie lorsque, sous la conduite de Phétidas, ils se sont emparés de la Cadmée? Notre courage nous a délivrés de l'esclavage où ils nous avaient réduits. Ils veulent aujourd'hui nous forcer à mettre en liberté les villes de la Béotie; mais pour eux ils se croient au-dessus des lois et conservent leurs conquêtes: c'est pourquoi, sachez-le: Lacédémoniens! nous défendrons nos droits jusqu'à la mort.*

Ce discours, prononcé avec cette audace qu'inspire la bonté de sa cause, irrita tellement Agésilas, qu'il raya aussitôt les Thébains des traités de paix qui étaient sur le point de se conclure.

Plutarque, cet auteur si judicieux et si digne de foi, rapporte que Caton, ce fameux censeur romain, comparant la fermeté et toutes les autres vertus d'Épaminondas aux exploits de Pyrrhus, préférait notre héros à ce célèbre conquérant. Revenons à ce que firent les Lacédémoniens.

Cléombrote reçoit ordre de marcher contre les Thébains; Épaminondas va à sa rencontre. Plusieurs présages funestes pensèrent causer la perte de son armée. Il est du propre des grands hommes de ne point se laisser effrayer par des événemens qui, quoique fort naturels, troublent cependant les esprits portés à la superstition.

Épaminondas voyant que l'armée ne voulait point combattre, gagna secrètement quelques prétres qui annoncèrent d'heureux présages, ce qui rendit aux Thébains la joie et le courage : la bataille est résolue de part et d'autre; les troupes défilent dans les plaines de Leuctres. Une haine réciproque anime les combattans; on se mêle; Épaminondas ébranle sa redoutable phalange, et attaque les Lacédémoniens sans leur donner le temps de se ranger en bataille : ceux-ci cependant se défendent avec valeur, et s'efforcent de l'envelopper. Pélopidas saisit ce moment, fond sur eux à la tête du bataillon sacré (1), et les met en déroute : l'élite des troupes reste sur la place : Cléombrote lui-même tombe percé de coups : le combat recommence : on se bat avec plus d'acharnement qu'auparavant : le sang ruisselle de toutes parts : les Spartiates, après avoir fait des efforts extraordinaires, ont enfin la faible consolation d'enlever leur général : ils sont cependant obligés de plier et de prendre la fuite; laissant sur le champ de bataille quatre mille hommes, perte dont Lacédémone se ressentit toujours. Ce terrible échec lui fit voir à quel ennemi elle avait à faire.

Le lendemain de cette terrible journée où Épa

(1) Cet invincible bataillon, composé de trois cents jeunes gens, choisis, unis par les liens de l'amitié, était payé et soudoyé aux dépens du public. On croit que ce fut Gorgidas qui, le premier, leva ce bataillon qui, dans toutes les actions où il se trouva, fit des prodiges de valeur.

minondas venait d'immortaliser son nom, en portant un coup fatal à la puissance de Sparte, il parut triste, comme s'il eût été entièrement défait. Ses amis s'empressèrent de lui demander s'il ne lui était arrivé aucun accident fâcheux. *Non*, leur répondit-il; *mais hier, ma victoire m'a inspiré trop de joie : c'est pourquoi aujourd'hui par ma tristesse je punis mon orgueil.* Quel exemple rare et inimitable de modestie et de modération après un triomphe si éclatant!

Tandis qu'on s'empressait de féliciter Épaminondas sur ses heureux succès, ce grand homme, insensible à ces vaines louanges, que le commun des hommes recherche avec tant d'ardeur et d'avidité, et reçoit avec tant de plaisir et tant de complaisance, disait : *Ce qui cause ma joie, c'est que je sais quelle sera celle que mon père et ma mère goûteront à la nouvelle de ma victoire.* Combien est digne d'admiration cette piété filiale, ce tendre attachement qu'il montra au milieu de ces trophées, et de la félicité publique! Revenons à ce qui se passa après la bataille.

Épaminondas entre dans la Laconie avec des forces très-considérables, ravage les campagnes, fait révolter l'Arcadie, l'Argolide, vient camper auprès de Sparte et fait voir aux femmes de cette ville la fumée d'un camp ennemi; spectacle qui jusqu'alors leur avait été inconnu. Il était réservé à notre héros de mettre le premier le siége devant la superbe maîtresse de la Grèce. Cependant il devait sortir de charge incessamment, ainsi que les autres béotarques (*c'était le nom des généraux thébains*). Tous étaient d'avis de se soumettre à la loi et de ramener l'armée : lui seul avec Pélopidas s'opposa à cette résolution. Leur sentiment l'emporta, et les Thébains restèrent encore quatre mois dans le pays ennemi. Épaminondas ne cesse pendant ce temps de harceler les Lacédémoniens ; il traverse l'Eurotas à la tête de ses troupes qui le suivent avec une ardeur incroyable. Agésilas fut enfin obligé de rendre un glorieux témoignage à la valeur du général thébain. Voyant le courage et la confiance qu'il montrait en passant le fleuve, rempli d'admiration, il s'écria : *Quel grand homme ! quelle grande entreprise !* Épaminondas entre dans Sparte, et pénètre jusque dans la place : en vain on s'efforce de le repousser. Agésilas avec ses meilleures troupes, est forcé de se retirer sur un lieu élevé d'où il pouvait se défendre avec avantage.

Il est aussitôt assiégé : sept fois le vainqueur de Lacédémone le presse vivement : sept fois ses efforts sont inutiles : enfin Épaminondas, s'apercevant qu'il ne gagnait aucun avantage, et qu'il perdait même beaucoup de monde, fait sonner la retraite, voyant qu'il ne peut vaincre des troupes réduites au désespoir.

Il quitte aussitôt Sparte, et parcourt la Laconie pour rendre la liberté aux peuples que les Lacédémoniens avaient opprimés. S'il est glorieux de vaincre ses ennemis, il est encore plus glorieux de savoir faire usage de sa victoire. Épaminondas, témoin du triste état où les Messéniens, victimes malheureuses des Lacédémoniens, étaient réduits, traita les peuples avec la plus grande humanité. Il rassemble les restes de cette nation infortunée qui, depuis plus de trois cents ans, erraient çà et là sans oser se montrer; bâtit une ville appelée Mégalopolis, y établit les Messéniens, y met une bonne garnison, reçoit de ces peuples le nom de père et de restaurateur. Après cet acte de générosité il prend le chemin de Thèbes.

Il fallait qu'il passât par l'isthme de Corinthe; les Corinthiens résolurent de lui disputer le passage; mais le courage, la présence d'esprit et l'habileté de leur ennemi déconcertèrent leur projet, ils se retirèrent avec perte, et l'armée victorieuse arriva à Thèbes.

Qui l'aurait pu croire? Ce grand homme, qui venait de délivrer la Grèce et de faire triompher sa patrie, qui devait être reçu avec des acclamations et une joie générale, est au contraire accusé et cité devant le peuple, et on lui fait un crime de ses propres victoires: Ménéclidès, jaloux de la gloire qu'Épaminondas s'était acquise pendant cette guerre, avait animé contre lui ses concitoyens. Le vainqueur de Lacédémone comparut devant ses injustes juges, avec sa fermeté ordinaire; et le courage qui l'avait animé dans les batailles, ne l'abandonna point devant ses accusateurs. Il avoua que c'était lui qui avait forcé ses collègues à continuer la guerre. Il exposa avec éloquence les raisons qui l'avaient porté à ne point se soumettre à la loi, et que c'était le bien public qu'il avait pris pour guide dans cette occasion; puis il ajouta: *La seule grâce que je vous demande, Thébains, c'est de faire graver sur mon tombeau ces paroles: « Épaminondas a été mis à mort par ses concitoyens, pour les avoir forcés, à Leuctres, de vaincre les Spartiates auxquels jusque-là aucun général n'avait osé résister: victoire qui a non-seulement sauvé Thèbes, mais encore a délivré la Grèce du joug pesant de Sparte. Le sujet de sa condamnation est aussi d'avoir réduit à la dernière extrémité les Lacédémoniens, et d'avoir ensuite rétabli Messènes. »*

Ce discours toucha tellement ses juges qu'aucun d'eux n'osant prononcer, il fut renvoyé absous.

Ménéclidès, ennemi déclaré de sa gloire et de son repos, ne cherchait que les moyens de le rendre odieux au peuple. Il s'efforçait de persuader aux Thébains de préférer la paix à la guerre. *Vous trompez vos concitoyens*, lui dit Épaminondas, *il faut faire la guerre pour acquérir une paix durable.* Ménéclidès lui faisant des reproches de ce qu'il ne s'était point marié et de ce qu'il avait le vain orgueil de croire qu'il égalait Agamemnon dans la gloire des armes; Épaminondas lui répondit: *Cessez, Ménéclidès, de me faire un crime de vivre dans le célibat: je ne vous consulterai pas sur le choix d'une épouse* (1). *Vous croyez que j'aspire à la gloire d'Agamemnon. Je prétends le surpasser. Avec toutes les forces de la Grèce, il s'est emparé d'une seule ville; pendant qu'avec une petite armée j'ai mis en fuite les Lacédémoniens jusque-là invincibles.*

Épaminondas, exclu du commandement de l'armée, commençait à goûter les délices de sa chère solitude, lorsque la guerre s'alluma. Alexandre, tyran de Phérées, exerçait sur les Thessaliens des cruautés inouies. Ceux-ci envoyèrent secrètement des ambassadeurs à Thèbes pour demander des secours, afin qu'ils pussent secouer le joug et se délivrer des maux qu'ils souffraient. Pélopidas fut envoyé aussitôt contre ce tyran, qui saisit un moment où il venait seul avec Isménias à une entrevue, fondit sur lui et le fit prisonnier. Action détestable! que le ciel ne laissa pas impunie (2). La nouvelle de cet horrible attentat ayant été por-

(1) Ménéclidès avait une femme soupçonnée d'adultère.

(2) Quelque temps après, Thébée, femme d'Alexandre, détestant les cruautés de son mari, le fit poignarder, et éclaira elle-même les assassins: mort trop douce pour un tel monstre.

tée à Thèbes, on leva aussitôt de nouvelles troupes pour les faire passer en Thessalie. Épaminondas se fait un devoir d'aller au secours de son ami, et ne peut lui refuser cette marque d'attachement : il s'arracha à l'étude de la philosophie et suivit l'armée, en qualité de simple soldat.

Les nouveaux chefs ne se distinguèrent que par leurs mauvais succès : non-seulement ils ne remportèrent aucun avantage considérable; mais encore ils reçurent plusieurs échecs, furent fort maltraités par le tyran et obligés de prendre le chemin de Thèbes. Lorsqu'ils étaient en marche, Alexandre, avec un gros détachement de cavalerie, fond tout-à-coup sur les Thébains, et fait tomber sur eux une grêle de traits. Ceux-ci se défendent long-temps avec valeur : enfin accablés de fatigue et couverts de blessures, ils sont forcés de remettre leur sort entre les mains d'Épaminondas, et de le prier de recevoir le commandement. Ce grand homme, oubliant l'affront que ses concitoyens lui avaient fait, détache la cavalerie contre les ennemis, pendant qu'il rallie l'infanterie. Alexandre craignant d'être enveloppé et content de ses premiers succès, se retire et laisse les Thébains retourner tranquillement dans leur patrie. Les chefs qui avaient si mal réussi, furent condamnés à une amende de dix mille drachmes (*cinq mille francs de notre monnaie*). Épaminondas leur est substitué : il traîne la guerre en longueur. Maître de remporter sur le tyran les avantages les plus considérables, il se contente de le tromper par des manœuvres savantes, de lui couper les vivres, de le harceler continuellement, évitant de le pousser à la dernière extrémité, de peur qu'il ne déchargeât sa colère contre son illustre prisonnier. Alexandre vaincu, autant par la crainte que par les armes des Thébains, et rongé par les remords de sa conscience, envoya demander la paix. Épaminondas crut qu'il serait honteux pour lui et pour sa patrie, s'il faisait alliance avec un tyran.

Il lui ordonna de mettre en liberté Pélopidas et Isménias, et lui accorda seulement une trève de trente jours.

Aussitôt il retourna à Thèbes. Par toutes les villes de Thessalie où il passait, il fut reçu au milieu des acclamations de joie, et on lui donna le nom de père et de libérateur.

Cette guerre étant ainsi terminée, les Lacédémoniens s'efforçaient d'indisposer contre les Thébains le roi de Perse. Pélopidas fut envoyé auprès de ce prince pour soutenir les intérêts de sa patrie.

Tandis qu'il était à la cour d'Artaxercès, Épaminondas s'occupait à réformer les mœurs de ses concitoyens. L'un faisait de nouveaux alliés à sa patrie, l'autre rétablissait les finances mal administrées. L'un gagnait l'affection du grand roi (*on appelait ainsi les rois de Perse*), l'autre formait à Thèbes une marine qui pût la mettre en état de disputer aux Athéniens l'empire de la mer. L'un enfin se faisait admirer par son habile politique, et l'autre par son noble désintéressement. Tous deux par des voies différentes contribuèrent également à la puissance et à la gloire de leur patrie. Un des amis d'Épaminondas, homme de bien, mais réduit à la dernière indigence, étant venu lui demander quelques secours pour lui aider à supporter sa pauvreté, il l'envoya à un receveur des deniers publics, qui s'était enrichi de ses rapines, pour lui demander six cents écus. Aussitôt le receveur lui compta cette somme, s'apercevant qu'Épaminondas lui reprochait par cette démarche son avarice.

Notre héros, dans une assemblée du peuple, exposa un projet aussi propre pour conserver les conquêtes de Thèbes, que pour lui en faciliter de nouvelles. Toutes les forces des Thébains consistaient dans leurs armées de terre, et ils n'avaient aucune expérience dans la marine. Épaminondas leur représenta qu'ils ne pourraient aspirer à l'empire de la mer, s'ils n'entretenaient toujours une flotte considérable.

Ce projet fut généralement approuvé : on s'empara des îles de Rhodes et de Chio, où l'on trouva d'habiles mariniers et de bons vaisseaux : on équipa une flotte de cent bâtimens.

Lorsque Thèbes fut parvenue à ce degré de gloire et de grandeur, elle perdit un de ses défenseurs. Pélopidas ayant été envoyé contre Alexandre, dans une bataille, s'étant livré imprudemment à sa valeur, fut tué : on ne rapporte pas comment. Épaminondas supporta cette perte qui dut lui être très-sensible. Quoique privé des conseils de cet ami fidèle, il ne parut que plus grand dans l'administration des affaires.

Peu de temps après, les Lacédémoniens, ligués avec les Athéniens, étant venus attaquer les Tégéates, ceux-ci envoyèrent à Thèbes demander du secours et Épaminondas pour général : tant on avait de confiance dans le courage et dans l'expérience de ce grand homme! Les ennemis s'étant trop éloignés de Sparte, notre héros forma le dessein de prendre cette ville par surprise. Heureusement pour les Spartiates, Agis, général des Athéniens, ayant découvert cette ruse, en avertit Agésilas qui prit toutes les mesures nécessaires pour repousser les Thébains. Épaminondas reconnaît que son dessein a été éventé, et trouve la ville bien gardée; néanmoins il entre par force et se rend maître de presque tous les quartiers : mais Agis étant survenu, il abandonna son entreprise, et retourna à Tégée.

Le temps approchait où les Mantinéens devaient faire la moisson. Épaminondas prévoyant que

Mantinée serait sans défense, marche avec sa cavalerie et vient l'attaquer. Hégélocus, général des Athéniens, qui ne faisait que d'arriver, range ses troupes en bataille, résolu de périr les armes à la main. Les Thébains chargent les Athéniens avec impétuosité. Le combat est des plus meurtriers; l'élite des deux armées reste sur la place. Enfin Épaminondas voyant qu'il ne pouvait vaincre ces soldats, qui réduits au désespoir combattaient pour la patrie et pour leur gloire, leur abandonne le champ de bataille, et fait une retraite honorable.

La campagne allait bientôt finir sans qu'il eût rien fait de digne de sa réputation et de celle de sa patrie : il résolut de tenter le sort d'une bataille; il vint camper sur le mont Parthénus : quoique supérieur en nombre, il ne négligea rien de tout ce qui pouvait lui assurer un heureux succès. Pour tromper les ennemis, et leur faire croire qu'il ne veut plus combattre, ses troupes par son ordre mettent bas les armes au milieu de la montagne; il feint d'avoir résolu de camper en cet endroit. Les Athéniens prennent le change, quittent leurs rangs, se dispersent, et conservent une sécurité mêlée de mépris. Épaminondas saisit ce moment, fond sur eux, et par ce mouvement imprévu les met en désordre. Ils courent aux armes et se rangent en bataille le mieux qu'il leur est possible.

Le combat commence par la cavalerie, celle des

Thébains charge avec furie celle des Lacédémoniens qui, après une légère résistance, commence à plier et bientôt prend la fuite ouvertement.

Épaminondas, à la tête de sa phalange, attaque le centre des ennemis : ceux-ci se défendent avec une valeur héroïque. Le carnage est horrible, et la victoire est long-temps disputée, malgré les sages mesures que notre héros avait prises pour l'assurer.

On vit, en cette célèbre journée, ce que peut la valeur secondée de la haine et du désespoir. Épaminondas, voyant qu'il ne peut enfoncer ces bataillons hérissés de piques, rassemble l'élite de son armée, et avec ses braves Thébains, renverse les ennemis et les met en fuite. Aussitôt s'abandonnant imprudemment à son courage et à sa fortune, il les poursuit ne se ménageant pas plus qu'un simple soldat, oubliant alors qu'il est du devoir d'un général de donner ses ordres, plutôt que de combattre. Rien ne peut lui résister, il taille en pièces tout ce qui s'oppose à sa valeur, et partout où il passe, la terre est jonchée de morts. Les Lacédémoniens, revenus de leur première frayeur, s'apercevant qu'il n'avait que peu de soldats, se rallient et reviennent à la charge. Quoique presque seul au milieu d'un grand nombre d'ennemis, Épaminondas se défend long-temps avec courage, lorsqu'un Spartiate, nommé Callicrates, quitte son rang, fond sur lui tête baissée, et lui enfonce sa lance dans sa poitrine.

Épaminondas blessé dangereusement, tombe sur un monceau de morts : le combat recommence de nouveau autour de lui, les ennemis pour avoir la gloire de prendre un général qui les avait si souvent défaits, les Thébains pour avoir la consolation de tirer de la mêlée un capitaine qui les avait si souvent conduits à la victoire : enfin après des efforts réciproques, Épaminondas fut porté dans son camp au milieu des pleurs et des gémissemens de toute l'armée thébaine.

Les médecins qu'on appela, jugèrent la plaie mortelle, et déclarèrent que lorsqu'on arracherait le fer, il expirerait. Ce grand homme écouta sans s'émouvoir cette triste sentence. Il demande avec tranquillité si l'ennemi ne lui a point enlevé son bouclier? Lorsqu'on le lui eut apporté, il embrassa ce cher compagnon de sa gloire et de ses travaux : Ayant appris que les Thébains étaient victorieux. *Ce jour*, s'écria-t-il, *loin d'être le jour de ma mort, est au contraire le commencement d'une vie bien plus glorieuse, et bien plus durable! Une telle mort fait naître de nouveau Épaminondas que vous pleurez. Je vois l'orgueil de Sparte terrassé par mes armes, et Thèbes, sous ma conduite, devenue la maîtresse de la Grèce, qui, délivrée d'une domination tyrannique, reçoit avec joie le joug de ma patrie. Quoique j'aie toujours vécu dans le célibat, je ne meurs point cependant sans enfans. Je laisse après moi deux filles qui m'immortaliseront, les batailles de Leuctres et de Mantinée : J'ai assez vécu, puisque toute ma vie je me suis maintenu invincible et victorieux.*

Il commande aussitôt qu'on lui arrache le fer, et pendant l'opération il expira, et avec lui les forces et la puissance de sa patrie. On vit alors arriver ce moment si fatal à Thèbes, ce moment qui la fit rentrer dans l'oubli, qui mit fin à sa gloire, et lui enleva un zélé défenseur; ce moment enfin qui causa tant de joie à Sparte et à Athènes. Depuis ce grand capitaine, Thèbes ne fut célèbre que par ses défaites : tant il est vrai qu'un seul homme est souvent plus utile à un État que de nombreuses armées.

FIN DES OEUVRES.

PIÈCES JUSTIFICATIVES ET NOTES

DE LA VIE

DE

MICHEL LEPELETIER.

NOTE A, page 16.

LORSQUE dans cet ouvrage on lira les mots *tyran*, *tyrannie*, on voudra bien se rappeler que l'Auteur ne les a employés que dans le vrai sens, dans celui de la langue dont ils émanent : c'est-à-dire, autorité usurpée, ou exercée sans le consentement du peuple, ou dénaturée après le consentement du peuple. Les Grecs n'attachaient à ce mot, *tyran*, aucune acception défavorable personnelle ; cela est si vrai que l'on trouve parmi les sages de la Grèce, un tel, tyran de tel pays. Mais il est vrai aussi que souvent le tyran était un homme cruel : car l'usurpation du pouvoir entraîne souvent à en abuser et à tous les excès, et jusqu'au crime de conspirer contre les peuples.

Pièce Justificative B, page 17.

PRÉFECTURE DU DÉPARTEMENT DE LA SEINE.

VILLE DE PARIS.

Extrait du registre des actes de naissance de 1760.

ÉTAT CIVIL. — *Lepeletier.*

L'an mil sept cent soixante, le jeudi 29 mai, a été baptisé Louis-Michel, né d'aujourd'hui, fils de très-haut et très-puissant seigneur, monseigneur Michel-Étienne Lepeletier, chevalier, comte de Saint-Fargeau, baron de Perreuze, seigneur de Pont-Remy et autres lieux, gouverneur et grand-bailli de Gien pour le roi, conseiller de S. M. en ses conseils d'État et privé, et son avocat-général en sa cour du parlement; et de madame Louise-Suzanne Lepeletier de Beaupré son épouse, demeurans rue d'Enfer de cette paroisse. Le parrain messire Louis Lepeletier, chevalier, ancien premier président, seigneur de Rosambo et autres lieux, demeurant susdite rue d'Enfer et paroisse Saint-Jacques du haut Pas; la marraine madame Suzanne Delaunay, épouse de messire Jules de Cotte, écuyer, intendant des bâtimens et directeur des médailles du roi, demeurant aux galeries du Louvre, paroisse Saint-Germain-l'Auxerrois.

Signé, Lepeletier, Delaunay de Cotte, Lepeletier Saint-Fargeau.

Pour extrait conforme.

Le 28 avril 1826.

Le m.tre des requêtes secrét.-général,

Walckenaer.

Collat. Le garde des archives,

Villot.

Note C, page 21.

Le caractère de Michel Lepeletier était tellement conciliant, ses formes si douces, ses paroles si persuasives, qu'un jour un noble très-aristocrate, M. de B. d. L......, étant venu le trouver à un club chez Robert, où il allait dîner souvent, dans l'intention de lui chercher une véritable querelle d'Allemand, ne put en venir à bout. M. de B. d. L......, en même temps tête très-chaude et très-montée pour le moment, avait cependant toutes les formes de la bonne compagnie. En conséquence il crut devoir commencer avec politesse; mais il provoquait en questions rapides et très-serrées les éclaircissemens qu'il voulait entendre pour pouvoir éclater. Mon frère y répondit avec un tel calme, une telle sincérité, et un charme si puissant, qu'il le désarma entièrement.

M. B. d. L...... me racontait la chose quelques jours après, et avec une grande candeur de mécontentement envers lui-même, il ajoutait : je ne sais comment il a tourné tout cela avec sa douceur, mais il m'a tout-à-fait désarmé, et je me suis sauvé; car, le diable m'emporte, il m'eût fait patriote. C'eût été un beau triomphe sur un homme qui devint Vendéen.

Note D, page 21.

Dans ce qu'on appelait le grand banc, au ci-devant parlement de Paris, et qui se composait des dix présidens à mortier, les deux branches Lepeletier de

Rosambo et Lepeletier de Saint-Fargeau, occupaient deux de ces places depuis plusieurs générations. Lorsque le parlement de Paris se formait en cour des pairs, les présidens à mortier siégeaient avec les pairs sans distinction de rangs.

Ces deux branches de la famille descendent des deux frères Claude Lepeletier et Louis Lepeletier; le premier, ministre d'État, qui succéda à Colbert; le second, conseiller d'État, qui succéda à Vauban dans les fonctions de surintendant-général des bâtimens et fortifications de la France.

Lorsque l'on représentait à Louis XIV que Claude Lepeletier était trop populaire pour être ministre des finances, il répondit : *C'est précisément pour cela que je les lui confie.* Il les géra sept ans. Voici ce que Voltaire dit de lui et de quelques autres hommes du même temps :

« Il y avait dans le conseil de Louis XIV, des hommes
» d'une vertu supérieure à celle des Caton. Tel était
» le duc de Beauvilliers, qui fit résoudre la paix de
» Ryswick, uniquement parce que les peuples com-
» mençaient à être malheureux. Il y avait de pareilles
» âmes à la Cour, comme le duc de Montausier et le
» duc de Navailles. Je ne parle pas ici des courtisans
» qui ont été célèbres par leurs malheurs. Mrs de Pom-
» ponne et Lepeletier, dans leurs ministères, furent
» plus connus par leur probité désintéressée.........
» ....»

VOLTAIRE, *Supplément au siècle de Louis XIV.*

On peut voir aussi ce qu'en dit Rollin, dans sa préface du Traité des Études, et le chancelier d'Aguesseau dans ses Œuvres.

« . . . . Son fils fut premier président du parlement de Paris, et son petit-fils aussi. Louis Lepeletier son frère, successeur de Vauban, fit construire le Pont-Royal et le quai près de la Grève, à qui l'on donna son nom : le fils de celui-ci fut ministre des finances sous la régence, et succéda à Laws. »

NOTE E, pag. 22.

Ce fut notre père, alors avocat-général au parlement de Paris, qui, le premier, attaqua la société des Jésuites, et qui fut cause de leur expulsion de la France. Voici comment la chose arriva :

« Il portait la parole comme avocat-général dans le fameux procès de banqueroute des jésuites Lavalette et Sacy : elle montait à trois millions. Cette affaire le mit à même de pénétrer à fond le régime intérieur de cet ordre singulier et fameux. Il parvint à connaître ses constitutions fondamentales ; il les reconnut formellement attentatoires aux droits des souverains et des nations. Alors dans ses plaidoiries sur la banqueroute, il fit ressortir les plus grandes vérités sur le danger des principes des constitutions des Jésuites. Il en requit la production et le dépôt au greffe du parlement. Il y eut arrêt conforme à ses conclusions ; et les Jésuites furent obligés de produire ces constitutions, qui avaient été très-secrètes et très-peu connues en France jusqu'alors.

» L'ami de mon père et son parent l'abbé de Chauvelin, conseiller de grand'chambre, fut chargé de l'examen de ces constitutions et du rapport au parlement. On sait quel zèle et quelles lumières il apporta dans cette affaire. Il résulta de son rapport l'expulsion des Jésuites de la France, par arrêt du parlement.

» Quant aux sommes réclamées des jésuites Lavalette et Sacy, par la maison de commerce Gouffre et Lioncy de Marseille, l'ordre entier des Jésuites fut déclaré solidaire et condamné à payer les trois millions; leur commerce était commun à toute la société, et s'étendait jusqu'aux Antilles. »

NOTE F, page 22.

Lorsque mon père était exilé à Felletin, en Auvergne, un personnage, sous l'habit ecclésiastique, s'introduisit chez lui, et y faisait des visites assez fréquentes. Mais bientôt on fut instruit, de Paris, que cet homme devait exciter une grande défiance. A quelque temps de là il remit à ma mère, comme cadeau, une boîte de dragées; on en fit l'essai sur des chiens, ils périrent. L'abbé disparut en même temps. Cela donna beaucoup à penser. Les Jésuites, comme on l'a vu plus haut, n'avaient pas à se louer de mon père. Meaupou ne l'aimait pas non plus. Toujours est-il que cette boîte subsista long-temps au château de Saint-Fargeau, où mon père l'apporta en revenant de Felletin. Étant à Saint-Fargeau en 1790 avec mon frère, il me la montrait encore, en me disant : *Voilà les dragées de notre père.* Je les lui fis jeter au feu, en lui faisant sentir que la nature vénéneuse de telles dragées pouvait causer malheur à quelque friand ; elles furent brûlées devant nous.

Pièce Justificative G, pag. 23.

Ce fut M. Moutonet-Clairfons, qui fit presque toute l'éducation de mon frère. Il fit ensuite celle de M. de Sémonville, aujourd'hui grand référendaire de la chambre des pairs. Il est mort même dans sa maison, il y a quelques années. C'était un homme de mérite, littérateur, auteur, censeur royal avant la révolution, censeur philosophe, et de plus il fut lié avec J.-J. Rousseau. Il m'a remis écrites de sa main plusieurs notes sur mon frère, ainsi que son travail sur Épaminondas. J'ai cru devoir m'en servir : M. Moutonet n'était pas un flatteur.

Première note de Moutonet-Clairfons.

Michel Lepeletier était né avec les dispositions les plus heureuses. Dès la plus tendre enfance il annonça tout ce qu'il a tenu depuis. Il avait une grande sagacité, beaucoup de clarté dans l'esprit, un jugement sain, ferme et vigoureux : il était doué de la plus heureuse mémoire.

A sept ans et demi, lisant la Genèse, il fit une remarque bien singulière pour cet âge ; il y est dit que Dieu, voulant punir le genre humain, fit pleuvoir pendant quarante jours et quarante nuits. L'enfant s'arrête et dit : *Mais puisque Dieu est tout-puissant, pourquoi employa-t-il tant de temps pour punir? un moment suffisait à sa toute-puissance.*

A huit ans et demi il expliquait très-bien le *Cornélius Népos* et les auteurs latins que l'on met à cet âge dans les mains de la jeunesse. Ce fut à cette époque qu'il éleva un petit monument littéraire bien étonnant pour cet âge. Pendant ses momens de récréation, il s'occupait tellement de lecture et de recherches, que l'on était obligé de l'en distraire et de le mener presque forcément à la promenade. Cet enfant si judicieux donnait alors tous ses momens à un éloge d'Épaminondas; ce petit ouvrage est entièrement de lui : il n'a absolument demandé que l'orthographe de quelques mots.

Ce choix du plus grand capitaine qui ait existé, fait le plus bel éloge du cœur et de l'esprit du jeune Lepeletier, alors âgé seulement de huit ans et demi. Cet enfant précieux faisait à cet âge son ami d'Épaminondas; c'était véritablement une passion. Cet éloge existe encore; le manuscrit tout entier, les ratures, et toutes les corrections sont de la main de ce jeune auteur. C'est peut-être le monument le plus précoce et le mieux fait : d'autant plus que Michel Lepeletier a tenu dans un âge plus avancé tout ce qu'il avait promis dans son enfance. Phénomène bien rare : les fleurs précoces ne portent presque jamais de fruits.

La maison de M. de Saint-Fargeau son père, était le rendez-vous des savans les plus distingués; sa maison était, pour ainsi dire, le sanctuaire des muses. Là se réunissaient souvent les *Lebeau, Foucher, Bonami, Garnier de l'académie des inscriptions, Duhamel,*

Dumonceau, *Jussieu*, et tous les jurisconsultes les plus distingués.

On lut dans cette société savante le petit ouvrage du jeune Saint-Fargeau : on ne voulait pas croire que l'enfant n'eût pas été aidé. M. Ancillon voulut le faire imprimer dans le journal de Verdun; mais le père craignit qu'on ne s'imaginât que l'ouvrage avait été communiqué à l'enfant : il est cependant tout entier de lui.

L'histoire romaine l'attacha fortement. C'était une nourriture qui lui devint nécessaire. Il en faisait des extraits écrits avec clarté, précision : il ne conservait que les traits les plus frappans : il y ajoutait des réflexions très-judicieuses, et qui étonnaient toujours quand on comparait l'ouvrage avec l'âge de l'écrivain.

Il avait pour ses menus plaisirs une somme assez forte qu'il recevait tous les mois : il était maître de dépenser cet argent en fantaisies, en bagatelles : il était trop humain et trop raisonnable : il donnait tout aux pauvres sans aucune réserve. Il soulageait de préférence les vieillards. Quand il allait à l'église, ou qu'il se promenait sur les boulevards, les pauvres se rassemblaient autour de lui, en recevaient des secours, et le bénissaient : voilà les occupations de sa tendre enfance.

A douze ans, il avait expliqué et bien entendu les auteurs latins les plus difficiles : il demanda lui-même à lire *Juvénal* et *Perse*. La difficulté était pour lui un stimulant. Il se livra aussi à l'étude de la langue grecque qu'il lisait dans les originaux. C'était pour lui un délassement, après des travaux pénibles et sérieux. Il traduisait les plus beaux endroits des tragiques grecs, et ses morceaux étaient écrits avec force et énergie : ce n'était point une froide copie. On trouvera sans doute ses fragmens dans ses papiers.

NOTE J, page 24.

Lorsqu'un an après sa mort, je lus à la société des amis de la Liberté et de l'Égalité son plan d'éducation nationale, pendant cette lecture qui dura deux heures, on eût entendu le plus léger bruit, tant l'attention était générale et profonde; tant était vif l'intérêt qu'inspirait encore une œuvre qui venait de lui.

PIÈCE JUSTIFICATIVE K, page 24.

Seconde note de MOUTONET-CLAIRFONS.

Étienne-Michel Lepeletier de Saint-Fargeau, père, était humain et tolérant. Comme il avait de grands talens et qu'il était sévère, il eut des ennemis qui se plaisaient à le dépeindre comme un juge cruel; ceux qui le connaissaient et qui vivaient dans sa société intime, le jugeaient bien différemment. Le malheur de sa vie, c'était d'être un des présidens de la Tournelle (*chambre criminelle*). Il disait souvent : *Il est bien douloureux pour moi de penser en me levant que je vais à la Tournelle pour ne voir et n'entendre tous les jours que des criminels, ou pour prononcer des jugemens à mort.* Ces idées l'affectaient vivement. Il avait un beau plan; il voulait réformer toute la jurisprudence et changer tout le Code pénal qui le révoltait.

Ces ennemis lui ont reproché d'avoir condamné à mort le jeune Labarre. C'était une grande injustice et une calomnie atroce. Une injustice, car le président de la Tournelle était obligé de prononcer l'arrêt d'après les voix recueillies : il ne faisait point l'arrêt : il le prononçait. C'était une calomnie, car le président de Saint-Fargeau n'assista point au jugement du jeune Labarre. Des affaires l'avaient appelé dans sa terre de Pont-Remy, près d'Abbeville, où il resta plusieurs semaines, comme des lettres l'attestent encore par leurs timbres et leurs dates. C'est pendant ce voyage que le jugement fut porté. On fit courir à cette époque une pièce de vers calomnieuse et bien méchante : elle fut alors attribuée à Voltaire, mais on a prouvé depuis dans un Mercure qu'elle était de T........

Étant un jour avec J.-J. Rousseau et voulant connaître quel jugement il portait du président de Saint-Fargeau, je lui dis : *C'est un homme très-sévère.* Rousseau me répondit sur-le-champ : *La sévérité est la vertu des grands magistrats : elle annonce toujours l'intégrité. Je fais grand cas du président de Saint-Fargeau, et je le regarde comme le magistrat le plus instruit et le plus respectable du parlement. Il a des vertus et des mœurs.* Rousseau me faisait cette réponse, lorsque M. de Saint-Fargeau était en exil, détesté du chancelier Meaupou, du roi et de tous les courtisans. Ce qui fait le plus grand éloge de ce magistrat, c'est qu'il avait pour ennemis tous les gens corrompus.

Note L, page 28.

Il faut avoir vu, à cette époque, les effets de la glace sur les bois des environs d'Autun et particulièrement dans la forêt de Montjeu, qui appartenait à Michel Lepeletier, pour se faire une idée de ce phénomène. Dans une nuit, il s'accumula sur les tiges et les branches des arbres jusqu'à six et huit pouces de glace. L'eau gelait à mesure qu'elle tombait. Toutes les branches étaient brisées par le poids, beaucoup d'arbres aussi par le milieu du corps. Enfin ces futaies, quelques jours après, ressemblaient à un champ de bled ravagé par la grêle. Dans la nuit où ce fléau épouvantable exerça ses ravages, on entendait tout à la ronde des détonations très-fortes occasionnées par les arbres qui se rompaient.

Note M, page 31.

A l'époque où le parlement de Paris commença à s'opposer fortement aux abus de la cour de Louis XVI et aux caprices de ses ministres, les huit premiers des présidens votaient dans le sens de la Cour; les avis de l'opposition commençaient à s'ouvrir à mon frère; M. Pinon, le dixième président, votait de même que lui; ensuite elle descendait aux conseillers et se transformait en cette imposante majorité, qui par sa fermeté mit la Cour dans le cas de convoquer les États-généraux de la France; cette opposition ayant déclaré, qu'ils étaient seuls en droit de fermer des plaies financières aussi profondes que l'étaient alors celles de la France.

Note N, page 31.

Cette honorable apparition du prince Henri de Prusse dans ma famille, me fut d'une grande utilité en 1817. Je ne puis m'empêcher de consigner ici cette anecdote.

J'étais, comme on le sait, du nombre des trente-huit bannis de France par l'ordonnance royale de juillet 1815. Forcé par le ministère français et les interventions tout-à-fait obligeantes et généreuses du duc de Wellington contre les bannis, de quitter Bruxelles où je m'étais retiré, je tombai à Aix-la-Chapelle dans les mains des agens de la Prusse. Il ne s'agissait de rien moins que de me transporter militairement à Kœnigsberg tout près de la Russie : telles étaient les velléités du gouvernement français. Ce n'était point du tout mon désir. Je commençai à protester en face des autorités, et l'on me donna à Aix-la-Chapelle une escorte qui ne me quitta qu'à Francfort-sur-le-Mein, et s'établissait même sur ma voiture lorsque j'étais en chemin. Après quatre jours de discussions, je fus envoyé devant Caïphe, c'est-à-dire, à Cologne où était la régence. Là je réclamai de nouveau. Il y avait pour président un excellent homme qui ne vit plus, le comte de Solms-Laubach; il me plaignait et ne repoussait pas mes justes réclamations, comme un certain M. de Struensée, ministre de la police. *De quel droit*, disais-je partout aux autorités, *le gouvernement prussien prétend-il disposer de moi?* On m'opposait un article sur les bannis, d'un *traité* entre les quatre grandes puissances. Je demandais à le voir. Personne ne pouvait me dire où se trouvait cet article. Je tins bon : aussi de Caïphe je fus renvoyé à Pilate, c'est-à-dire, à Coblentz. Au lieu de m'avancer vers le nord, je marchais vers le midi, toujours en cherchant cet article d'un traité sur les bannis. A Coblentz j'eus affaire au comte d'Enghersleben, ministre du grand-duché. Ce fut autre chose; il ne voulut ni me voir ni m'entendre; en affaires c'est beaucoup plus bref. Il ordonna qu'on me mît de force dans ma voiture, si je résistais. A la notification de cet ordre avec quatre fusiliers, je résistai, et je dis que ce ne serait que mort, que l'on me placerait dans ma voiture. *Monsieur*, dis-je à l'officier chargé de ces ordres barbares, *allez dire au gouverneur du grand-duché, mes intentions bien arrêtées; et ajoutez-lui que je ne m'attendais pas qu'ayant reçu le feu prince Henri dans notre famille et lui ayant donné des fêtes, un hôte de cette famille royale serait traité ainsi dans ses États.*

Le prince royal de Prusse était alors à Coblentz. L'officier revint un moment après, m'annonça qu'il avait ordre de me conduire où je voudrais aller. A *Francfort-sur-le-Mein*, dis-je; et nous montâmes en voiture; mais toujours avec une garnison sur ma voiture, et à mes frais. Cet illustre prince Henri ne se doutait point en 1788, que sa mémoire me rendrait un service signalé vingt-neuf ans après. Arrivé à Francfort, tout le monde me disait : *Mais comment avez-vous fait pour être relâché par le gouvernement prussien !* — *Aide-toi, Dieu t'aidera*, leur disais-je, et je racontais mes aventures. J'ai connu là un grand personnage qui riait beaucoup des détails de mes trois stations dans les États prussiens; et moi, je commençai à les trouver assez plaisantes.

C'est là, à Francfort-sur-le-Mein, séjour de la diète et par conséquent de toute la haute diplomatie allemande, où cherchant toujours ce fameux article d'un traité entre les quatre grandes puissances, disposant arbitrairement des trente-huit bannis, que je sus positivement qu'il n'avait jamais existé. Le gouvernement français avait fait cependant adhérer les puissances du second ordre à cet article *chimérique*, et notre sort était régi par un tour de gibecière.

A Francfort, une personne bien instruite me raconta que lorsque l'ordonnance du 17 juillet 1815 fut rendue contre les trente-huit, M. de Talleyrand vint au comité des puissances à Paris et dit aux membres qui le composaient : *Ah ça, Messieurs, il faut vous charger de nos bannis....... Parbleu, puisque vous n'en voulez pas*, lui dit un grand personnage, *pourquoi nous en chargerions-nous, ce sont des hommes dangereux? Oh!* dit M. de Talleyrand, *dangereux pour nous, oui, mais ce sont des gens que vous verrez avec plaisir chez vous. Ils ne sont pas si noirs qu'on les a faits.* Alors les quatre grandes puissances consentirent à ce que nous fussions admis dans leurs États. Mais il n'y eut que ces paroles, et point d'article de traité qui nous privât de résider dans les autres pays.

Et cependant la France avait fait adhérer les Pays-Bas, Bade, le Wurtemberg, la Hesse, Nassau, d'Armstadt, la Bavière, la Suisse, etc., à des articles qui n'existaient pas : et c'est sur ces faux titres que l'on a tourmenté notre existence, qu'on nous a traqués et pourchassés pendant quatre ans, grâce au ministère français et à son escamotage diplomatique. Combien d'autres bannis ont éprouvé des vexations bien plus odieuses! C'est une singulière manière de se concilier les gens avec qui l'on doit vivre un jour. Quant au diplomate dont je tiens l'anecdote, je ne puis le nommer, mais je revois toujours avec un nouveau plaisir son portrait bien ressemblant dans la belle gravure du congrès de Vienne. C'est un de ces hommes rares, aussi philanthropes qu'ils ont de lumières; on est heureux de les pouvoir connaître et de les rencontrer dans ses malheurs.

PIÈCE JUSTIFICATIVE O, pages 34, 46.

RÉPONSE

A un écrit intitulé : BULLETIN DE LA GRANDE ASSEMBLÉE DU CLUB DES JACOBINS.

Il est fâcheux de parler de soi; cependant lorsque l'on est cité au tribunal du public, lui rendre compte de sa conduite, c'est montrer combien on est jaloux de son estime, c'est le besoin et le devoir d'un bon citoyen.

Ce matin, un petit écrit anonyme, sous le titre de *Bulletin de la grande assemblée du club des Jacobins*, a été répandu dans Paris.

Cet écrit m'a appris ce que, sur ma foi, j'ignorais absolument, qu'aujourd'hui même je devais être mis sur les rangs pour la place de président de l'Assemblée nationale, en concurrence avec M. l'abbé Sièyes.

J'applaudis à tout ce que l'auteur reporte d'avantages et de supériorité dans le parallèle des deux candidats du côté de M. l'abbé Sièyes; j'ai toujours fait profession d'honorer son patriotisme et d'admirer son génie. Lors du scrutin, je me suis trouvé d'accord avec l'anonyme, j'ai donné ma voix à M. l'abbé Sièyes; j'aurais voulu lui porter plus d'un suffrage, mais je ne dispose que du mien; je n'ai point et n'ai jamais désiré avoir de parti.

Mais je réclame contre plusieurs reproches qui me sont faits dans cet écrit.

L'un de ces reproches est d'être resté dans la chambre de la noblesse, tandis que la minorité se réunissait à l'Assemblée nationale, et d'avoir résisté à l'union des ordres.

Cette résistance est faussement supposée; si je n'ai pas été de la minorité de la noblesse, j'ai été encore plus éloigné d'être ce qu'on appelait le parti de la majorité. J'ai presque toujours combattu ce parti dans mes opinions. Éloigné par caractère et par principes des idées extrêmes, mon système était celui de la conciliation, que je ne croyais pas impossible; j'ai constamment fui les comités particuliers et clubs de la majorité, qui, alors aussi, étaient le chemin des places distinguées dans la chambre de la noblesse, et où se préparaient les délibérations.

Si, avec la minorité, je ne me suis pas réuni à

l'Assemblée nationale, j'ai partagé ce prétendu reproche avec plusieurs membres du ci-devant ordre de la noblesse, dont il suffirait de citer les noms pour rappeler les idées de révolution, de liberté, et pour désigner leurs plus zélés défenseurs.

L'Assemblée nationale n'avait pas encore rendu son décret sur les cahiers impératifs ; une délicatesse, qu'on ne peut blâmer, suspendait les démarches de plusieurs bons citoyens; et le cahier de la noblesse de Paris avait cela de particulier, qu'il prêtait à deux interprétations; cela a opéré une scission apparente entre les membres de cette députation; mais nous avons mutuellement honoré et respecté nos motifs, et nous en avons rendu compte à nos commettans, dans une lettre commune que nous leur avons adressée aussitôt après notre réunion.

Tels sont les faits que le public ignore, parce que la chambre de la noblesse délibérait à huis clos.

Je ne lui parlerai point de mes opinions depuis la réunion des ordres, j'ai été sous les yeux de mes concitoyens, et j'espère qu'ils ont daigné me juger.

Quant au reproche que m'adresse le même écrit, de n'être pas membre du club qui s'assemble aux Jacobins, le fait est vrai; je ne me suis point présenté, et je ne me présenterai point à ce club; mon devoir est d'exprimer mon opinion à l'Assemblée nationale; et relativement à cette association volontaire, je pense qu'elle a le droit spécial de compter parmi ses membres les premiers fondateurs de la révolution : pour moi, je le répète, je n'ai point l'honneur d'avoir fait la révolution........... Mais je le dis aussi avec vérité, je l'ai suivie fidèlement sans le moindre écart, je l'ai embrassée avec ardeur, je l'ai admirée, je l'ai aimée, et je la défendrai constamment.

Ce 5 juin au soir.

Signé, LEPELETIER SAINT-FARGEAU.

P. S. J'ai cru qu'il était convenable d'attendre que le troisième et dernier scrutin soit terminé, pour rendre publique cette réponse.

ADMINISTRATION DÉPARTEMENTALE DE L'YONNE.

MONSIEUR,

L'administration du département de l'Yonne, qui se glorifie sans cesse de vous avoir dans le nombre des membres qui la composent, se félicite elle-même aujourd'hui de vous voir occuper une place à laquelle votre mérite vous appelait, et où le public vous désirait depuis long-temps. Elle me charge, Monsieur, de vous témoigner toute la part qu'elle prend à un choix universellement applaudi par toute la nation : Je suis très-flatté d'être dans ce moment l'organe de ses sentimens; daignez en recevoir l'hommage, ainsi que celui du respect avec lequel j'ai l'honneur d'être,

Monsieur,

Votre très-humble et très-obéissant serviteur.

LEGRANT,

Président par intérim.

Auxerre, 24 juin 1790.

M. Lepeletier, président de l'Assemblée nle.

DISTRICT D'AUXERRE.

MONSIEUR,

Permettez-nous de joindre notre hommage à celui que l'Assemblée nationale vient de rendre à vos talens comme à vos vertus civiques. Il ne peut rien sans doute ajouter aux honneurs qui vous environnent, mais il satisfait du moins les sentimens dont nous sommes pénétrés pour vous, et nous osons dire, que si d'ordinaire les suffrages unanimes honorent ceux qui les obtiennent, aujourd'hui, Monsieur, ils honorent ceux qui vous les ont offerts.

Nous sommes avec un profond respect,

Monsieur,

Vos très-humbles et très-obéissans serviteurs.

Auxerre, ce 25 juin 1790.

Les administrateurs du district,

P. SOUFFLOT, ROUSSEAU, SOMMET, BOULANGER.

ET. MARTIN, Pr. syndic.

Par mesdits Sieurs. CHARDON.

A M. Mel Lepeletier, présidt de l'Ass. nle, en son hôtel à Paris.

NOTE P, page 34.

Cette lettre existe encore (1826) dans les archives de Saint-Fargeau où elle fut déposée par le vœu des habitans, et j'en ai dans mes mains une copie certifiée du secrétaire-greffier de la commune. Saint-Fargeau est une petite ville fort ancienne, qui fut un des districts pendant la révolution tant qu'ils subsistèrent.

Le vieux manoir qui y existe et qui appartient à la fille de Michel Lepeletier, est très-remarquable par ses six énormes tours, et par sa forme antique : il date en partie de l'an 900, et fut très-augmenté en bâtisse par le fameux *Jacques Cœur*, argentier de Charles VII, l'un des plus vieux industriels de la France, célèbre par son grand commerce et ses malheurs. Il fut la victime de courtisans envieux, qui s'emparèrent de ses grands biens, même avant son injuste et unique condamnation. Ce fut le grand-maître de Dammartin-Chabannes qui s'empara alors de la terre de Saint-Fargeau. Rendue à la famille de *Jacques Cœur*, elle fut acquise par la maison d'Anjou : elle appartint par succession à la grande Mademoiselle, tante de Louis XIV. Elle y fut exilée; ce fut elle qui fit tirer les canons de la Bastille sur les troupes du roi pour sauver l'armée du grand Condé. Après la mort de cette princesse, la terre de Saint-Fargeau passa dans notre famille par acquisition. Elle l'avait donnée au fameux duc de Lauzun.

PIÈCE JUSTIFICATIVE Q, page 48.

EXTRAIT

DU REGISTRE DES DÉLIBÉRATIONS DE L'HÔTEL-DE-VILLE DE SENS.

Du 6 juin 1790.

Le corps municipal de Sens, instruit que les suffrages des officiers du département de l'Yonne ont élevé à la présidence de ce département M. Lepeletier de Saint-Fargeau, député à l'Assemblée nationale, et désirant témoigner à M. de Saint-Fargeau la satisfaction et la joie qu'il ressent de cette élection qui honore ceux qui l'ont faite.

Persuadé d'ailleurs, qu'il importe singulièrement à tous les districts et à toutes les municipalités du département, que M. de Saint-Fargeau accepte cette place où ses vertus patriotiques et ses lumières l'ont appelé.

A arrêté que MM. de Chambonas et de Lavemade, ses députés extraordinaires auprès de l'Assemblée nationale, seraient chargés de se rendre chez mondit sieur de Saint-Fargeau, pour lui présenter les hommages et les félicitations de la municipalité de Sens, et le prier au nom de cette municipalité et de l'intérêt public, d'accepter la présidence qui lui est déférée, et de diriger les travaux importans dont tous les citoyens du département de l'Yonne attendent leur bonheur.

Fait au bureau de l'Hôtel-de-Ville, le 6 juin 1790.

Certifié par nous véritable et conforme à l'original.

LALOURCEY, *secrétaire.*

M. Lepeletier, président
du dépt de l'Yonne.

A Auxerre ce 30 juin 1790.

MONSIEUR,

Dans notre séance du 28 de ce mois, nous avons arrêté de nommer, le 7 juillet prochain, ceux de nos membres qui composeront le directoire de notre administration, et ceux qui doivent se rendre dans les chefs-lieux des anciennes administrations, pour recevoir, discuter et arrêter leurs comptes.

Comme il est possible que votre présidence soit finie pour ce temps, et que nous avons le plus grand désir de vous voir au milieu de nous pour cette nomination importante, nous vous en donnons avis; bien convaincus que si, sans abandonner totalement les intérêts de la nation, vous pouvez vous livrer un instant à ceux particuliers du département de l'Yonne, vous le ferez avec l'empressement que vous avez déjà témoigné.

Les administrateurs du département de l'Yonne.

LEGRANT,
Président par intérim.
FOACIER, *secrétaire.*

M. Lepeletier, président
de l'Ass. nale.

PIÈCE JUSTIFICATIVE R, page 48.

DISTRICT DE SAINT-FARGEAU.

MONSIEUR LE PRÉSIDENT,

L'assemblée des administrateurs a tenu aujourd'hui sa première séance. Tous les égards de la garde nationale, des officiers en particulier, et en général de tous les citoyens, nous ont porté à la rendre publique.

C'est avec une bien sincère satisfaction, qu'un des objets de nos délibérations a été de vous voter des remerciemens pour l'offre généreuse et civique que vous faites de recevoir chez vous les gardes nationales qui iront à Paris pour la fédération. Le président a fait lecture à haute voix de votre charmante lettre qui nous a été communiquée, séance tenante, par M. Lemaigre; tous les administrateurs et le public ont applaudi aux offres que vous faites d'une manière si engageante et dans un style si fraternel; un second motif n'a pas tardé à être soumis à la délibération, celui de vous assurer de la joie que nous avons tous ressentie, en apprenant que vous aviez été un président de l'Assemblée nationale; cet honneur suprême était une récompense bien due à votre patriotisme, et nous vous regardons, Monsieur le Président, comme un des plus zélés amis de la nouvelle constitution; et pour vous donner une preuve authentique de nos sentimens, nous avons arrêté unanimement de signer tous la lettre que nous vous adressons.

Nous avons l'honneur d'être avec respect,

Monsieur le Président,

Vos très-humbles et très-obéissans serviteurs.

DELABERGERIE, *Président.* EPOIGNY, *P^r syndic.*

Par mesdits Sieurs. D'HUMÈS.

NOTE S, page 49.

Bientôt après l'Assemblée constituante, l'Assemblée législative ayant déclaré la guerre aux puissances qui dissimulaient, pour attaquer la France plus tard d'une manière plus sûre, ces dernières jetèrent alors le masque. On connut en partie les fameux traités secrets *de Pilnitz* et *de Pavie*. La coalition éclata : on ne se gêna plus ; aux Tuileries, et dans les salons du faubourg Saint-Germain, on célébrait déjà l'entrée des Prussiens, des Autrichiens, des Princes et des émigrés dans Paris. Bender devait soumettre la France avec sa botte : la conquête de la France n'était qu'une promenade militaire. C'est ce qui avait fait mépriser par les émigrés l'injonction de rentrer en France, malgré les décrets positifs de l'Assemblée. Plusieurs de nos parens portant de grands noms, nous assuraient, mon frère et moi, que nous figurerions parmi les pendus et que, par égard, eux-mêmes viendraient nous tirer par les pieds, pour que nos souffrances fussent moins longues. Le roi Louis XVI, entraîné par la reine et le parti de Coblentz, se compromit envers la nation. Une politique peu sincère, qui eût produit nécessairement l'invasion générale de la France, et d'horribles vengeances de la part des émigrés rentrant les armes à la main, discrédita entièrement le monarque. Ses intentions furent même incriminées. Le 10 août eut lieu.......... La république fut proclamée.

C'est en lisant les pièces trouvées dans l'armoire de fer aux Tuileries, que l'on peut connaître des détails infiniment curieux et instructifs sur ces époques, les trames du dehors et celles du dedans contre la liberté; ainsi que dans les mémoires qui se publient tous les jours, dans la lettre de Louis XVI au roi de Prusse (décembre 1791), où il réclama le secours de ses armes et de celles des autres rois de l'Europe contre la France.

L'interrogatoire de Louis XVI à la Convention et ses réponses, jettent aussi de grandes lumières sur son caractère et sa marche, comme roi constitutionnel.

PIÈCE JUSTIFICATIVE T, page 59.

Troisième note de MOUTONET-CLAIRFONS.

Michel Lepeletier n'a jamais fait de mal à personne: il était naturellement doux, humain, bienfaisant, tolérant par goût et par principes, sans ambition, sans fiel, ennemi de la dispute. Il réunissait toutes les qualités du cœur et de l'esprit. Il a prouvé par toutes ses actions, par tous ses discours, qu'il aimait la liberté et l'égalité. Huit jours avant sa mort, il me serrait la main dans le jardin des Feuillans, et me disait ces propres paroles : *Mon ami, vous connaissez ma grande fortune, mes richesses* (1) ; *et bien, je les donnerais de bon cœur, ne me réservant que douze à quinze cents livres de rente, pour voir établir la liberté et l'égalité sur des bases solides et durables.*

Son Code pénal que l'on a mutilé à l'Assemblée constituante, est la preuve la plus convaincante de son humanité. Les partisans de la royauté lui font un crime, d'après son Code pénal, d'avoir voté la mort du roi. Ce Code portait au contraire une exception pour les chefs de partis : la peine de mort devait être

(1) Lorsqu'il se leva en faveur de l'abolition des droits féodaux à l'Assemblée constituante, ce décret lui coûtait 80,000 liv. de rente. A sa mort, il jouissait encore de 300,000 liv. de rente.

prononcée pour ce crime, d'après le Code pénal décrété et sanctionné.

Pièce Justificative V, page 60.

BREVET

DE J. F. AU NOMMÉ PARIS, GARDE DU ROI.

Je soussigné certifie à tous les citoyens français, que le nommé Pâris, écrivassier aristocrate, ci-devant caporal au 5me bataillon de la capitale, duquel il a été chassé comme espion et calomniateur, et actuellement garde du roi à pied, est un lâche et un J. F. par la raison que voici :

Après s'être rendu, avec le sieur Boyer, au lieu du combat pour vider le différend qui existait entre eux, Pâris a fui et déserté le terrain avant de se battre, en observant à son adversaire qu'il allait le joindre à l'instant.

Le sieur Boyer l'ayant attendu pendant une heure et demie, il reçut un billet qui porte : *Qu'il ne peut revenir pour lui donner satisfaction, vu qu'il est retenu par ses amis et par ses parens, etc.*

Comme une pareille excuse est le langage d'un véritable poltron, j'ai cru qu'il était de mon devoir de lui délivrer le présent brevet, pour lui servir de titre authentique afin d'être enrôlé dans les troupes des brigands de Worms et de Coblentz, et chassé de la garde du roi, qu'un tel individu déshonore.

A Paris, le samedi 24 mars, l'an 4 de la liberté, ou 1792.

Signé, LAMANDINIÈRE.

PIÈCE JUSTIFICATIVE X, page 61.

PROCÈS-VERBAL

DE L'ASSASSINAT DE MICHEL LEPELETIER.

L'an mil sept cent quatre-vingt-treize, an deuxième de la république, le dimanche vingt janvier, environ six heures du soir, sur l'avis donné au commissaire de police de la section de la Butte-des-Moulins, par le citoyen Février, restaurateur, demeurant maison Égalité, numéro cent seize, qu'un particulier, nommé Pâris, avait porté un coup de sabre au citoyen St-Fargeau, député à la Convention, dans une des salles dudit citoyen Février, lequel nous a dit ne pouvoir déclarer davantage, se réservant de faire sa déclaration chez lui où il requiert notre transport; à quoi obtempérant, sommes transportés à l'instant à la maison Égalité, chez ledit citoyen Février, numéro cent seize, dans une chambre à l'entresol, ayant vue sur le jardin de la Révolution, en présence des citoyens Duclos et Odiot, commissaires de ladite section; dans laquelle nous avons trouvé couché sur un matelas à terre, le citoyen Louis-Michel Lepeletier, député à la Convention nationale, lequel nous a déclaré qu'étant dans une salle du citoyen Février, restaurateur, un particulier, à lui inconnu, lui a demandé s'il avait voté pour la mort du roi? Que lui ayant répondu qu'oui, et qu'en cela il avait fait son devoir, à l'instant il a tiré son sabre et lui a dit, en lui en portant un coup : *Scélérat, voilà ta récompense.* Lecture faite audit citoyen Lepeletier de sa déclaration, il a affirmé qu'elle contient vérité, et a signé avec lesdits citoyens commissaires susnommés et ledit citoyen Février avec nous. *Signé à la minute*, LOUIS-MICHEL LEPELETIER, FÉVRIER, DUCLOS, ODIOT et TOUBLANC.

Examen fait en présence des citoyens commissaires susnommés de la plaie faite suivant la déclaration dudit citoyen Lepeletier, nous avons remarqué qu'elle est du côté gauche, au ventre, et ensanglantée. Lecture faite, il a, avec lesdits citoyens commissaires, signé avec nous; et au moment de prendre la plume, ledit citoyen Lepeletier a déclaré être hors d'état de pouvoir signer. *Signé à la minute*, DUCLOS, ODIOT et TOUBLANC.

Et à l'instant est comparu Dominique Février, restaurateur, demeurant dans la maison où nous sommes, lequel nous a dit et déclaré qu'étant à son comptoir dans une de ses salles en bas, il entendit un particulier parler à M. de St-Fargeau (*qui est la même personne qui se plaint sous le nom de Louis-Michel Lepeletier*), qui était dans une salle voisine; qu'à l'instant il entendit dans la salle un mouvement extraordinaire; qu'il est sorti précipitamment de son comptoir, et courut dans cette salle où il a reconnu qu'un homme, qu'il connaît sous le nom de Pâris, était en face dudit citoyen Saint-Fargeau, ayant un sabre nu à la main, et l'extrémité d'icelui dans le corps dudit citoyen Saint-Fargeau; qu'il a saisi ce particulier au bras par-derrière, dans l'intention de l'arrêter; mais que cet homme étant plus fort que lui, s'est échappé de ses bras et a fui; qu'ensuite ledit citoyen Saint-Fargeau lui dit :

Ne faites pas de bruit, je crois que je suis blessé, ayez-moi un chirurgien. Pour quoi il l'a monté dans la chambre où nous sommes; nous a requis ensuite et nous dépose le sabre dont ledit Pâris était armé, lequel il a laissé tomber à terre dans la salle au moment de sa fuite. Observe le déclarant que ledit Pâris est de taille d'environ cinq pieds cinq pouces, qu'il était vêtu d'une capotte de drap à poil de couleur grise, que c'est la seule désignation qu'il peut nous en faire. Lecture faite audit citoyen Février de sa déclaration, il a affirmé qu'elle contient vérité, et a signé avec les citoyens commissaires; et nous observe qu'il avait, au même moment qu'il fut nous requérir, fait appeler plusieurs personnes de l'art pour visiter ledit citoyen Saint-Fargeau. *Signé à la minute,* FÉVRIER, DUCLOS, ODIOT et TOUBLANC.

Et de suite avons entendu le citoyen Pierre Bras-d'or, professeur en chirurgie, demeurant rue du Hasard, numéro six, lequel nous a dit et fait rapport qu'il a été requis de se transporter maison Égalité, où il s'est transporté aussitôt, et a trouvé dans la chambre où nous sommes, le citoyen Saint-Fargeau, ainsi que nous l'y avons trouvé nous-mêmes; qu'en le visitant il a aperçu une plaie à la région iliaque gauche, immédiatement au-dessus de la crête de l'os des îles, où il a aperçu une partie saillante hors de la plaie, laquelle partie il a reconnu être une portion de l'épiploon, qu'il l'a fait rentrer dans le ventre avec la plus grande facilité, que la plaie par laquelle cette partie s'échappait, pouvait avoir une longueur correspondante à environ deux travers de doigt, qu'il y a porté son doigt, lequel s'y est enfoncé de toute sa longueur, au moyen duquel doigt il a reconnu que le trajet de cette plaie était fort libre; qu'ensuite il l'a pansée en appliquant une compresse dans la vue de contenir l'épiploon ci-devant réduit et qui sortait avec la plus grande facilité. Après quoi ledit citoyen Saint-Fargeau a été saigné. Du reste ne peut pronostiquer le citoyen Brasd'or d'après ce qui vient d'être rapporté, si l'accident aura des suites, et a signé avec lesdits citoyens commissaires susnommés, et nous affirmant que son rapport est fait en son âme et conscience. *Signé à la minute*, BRASD'OR, DUCLOS, ODIOT et TOUBLANC.

Et de suite avons entendu le citoyen Léonard Champygny, négociant, demeurant ordinairement à Cahors, département du Lot, de présent logé à Paris, petite rue et hôtel St-Roch, section de Molière et Lafontaine; lequel déclare qu'étant à dîner dans la première salle du citoyen Février, il a aperçu cinq ou six particuliers étant au comptoir qui, à ce qu'il présume, étaient à payer leur écot; que l'instant d'après un de ces particuliers est entré dans la salle voisine, qu'il a entendu quelque bruit, que sur le moment le citoyen Février s'est transporté dans ladite salle pour vraisemblablement y mettre le hola; ajoute le déclarant qu'il a entendu dire : *Malheureux, que fais-tu là?* mais qu'il ignore par qui ces mots furent prononcés. Lecture faite audit citoyen Champigny de sa déclaration, il a affirmé qu'elle contient vérité, et a signé avec nous et les citoyens commissaires susnommés. *Signé*, CHAMPIGNY, DUCLOS, ODIOT et TOUBLANC.

Et de suite avons entendu Jean-Jacques Violette, commissionnaire pour les vins, demeurant ordinairement à Mâcon, logé à Paris, rue du faubourg Poissonnière, numéro sept, lequel déclare qu'étant à dîner chez le citoyen Février, il entendit dans une salle voisine de l'endroit, s'écrier : *Ah! malheureux, que fais-tu là?* mais qu'il ne sait par qui ces mots ont été prononcés; qu'ensuite il a vu passer le citoyen St-Fargeau qu'il ne connaissait pas alors, que l'on conduisit dans la chambre où nous sommes, où lui-même est monté. Lecture faite audit citoyen Violette de sa déclaration, il a affirmé qu'elle contient vérité, et a signé avec nous et lesdits citoyens commissaires susnommés. *Signé*, VIOLETTE, DUCLOS, ODIOT et TOUBLANC.

Et de suite avons entendu Saintin Sainetelete, marchand orfèvre, demeurant ordinairement à Reims, logé en cette ville, rue du faubourg Poissonnière, numéro sept, chez le citoyen Violette, lequel déclare qu'étant à dîner avec ledit citoyen Violette chez le citoyen Février, il entendit dans une salle voisine prononcer les mots : *Ah! malheureux, que fais-tu là?* mais qu'il ignore par qui ces mots furent prononcés; qu'il a vu ensuite passer le citoyen St-Fargeau qu'il ne connaissait pas, que l'on fit monter dans la chambre où nous sommes, où lui-même est aussi monté. C'est tout ce qu'il a dit savoir, et a signé avec nous et lesdits citoyens commissaires susnommés. *Signé*, SAINETELETE, DUCLOS, ODIOT et TOUBLANC.

Et de suite avons entendu Jean Devaux, vivant de son bien, demeurant rue du Mail, hôtel d'Angleterre, lequel nous a déclaré qu'étant à dîner chez le citoyen Février, à la table voisine de celle du citoyen St-Fargeau et en face de lui sans le connaître; que lui déclarant était à lire les affiches, lorsqu'un particulier à lui inconnu est arrivé et a dit au citoyen St-Fargeau: *Vous avez donc voté pour la mort du roi.* Que lui déclarant a continué sa lecture sans aucun soupçon; qu'il a vu aussitôt ce particulier porter un soufflet audit citoyen St-Fargeau et l'a attrapé au front; que le citoyen St-Fargeau s'est levé vivement et s'est trouvé en face du particulier dont il s'agit. Que lui déclarant a vu le sabre à la main dudit particulier, lequel était levé en l'air; mais qu'il n'a pas vu porter le coup qui a blessé le citoyen St-Fargeau; que le citoyen Février est arrivé et a saisi les bras par-derrière du particulier dont il s'agit, mais que ce particulier, s'est débattu et a fui. Lecture faite au comparant de sa déclaration, il a affirmé qu'elle contient vérité, et a signé avec nous et lesdits citoyens commissaires susnommés. *Signé*, JEAN DEVAUX, DUCLOS, ODIOT et TOUBLANC.

Nous commissaire de police susdit et soussigné, de l'avis desdits citoyens commissaires de section, nous avons ordonné que le sabre à nous déposé par le citoyen Février, resterait déposé en nos mains comme pièce à conviction, pour être représenté quand il sera ordonné, et que nous donnerions à l'instant un mandat d'amener contre ledit Pâris pour être conduit devant nous, y être interrogé, et ensuite ordonner ce qu'il appartiendra. Fait et rédigé les jour et an que dessus, huit heures du soir; et ont lesdits citoyens commissaires signé avec nous. *Signé*, DUCLOS, ODIOT et TOUBLANC.

Pour copie conforme à la minute étant en notre possession. Certifiée par nous commissaire soussigné, avertissant de l'enregistrement si l'on entend en faire usage, sans lequel la présente deviendrait nulle. A Paris, le quatre mai mil sept cent quatre-vingt-treize, l'an deuxième de la république. TOUBLANC.

PIÈCE JUSTIFICATIVE Y, page 63.

RAPPORT

DU MINISTRE DE LA JUSTICE A LA CONVENTION NATIONALE, SÉANCE DU 21 JANVIER 1793.

D'après le décret rendu ce matin, je viens rendre compte des circonstances qui ont accompagné l'assassinat de Lepeletier Saint-Fargeau, et des mesures prises pour arrêter l'assassin et ses complices, et pour saisir leurs papiers.

Hier, aussitôt que le conseil a été instruit de ce crime horrible, le ministre de la guerre a écrit au commandant général de Paris, pour que toutes les forces qu'il a à sa disposition fussent employées à la recherche des coupables. Le ministre de l'intérieur a fait les mêmes réquisitions aux corps administratifs et à la commune. Le ministre de la justice écrivit à l'accusateur public et au président du tribunal criminel du département de Paris, et les a sommés de poursuivre rigoureusement le meurtrier.

A l'instant où le forfait a été commis, le juge-de-paix de la section de la Butte-des-Moulins a dressé procès-verbal de toutes les circonstances. J'ai moi-même fait prendre des renseignemens sur le lieu. Voici ce qui en résulte :

« Lepeletier avait dîné au Palais-Royal, chez Février; il était au comptoir pour payer le dîner qu'il avait fait, lorsqu'un particulier, qui était à quelque distance de lui, demanda si ce n'était pas Lepeletier; on lui répondit qu'oui : aussitôt il s'élance sur lui, et lui dit : *Êtes-vous Lepeletier?*—*Oui*, répond celui-ci. — *Quelle opinion avez-vous eue dans l'affaire du roi?*—*J'ai voté pour la mort suivant ma conscience*, réplique Lepeletier. — *Eh bien! reçois-en la récompense*, dit l'autre en tirant son sabre; et il le frappe d'un coup qui a été mortel.

» Février accourt, et quoique plus faible que l'assassin, il le saisit; mais celui-ci se débarrasse bientôt, et il s'enfuit. On a cru deux fois ce matin qu'il avait été arrêté; mais les renseignemens qu'on a eus à cet égard ne sont pas certains.

» Le meurtrier est connu, ajoute le ministre, il se nomme *Pâris*; c'est un ancien garde du roi, et s'est déjà rendu célèbre par sa scélératesse et sa lâcheté. J'ai ici son signalement; et comme par nos lois, tout citoyen est obligé d'arrêter les coupables de grands crimes, je vais le lire.

» *Pâris, ancien garde du roi, taille de cinq pieds cinq pouces, barbe bleue et cheveux noirs, teint basanné, belles dents, vêtu d'une houpelande grise, revers verts, et chapeau rond.* »

Après avoir entendu ce qui suit, la Convention rendit un décret. (Voyez les décrets rendus n° 1, Pièces Justificatives.)

PIÈCE JUSTIFICATIVE Z, page 63.

RAPPORT

A LA CONVENTION NATIONALE PAR LES DÉPUTÉS TALLIEN ET LEGENDRE, NOMMÉS COMMISSAIRES PAR DÉCRET DU 30 MARS 1793, A L'EFFET DE CONSTATER SI C'ÉTAIT LE GARDE DU ROI PARIS QUI S'ÉTAIT SUICIDÉ A FORGES, LE 1er FÉVRIER PRÉCÉDENT.

CITOYENS,

Conformément à votre décret du 30 de ce mois, le comité de sûreté générale chargea deux de ses membres, le citoyen Legendre et moi, de se transporter sur-le-champ à Forges-les-Eaux, département de la Seine-Inférieure, pour y constater l'identité de la personne homicidée quelques jours auparavant dans ce lieu, avec l'individu Pâris, prévenu d'être l'auteur de l'assassinat de Lepeletier Saint-Fargeau. D'après les renseignemens que nous avons pris sur les lieux, il paraît que Pâris n'est sorti de cette ville que le samedi 26 janvier, c'est-à-dire, le lendemain du jour où le comité de sûreté générale avait fait visiter une maison, rue de Larochefoucault, et de laquelle il y a tout lieu de croire qu'il se sauva au moment de la perquisition. Il avait pris toutes les mesures nécessaires pour n'être pas reconnu. Il voyageait à pied; cet ennemi constant et acharné de la révolution et de ses défenseurs, était revêtu de l'uniforme de garde national, et avait eu soin de faire couper ses cheveux en Jacobin. Il coucha la nuit du dimanche au lundi à Gisors, et il en repartit le lendemain matin de très-bonne heure. Arrivé à Gournay, au lieu de suivre la grande route, il prit le chemin qui conduit à Forges-les-Eaux, chemin impraticable, et où les habitans même du pays sont souvent exposés aux plus grands dangers, surtout dans cette saison. Il fallait que ce scélérat connût ce chemin; et il avait bien calculé en le prenant, qu'il serait impossible qu'on le suivît.

Pâris arriva le lundi 31 janvier à Forges-les-Eaux; il se fut loger dans une petite auberge, où il aurait sans doute été ignoré, s'il ne se fût permis de ces fanfaronnades qui caractérisent les gens de sa sorte. Le criminel fuit toujours les regards de l'homme de bien; aussi Pâris chercha-t-il à être autant seul qu'il lui fut possible : il eut cependant l'imprudence de faire voir les armes dont il était porteur; il se servit pour souper d'un couteau en forme de poignard, renfermé dans sa canne. Voulant sans doute éloigner de lui les remords dont il devait être assailli, il but à son repas d'une manière immodérée; alors des propos indiscrets lui échappèrent et donnèrent contre lui de violens soupçons. On remarqua que lorsqu'il fut renfermé dans sa chambre, il s'y promenait avec l'air égaré et inquiet; il se mettait à genoux, et baisait, à plusieurs reprises, sa main droite. Les citoyens témoins de ces extravagances, les attribuèrent à l'état d'ivresse dans lequel il se trouvait.

Le lendemain matin, le citoyen Auguste qui, la veille, avait vu Pâris dans l'auberge où il était descendu, et auquel il avait paru très-suspect, vint le dénoncer à la municipalité, mais sans se douter que ce pût être Pâris, son signalement n'étant pas encore parvenu officiellement dans cette commune, et n'y étant connu que par la voie des journaux. Les officiers municipaux chargèrent trois gendarmes de se transporter à l'auberge du Grand-Cerf, pour inviter le citoyen dénoncé à se rendre au bureau municipal, pour y donner les renseignemens qui lui seraient demandés. Les gendarmes, entrés dans la chambre où Pâris était couché, lui demandèrent d'où il venait et où il allait, s'il avait un passe-port ou un congé. Il répondit qu'il venait de Dieppe; qu'il allait à Paris; qu'il n'avait point de passeport, et que jamais il n'avait servi. Après cette interpellation, les gendarmes l'invitèrent à se rendre à la municipalité. Il dit qu'il allait y aller; et faisant un mouvement sur le côté droit, il se brûla aussitôt la cervelle avec un pistolet à deux coups, chargés chacun d'un lingot mâché; il expira à l'instant. On trouva sur lui un porte-feuille, dans lequel était renfermée une somme de 1,218 livres en assignats, une fleur de lis de cuivre argenté. N'ayant trouvé dans son porte-feuille aucun papier qui pût donner des renseignemens sur son compte, on le déshabilla, et l'on trouva sur son estomac deux papiers que nous ne vous représenterons pas en ce moment, parce qu'ils sont teints du sang de ce scélérat, et que nous ne voulons pas mettre sous vos yeux ce spectacle dégoûtant; mais en voici le contenu.

Le premier est un extrait des registres de la paroisse Saint-Roch à Paris, délivré le 28 septembre dernier, duquel il résulte que Pâris était né le 12 novembre 1763. Le second est le congé de licenciement de la garde du ci-devant roi, en date du 1er juin 1792. Au dos de ce brevet est écrit de sa main ce qui suit :

MON BREVET D'HONNEUR.

« Qu'on n'inquiète personne. Personne n'a été mon complice dans la mort heureuse du scélérat Saint-Fargeau. Si je ne l'eusse pas rencontré sous ma main, je faisais une plus belle action : je purgeais la France, du patricide, du régicide, du parricide d'Orléans. Qu'on n'inquiète personne ; tous les Français sont des lâches auxquels je dis :

» Peuple, dont les forfaits jettent partout l'effroi,
» Avec calme et plaisir j'abandonne la vie,
» Ce n'est que par la mort qu'on peut fuir l'infamie,
» Qu'imprima sur nos fronts le sang de notre roi.

» *Signé*, DE PARIS l'aîné, garde du roi, assassiné par les Français. »

Au moment de notre arrivée à Forges, nous nous sommes transportés dans l'auberge où était le cadavre ; et quoique l'explosion du coup de pistolet l'ait beaucoup défiguré, nous n'avons point eu de peine à le reçonnaître pour celui de l'infâme Pâris, que plusieurs fois nous avions eu occasion de voir.

Le citoyen Rocher, sapeur dans la garde nationale parisienne, par qui nous nous étions fait accompagner, nous a également déclaré qu'il reçonnaissait bien ce cadavre pour être celui de Pâris; ainsi il ne peut plus rester de doute, d'après tous ces indices, que l'assassin de Lepeletier a terminé son infâme carrière.

Plusieurs citoyens de la commune de Forges paraissaient désirer que nous fissions transporter ce cadavre à Paris; mais nous avons cru cette mesure inutile. Nos lois nouvelles, la douceur des mœurs françaises, ont proscrit à juste titre l'usage barbare d'exposer aux regards de la multitude le corps d'un suicide. D'ailleurs, nous n'avons pas voulu avoir à nous reprocher d'être l'occasion de quelques troubles dans ce moment où la tranquillité est si nécessaire; et il eût été possible que la vue de ce cadavre, réveillant les sentimens d'une trop juste indignation contre l'assassin d'un des représentans du peuple, il n'en résultât quelques désordres. Et après avoir fait dresser des procès-verbaux exacts de tous les faits, nous avons ordonné l'inhumation, et en avons consigné l'acte sur les registres de la municipalité et sur ceux destinés à recevoir les actes de décès.

Nous remettons toutes les pièces sur le bureau, et nous croyons qu'il serait bon que la Convention nationale en ordonnât l'impression, afin de détruire l'effet qu'auraient pu laisser les doutes répandus sur la mort de ce grand coupable.........

Nota : D'après ce rapport des députés Tallien et Legendre, il paraîtrait certain que le garde du roi Pâris se serait tué le 1er février 1793, à Forges-les-Eaux, non loin de Rouen. Cependant je vais ajouter ici beaucoup de faits qui infirment les assertions de ce rapport.

D'abord à la fin de 1793, rencontrant sur la terrasse des Tuileries les députés Hérault de Séchelles et St-Just, ils me racontèrent qu'on avait manqué la nuit même de prendre l'assassin de mon frère : *Il était à Nanterre,* me dirent-ils. *On sait la maison où il était caché, et l'on connaît jusqu'à la place du mur par-dessus lequel il s'est sauvé.* Ils me garantirent l'authenticité de ce qu'ils m'apprenaient...... On doit concevoir mon étonnement; mais cela me rappela que, deux mois après le prétendu suicide de Pâris, à Forges, un officier municipal de cette commune, venu à Paris, me laissa apercevoir quelques doutes sur la réalité de la mort de Pâris. J'étais si persuadé alors de l'exactitude du rapport des députés Tallien et Legendre, ayant vu moi-même au comité de sûreté générale, les brevet et extrait de baptême, rapportés par eux, disait-on, de Forges, que je ne fis pas grande attention au dire de l'officier municipal. Je fis part moi-même à St-Just et à Hérault de Séchelles de cette ancienne particularité.

Mais voici qui est bien plus fort; les années s'écoulent: en 1804, je me trouve en exil à Genève, sous le consulat de Bonaparte. Après un an de séjour dans cette ville, je reçois un jour une lettre sans signature, dans laquelle on me disait: *Prenez garde à vous, monsieur; l'homme qui a tué votre frère est ici.* Un mois après, une lettre de la même écriture me dit: *Vous n'avez pas fait cas de mes avis. Prenez donc garde à vous. Vous ne m'avez pas cru, ni fait aucune démarche. Eh bien! Pâris loge chez un tailleur de cette ville.*

Lorsqu'un an avant, étant de retour à Paris de deux années de déportation à l'île de Ré, j'eus occasion de parler beaucoup de mon frère avec le ministre d'état Regnaud de St-Jean-d'Angely (qui, fils du bailli de la terre de St-Fargeau, avait été élevé, pour ainsi dire, avec nous, et que je n'avais pas vu depuis l'Assemblée constituante), il me questionna beaucoup sur la mort de mon frère. Je lui exposai les raisons qui me faisaient penser que Pâris n'était pas mort, et croire à quelque mystère difficile à expliquer; j'ajoutai qu'aucun gouvernement, depuis le comité de salut public, n'avait mis un grand zèle à le pénétrer. Il me dit ces paroles : *Je vous assure que si vous aviez quelque nouvelle trace de l'existence de cet homme, Bonaparte ferait mettre beaucoup de soins à s'en assurer.*

Il était donc naturel que j'instruisisse M. Regnaud de ce que je venais de découvrir à Genève, et je le lui écrivis. Aussitôt des ordres très-prompts de Bonaparte arrivèrent à la préfecture pour s'assurer du nommé Pâris. Le préfet de Genève alors était M. de Barante, père de celui qui aujourd'hui est membre de la chambre des pairs; mais il était absent. Les ordres arrivèrent à M. Fabri, conseiller de préfecture, qui n'eut rien de plus pressé, et sans me rien dire, que de faire beaucoup de bruit et d'instruire la municipalité. Pâris, averti à temps, décampa. Ce ne fut qu'après son évasion, que M. Fabri m'envoya chercher et me fit part des ordres qu'il avait reçus. J'écrivis à M. Regnaud de St-Jean-d'Angely, en faisant quelques observations sur la manière dont les choses s'étaient passées à Genève.

Ordres itératifs de Bonaparte arrivèrent bientôt, portant qu'il fallait trouver Pâris à toute force, le faire poursuivre, et des menaces aux autorités, si elles ne le représentaient pas. M. de Barante était de retour. Il me fit prier de passer chez lui; où m'étant rendu, il entra avec moi dans les détails suivans. Voici ce qu'il me dit positivement : *Il est très-certain que l'assassin de M. votre frère était caché ici; mais il s'est sauvé et a passé en Suisse. Au reste, à l'appui de ce fait, je vais vous dire, monsieur, une autre anecdote. Lorsque vous arrivâtes à Genève, il y a un an au mois d'août, quelque temps après, ayant donné un dîner pour l'anniversaire de la création de la république, M. Bouvier, officier de génie de la place, dit à ma table et fort haut : Parbleu, il arrive dans ce monde de singulières rencontres. La ville de Genève renferme dans ce moment le frère de Michel Lepeletier, et Pâris son assassin...... Comment, monsieur, que dites-vous là; en êtes-vous sûr, lui dis-je?...... Oui, M. le préfet, très-sûr; car, dans ma jeunesse, j'ai souvent tiré des armes avec ce Pâris; je le connais bien, je l'ai vu ici, et pour M. Félix Lepeletier, vous savez mieux que personne qu'il y est, et en exil. Monsieur, lui dis-je, vous n'auriez pas dû m'annoncer ainsi de telles choses......*

Tel fut le récit fidèle que me fit M. de Barante, et il ajouta : *Je vous avoue que ce dîner s'étant prolongé fort tard, et ayant parlé de beaucoup d'autres choses, j'oubliai le récit de M. Bouvier. Au reste, rassurez-vous, ce Pâris est passé en Suisse, et vous n'avez à craindre aucun danger. — Dangers! lui dis-je, monsieur: « ah! si j'avais su positivement le lieu où était ce monstre, j'eusse été le saisir de ma main, je l'aurais traduit en prison ou devant vous. »*

Il me pria de calmer le gouvernement; il était assez singulier de voir un préfet réclamer l'intervention d'un exilé près de l'autorité qui le persécutait; lui exilé!

Il paraît donc démontré par tous ces faits, que Pâris ne s'est pas tué à Forges-les-Eaux. Pourtant il y eut un homme tué dans une auberge, dans son lit, par lui ou par un autre; mais que Tallien et Legendre prétendirent être le garde du roi Pâris. Ils ont rapporté comme ayant été trouvé sur lui, son brevet de la garde royale et son extrait de baptême. Sur le premier, Pâris avait écrit, dit-on, ce qui est consigné dans le rapport. Cependant Pâris n'était pas mort; et un homme a été tué; et l'on a trouvé sur cet homme les papiers de Pâris........ Quels mystères!

En 1814, après la restauration, un de mes parens qui avait été absent de la France, me parlant de mon frère, me dit que Pâris, son assassin, était mort en 1813, en Angleterre......

PIÈCE JUSTIFICATIVE AA, page 64.

PROCÈS-VERBAL SUR LE POIGNARD.

L'an mil sept cent quatre-vingt-treize, le mercredi vingt-trois janvier au soir, l'an deux de la république, sont comparus devant nous, commissaire de police de la section de la Butte-des-Moulins, les citoyens *Bourgain* et *Lemitte*, administrateurs du département de Paris, lesquels nous ont exhibé leurs pouvoirs relatifs à la pompe funèbre décrétée par la Convention nationale, envers le citoyen Louis-Michel Lepeletier, dans le plan de laquelle pompe, il entre que le sabre, duquel l'assassin s'est servi pour commettre son crime, accompagnerait le corps dudit citoyen Lepeletier pour aller au Panthéon, où il doit être déposé; en conséquence requièrent que nous déposions à cet effet le sabre dont il s'agit au directoire du département; à quoi obtempérant nous avons, en présence desdits citoyens *Bourgain* et *Lemitte*, encore en présence des citoyens *Duclos* et *Duhamel*, commissaires de ladite section, apposé notre cachet sur le sabre dont il s'agit, sur la lame et à droite d'icelle près de la poignée, ledit cachet soutenu par des fils rouges, ainsi que lesdits citoyens susnommés le reconnaissent, afin qu'il nous soit rendu dans le même état, et qu'il ne soit pas apporté de doute que ce sabre, qui doit servir de pièce à conviction, ait été changé; et ont signé avec nous. *Signé à la minute*, L. LEMITTE, administrateur du département de Paris; BOURGAIN, administrateur, membre du directoire; DUHAMEL, commissaire; DUCLOS, commissaire, et TOUBLANC.

Nous administrateurs du département soussignés, reconnaissons avoir reçu et déposé au directoire du département, le sabre dont est mention ci-dessus, des mains du citoyen commissaire de police de la section de la Butte-des-Moulins, accompagné des deux commissaires ci-dessus nommés, à l'effet porté au réquisitoire par nous fait; lesquels trois citoyens assisteront près du sabre, lequel sera remis en leurs mains après l'exécution de la cérémonie des funérailles, pour ledit sabre servir à ce que de raison, lors de la confrontation du coupable. Fait au directoire, les jour et an que dessus. *Signé à la minute*, L. LEMITTE, administrateur du département de Paris; BOURGAIN, administrateur, membre du directoire; COMESIEN, administrateur de service, et DAMESME, administrateur de garde.

Et le jeudi vingt-quatre janvier an susdit, nous commissaire de police susdit et soussigné, accompagné des citoyens *Duclos* et *Duhamel*, ci-devant nommés, sommes transportés au lieu des séances du département de Paris, place des Piques, ci-devant Vendôme, où nous avons attendu le moment où le sabre dont il s'agit, sur lequel nous avons trouvé notre cachet sain et entier, a été porté auprès du corps du citoyen Louis-Michel Lepeletier, et sommes restés constamment depuis ce moment, dans tout le cours de la marche depuis ladite place des Piques jusqu'au Panthéon français, à côté duquel et sur le même lit était ledit sabre, où étant arrivés nous avons continué d'être à côté du lit où était le corps dudit citoyen Lepeletier jusqu'à la fin de la cérémonie; après laquelle, le sabre dont il s'agit nous a été remis, et auquel nous avons reconnu notre cachet sain et entier, dont décharge envers le directoire du département, et nous nous en chargeons pour être représenté quand il sera ordonné, et ont les citoyens *Bourguin*, *Duclos* et

Duhamel, signé avec nous. *Signé à la minute*, BOURGAIN, DUHAMEL, DUCLOS et TOUBLANC.

Pour copie conforme.
TOUBLANC.

PIÈCE JUSTIFICATIVE BB, pages 65, 66.

EXTRAIT

DU PROCÈS-VERBAL DE LA SÉANCE DE LA CONVENTION NATIONALE, DU 24 JANVIER 1793.

Où se trouvent les discours de Félix Lepeletier, de Barrère, et du président de la Convention Vergniaud, au Panthéon français, insérés par décrets dans ce procès-verbal.

A midi et demi, la Convention nationale a été avertie que le cortége destiné à accompagner les restes de Michel Lepeletier au Panthéon Français, était réuni sur la place des Piques, ci-devant place Vendôme.

Alors le président a levé la séance, et la Convention, conformément à son décret de lundi dernier, s'est rendue tout entière aux funérailles de Michel Lepeletier.

La gendarmerie nationale qui s'était réunie dans la cour des Feuillans, précédait les députés marchant de quatre en quatre de front, et ayant à leur tête le président de la Convention et les huissiers qui en font le service.

Ils sont ainsi arrivés sur la place des Piques, et se sont rangés autour du piédestal étant au milieu de la place, et sur lequel on voyait autrefois la statue d'un roi, renversée par le peuple après la révolution glorieuse du 10 août 1792.

Au haut de ce piédestal, était sur un lit à l'antique, le corps de Michel Lepeletier, découvert en grande partie, et sur lequel on voyait la blessure honorable et mortelle dont il a été frappé.

Le président de la Convention, monté sur le piédestal, a placé sur la tête de Michel Lepeletier une couronne civique.

Ensuite on a chanté une hymme à la divinité des nations.

On s'est mis en marche vers le Panthéon Français. Les députés de la Convention se sont distribués en deux colonnes, une de chaque côté de la rue, et marchant deux à deux, précédés du président de la Convention.

Le corps de Michel Lepeletier, descendu du piédestal, a été porté sur son lit au milieu des députés. Le président de la Convention nationale le précédait; sa famille le suivait.

Un silence respectueux et morne régnait pendant cette marche funèbre et triomphale. Il n'était interrompu que par une musique expressive, déchirante, qui répétait alternativement avec les tambours couverts d'un voile noir les accens et les cris de la douleur.

Cette marche a été dans l'ordre qui suit : la rue St-Honoré et celle du Roule, le Pont-Neuf, les rues Thionville (ci-devant Dauphine), des Fossés St-Germain et de la Liberté (ci-devant des Fossés-M.-le-Prince), la Place St-Michel, les rues d'Enfer, St-Thomas, St-Jacques, et du Panthéon.

La Convention nationale est ainsi arrivée au Panthéon français; et en sa présence le corps de Michel

Lepeletier a été déposé dans l'enceinte de ce monument consacré à la sépulture des grands hommes par la patrie reconnaissante.

Après le frère de Michel Lepeletier, Barrère, député, et Vergniaud, président, prononcèrent près du lit de mort de Lepeletier les discours suivans :

Discours du frère de MICHEL LEPELETIER.

« CITOYENS,

» Ces témoignages éclatans de l'estime publique qui suivent mon frère au tombeau; la place que la Convention nationale, représentant le peuple, lui assigne dans ce temple de mémoire; vos pleurs, juste tribut payé à ses vertus civiques; ce haut degré de gloire où se trouve placé Lepeletier; tout concourt à me persuader que cet horrible attentat devient pour lui le sort le plus prospère. Qui de nous n'ambitionnerait pas la mort offerte au même prix! Il est mort pour la patrie, il est immortel par elle. Ses dernières paroles, à jamais gravées dans mon cœur, furent : *Mon frère, je meurs content, je meurs pour la liberté de mon pays.* Son âme douce et pure, s'exhala sans crainte, sans murmure, telle que celle d'un homme libre, au-dessus des préjugés et en paix avec lui-même. Les tyrans se sont réunis pour faire périr un homme libre. Être choisi pour leur première victime, c'est le comble de la gloire. Mais, tyrans..... votre règne est passé, et le jour n'est pas loin, où le même coup de cloche qui sauva la France au mois d'août, ne nous fera voir le reste de ces tyrans réunis que pour embellir notre triomphe! Lepeletier...... tu ne le verras pas...... mais tu seras vengé par la gloire de ton pays! Peu content d'avoir aidé à renverser l'édifice des préjugés, ta philosophie te suscitait des soins plus précieux.

» Citoyens, il a laissé un ouvrage presque terminé, il l'appelait son enfant chéri, il le portait toujours avec lui, s'en occupant sans cesse; et cette occupation de ses loisirs est un plan d'éducation nationale, capable de former des âmes vraiment républicaines.

» Son système, en donnant à tous les citoyens une éducation égale, en faisait porter le plus grand poids sur ces fortunes colossales, protégées par la loi, puisqu'elles sont des propriétés, mais qui doivent être atteintes au moins pour les charges de la patrie, et qui ne peuvent l'être pour un but plus sacré.

» Je le rendrai public, ce travail si cher à ton cœur; et ce frère que tu avais choisi pour ton ami, croit ne pouvoir mieux justifier ton choix, qu'en offrant à tes concitoyens ton dernier bienfait envers l'humanité.

» Citoyens, vous avez permis à un frère d'élever la voix pour honorer son frère. Citoyens........ je me trompe, c'est lui qui m'honore........ J'ai passé sept heures à le voir mourir dans les douleurs les plus aiguës; je l'ai pleuré des larmes les plus amères. Le reste de ma vie doit être consacré à servir la patrie...... Il me semble le voir se serrer dans sa tombe, et me prescrire de mériter auprès de lui la place que j'avais dans son cœur! Ames des deux Gracchus, c'est vous que j'évoque! redites aux Français, ce que l'amitié, qui les unissait plus encore que les liens du sang, leur fit entreprendre pour Rome....... Français, le premier de vos Gracques est mort fidèle ami du peuple. Une mort violente fut la récompense du jeune Caïus; un songe l'en avait prévenu..... Je songe aussi..... Mais, patrie! tu l'emportes, et je vote, comme mon frère, la mort des tyrans. »

Discours du citoyen BARRÈRE.

« CITOYENS,

» Il n'y a de grand que Dieu et le peuple; il n'y a de saint que la patrie et la liberté. Rien aussi n'est plus digne du respect et des hommages des hommes, que la mémoire du Représentant courageux qui sait mourir pour la défense de leurs droits; son frère vient d'acquitter la dette de la nature; je viens payer un tribut à la vérité : c'est le plus bel hommage que je puisse rendre à la cendre de notre collègue.

» Michel Lepeletier fut noble; mais c'était l'erreur de ses pères et le crime de son siècle. Il a expié la noblesse par son élection à la Convention nationale. Lepeletier fut riche; mais il a fait oublier ses richesses par ses bienfaits.

» Lepeletier ne fut pas de la minorité réunie aux communes; mais il a coopéré à l'abolition de la royauté. Il ne s'opposa point à la révision; mais il a voté la mort du tyran. Comme législateur, il a réclamé avec force contre la peine capitale infligée aux assassins; et il a péri sous le fer d'un assassin. Le glaive parricide est déposé sur son lit, à côté de l'ouvrage qu'il venait de finir pour l'abolition de la peine de mort.

Pour quelle opinion as-tu voté, lui dit le lâche Pâris?.......... *J'ai voté pour la mort, j'ai obéi à ma conscience*.......... Et aussitôt la patrie est privée d'un de ses plus zélés défenseurs. Attentat horrible, mais dont l'amour de la liberté et la révolution recevront une influence salutaire. L'indignation, que le crime de lèse-nation doit inspirer, a passé dans toutes les âmes, et le royalisme qui l'a produit est partout en horreur. O mon collègue....... tu désirais que ta mort fût utile à la république! Ta mort n'est-elle pas un éveil salutaire donné à tous les amis de la liberté? n'est-elle pas une victoire signalée sur la tyrannie? Que tes funérailles soient donc aussi une victoire nécessaire sur nos passions particulières.

» Jurons tous, sur la tombe de Lepeletier, de n'avoir plus d'autres passions que celle de sauver la patrie; et de ne pas nous séparer, que la constitution de la république ne soit achevée. »

(*Aussitôt, par un mouvement spontané, tous les membres de la Convention nationale lèvent la main, et joignent leur serment à celui de l'orateur.*)

Discours du citoyen VERGNIAUD, *président de la Convention nationale.*

« CITOYENS,

» Brutus est immortel, pour avoir immolé César: Michel Lepeletier a voté la mort du tyran des Français: un pareil acte vaut une vie entière, l'immortalité est acquise à Lepeletier. Lepeletier est mort pour la défense de la liberté, voilà son plus bel éloge. Que peut-il manquer à sa gloire? Citoyens! Nous pleurons sur sa tombe, et jamais larmes n'eurent de motifs plus légitimes. Quels services n'eût pas rendus au peuple celui qui mourut généreusement en combattant la tyrannie! Mais il est un moyen d'honorer sa mémoire, plus digne de nous, plus digne de lui, que ces épanchemens douloureux de notre sensibilité; c'est d'imiter son courage et ses vertus: c'est, en faisant à l'amour de la patrie le sacrifice de toutes nos passions individuelles, de jurer de la sauver, ou de mourir comme Lepeletier: c'est de jurer de donner une constitution à la république, ou de mourir comme Lepeletier: c'est enfin de jurer de fonder la liberté, l'égalité et la prospérité nationale sur de sages lois, ou de mourir comme Lepeletier. »

Après ces discours prononcés en l'honneur de la liberté et d'un citoyen mort pour l'avoir généreusement défendue, les députés à la Convention promettent solennellement de braver tous les périls, pour sauver et maintenir la république, et de ne pas se séparer avant d'avoir rempli le mandat sacré qu'ils ont reçu du peuple, et avant de lui présenter une constitution fondée sur les principes de la liberté et de l'égalité.

La musique qui s'était fait entendre pendant la marche, a exécuté et chanté des hymnes civiques, peignant la patrie en pleurs, et inspirant aux âmes la haine des tyrans et l'amour sacré de la liberté.

Signé, VERGNIAUD, *président*. HENRY BANCAL, A. J. GORSAS, DUFRICHE-VALAZÉ, SALLES, LESAGE, *secrétaires*.

Pièce Justificative CC, page 67.

DÉTAILS

DE LA POMPE FUNÈBRE DE MICHEL LEPELETIER.

La pompe funèbre de Lepeletier Saint-Fargeau a été célébrée jeudi 24 janvier, avec tout l'éclat que permettait la rigueur du temps et de la saison; mais avec une affluence telle qu'elle eût pu être dans les plus beaux jours de l'année.

A dix heures du matin, son lit de mort a été placé sur le piédestal où était ci-devant la statue équestre de Louis XIV, place Vendôme, aujourd'hui place des Piques. On montait au piédestal par deux escaliers, sur les rampes desquels étaient des candelabres à l'antique. Le corps était exposé sur le lit avec les draps ensanglantés et le glaive dont il a été frappé. Il était nu jusqu'à la ceinture, et l'on voyait à découvert sa large et profonde plaie. Ce lit, ce sang, cette blessure, ces restes inanimés étaient la partie lugubre et la plus attachante de ce grand spectacle. Il n'y manquait que l'auteur du crime chargé de chaînes, et commençant son supplice par l'aspect du triomphe de Saint-Fargeau.

Dès que la Convention nationale et tous les corps qui devaient former le cortége eurent été rassemblés sur la place, une musique lugubre se fit entendre. Elle était, comme presque toutes celles qui ont embelli nos fêtes révolutionnaires, de la composition du citoyen Gossec. La Convention était rangée autour du piédestal.

Le citoyen chargé des cérémonies a remis au président de la Convention une couronne de chêne et de fleurs; alors le président, précédé des huissiers de la Convention et de la musique nationale, a fait le tour du monument, et est monté sur le piédestal pour déposer sur la tête de Lepeletier la couronne civique : pendant ce temps un fédéré a prononcé un discours; le président étant descendu, le cortège s'est mis en marche dans l'ordre suivant :

Un détachement de cavalerie précédé de trompettes avec sourdines.—Sapeurs.—Canonniers sans canons.—Détachement de tambours voilés.—Déclaration des Droits de l'homme portés par des citoyens.—Volontaires des six légions, et vingt-quatre drapeaux.—Détachement de tambours.—Une bannière sur laquelle était écrit le décret de la Convention, qui ordonne le transport du corps de Lepeletier au Panthéon.—Élèves de la patrie.—Les commissaires de police.—Le bureau de conciliation.—Les juges-de-paix.—Les présidens et commissaires de sections.—Le tribunal de commerce.—Le tribunal criminel provisoire.—Les six tribunaux du département.—Le corps électoral.—Le tribunal criminel du département.—La municipalité de Paris.—Les districts de St-Denis et du bourg de l'Égalité.—Le département.—Détachement de tambours.—Le faisceau des quatre-vingt-quatre départemens, portés par des fédérés.—Le conseil exécutif provisoire.—Détachement de la garde de la Convention nationale.—Le tribunal de cassation.—Figure de la liberté portée par des citoyens.—Les vêtemens ensanglantés, portés au bout d'une pique avec festons de chêne et de cyprès. — Convention nationale, les députés marchant sur deux colonnes de deux.—Au milieu des députés, une bannière où étaient écrites les dernières paroles de Lepeletier : *Je suis satisfait de verser mon sang pour ma patrie; j'espère qu'il servira à consolider la liberté et l'égalité, et à faire connaître ses ennemis.*—Le corps porté par des citoyens, tel qu'il était exposé sur la place des Piques.—Autour du corps, des canonniers, le sabre nu à la main, accompagnés d'un pareil nombre de vétérans.—Musique de la garde nationale, qui exécutait pendant la marche des airs funèbres.—Famille du mort.—Groupe de mères conduisant des enfans. —Détachement de la garde de la Convention.—Tambours voilés.—Volontaires des six légions, et vingt-quatre drapeaux.—Tambours voilés.—Fédérés armés. —Sociétés populaires.—Cavalerie et trompettes avec sourdines.

De chaque côté, des citoyens armés de piques formaient une barrière, et soutenaient les colonnes. Ces citoyens tenaient leurs piques horizontalement à la hauteur des hanches, de main en main.

Le cortége est parti dans cet ordre de la place des Piques, et est passé par les rues St-Honoré, du Roule, le Pont-Neuf; les rues Thionville (*ci-devant Dauphine*), Fossés-St-Germain, la Liberté (*ci-devant Fossés-M.-le-Prince*), La place St-Michel; les rues d'Enfer, St Thomas, St-Jacques, et la place du Panthéon.

Les stations ont été devant la salle des séances des

amis de la Liberté et de l'Égalité; vis-à-vis l'Oratoire, sur le Pont-Neuf, en face de la Samaritaine; devant la salle des séances des amis des Droits de l'homme; au carrefour de la rue de la Liberté; place Saint-Michel, et au Panthéon.

Arrivé au Panthéon, le corps a été placé sur l'estrade préparée pour le recevoir. La Convention nationale s'est rangée autour; la musique, placée dans la tribune, a exécuté un superbe chœur religieux; le frère de Lepeletier a prononcé ensuite un discours, dans lequel il annonce que son frère avait laissé un ouvrage presque achevé, sur l'éducation nationale, qui sera bientôt rendu public; il a fini par ces mots : *Je vote, comme mon frère, la mort des tyrans.*

Les représentans, rapprochés du corps, se sont promis union, et ont juré le salut de la patrie.

Un grand chœur à la liberté a terminé la cérémonie.

(*Extrait du Moniteur du* 27 *janvier* 1793).

Note DD, pages 69, 265.

ANECDOTE

SUR LE RAPPORT DU PLAN D'ÉDUCATION PUBLIQUE DE Mel LEPELETIER, FAIT PAR ROBERSPIERRE À LA CONVENTION NATIONALE, SÉANCE DU 13 JUILLET 1793.

La Convention nationale avait décrété que je serais appelé à la tribune pour faire la lecture du plan de mon frère. Flatté d'un tel honneur, j'attendais ses ordres; lorsque, le 12 juillet 1794, je rencontrai le représentant Roberspierre, vers les trois heures après midi, dans le jardin des Tuileries. M'ayant aperçu, il vint à moi, et me dit : *Quand nous ferez-vous donc connaître, citoyen, l'ouvrage de feu votre frère sur l'éducation?..... J'attends, citoyen représentant, les ordres de l'Assemblée...... Je tiens infiniment à le connaître*, ajouta-t-il; *voulez-vous me le confier?* Je lui dis que je m'étais promis de ne le faire voir à personne avant de le soumettre à la Convention. Il insista beaucoup : je résistai long-temps. Enfin je cédai; mais avec promesse de sa part qu'il me le rendrait le lendemain à pareille heure. Je le lui envoyai.

Quel fut mon étonnement, le lendemain, d'entendre, sur les cinq heures, les crieurs de journaux faire retentir les rues de Paris de ces paroles foudroyantes pour moi : *Grand rapport à l'Assemblée du plan de Michel Lepeletier sur l'éducation publique, par Maximilien Roberspierre.* Je ne me possédais que difficilement. Je fus chez lui, et l'abordant encore très-ému, je lui reprochai son manque de parole. *Ce plan est si beau*, me dit-il, *que je n'ai pu résister. C'est admirable, c'est le premier ouvrage qui soit à la hauteur de la république!* Tout cela ne me calmait pas. *Est-ce que vous trouvez mauvais ce que j'ai fait*, me dit-il? — *La chose qui me porte à excuser votre procédé, c'est que votre popularité augmente l'espoir que j'ai de voir adopter par la Convention, les vues de mon frère sur un objet aussi important pour la patrie.*

Le mot *excuser* lui déplut sans doute. Sa figure s'en

ressentit : je le quittai. Mais il était homme à garder rancune, et je m'en aperçus lors de la loi sur l'éloignement de Paris, des ci-devant nobles. Plusieurs de ses collègues ayant réclamé en ma faveur au comité de salut public, les exceptions que la loi permettait, Roberspierre prit la parole, et leur dit d'un ton hautain : *Est-ce que vous prenez le parti des nobles ?.....* Ils n'osèrent insister, et je sentis bien qu'il y avait là plus que de l'humeur de notre ancienne entrevue.

Au reste, voici le discours qu'il prononça le 13 juillet 1793 à la Convention nationale, avant de faire la lecture du plan d'éducation de mon frère.

EXTRAIT *de la séance de la Convention nationale, du* 13 *juillet* 1793.

Roberspierre, au nom du comité d'instruction publique :

« CITOYENS,

» Votre comité sera bientôt en état de vous présenter l'ensemble du nouveau travail dont vous l'avez chargé. En attendant, il va vous donner un garant de ses principes, payer tribut à l'impatience publique, en mettant sous vos yeux l'ouvrage d'un homme illustre, qui fut votre collègue, et que le tombeau met à couvert des traits de l'envie, peut-être de la calomnie, si toutefois les satellites de la calomnie savaient respecter même les droits des tombeaux. Avec la mémoire de ses vertus, Michel Lepeletier a légué à sa patrie un plan d'éducation que le génie de l'humanité semble avoir tracé. Ce grand objet occupait encore ses pensées, lorsque le crime plongea dans son flanc le fer sacrilége. Celui qui disait : *Je meurs content, ma mort servira la liberté*, pouvait se réjouir aussi de lui avoir rendu d'autres services moins douloureux à la patrie. Il ne quittait point la terre sans avoir préparé le bonheur des hommes par un ouvrage digne de sa vie et de sa mort.

» Citoyens, vous allez entendre Lepeletier, dissertant sur l'éducation nationale. Vous allez le revoir dans la plus noble partie de lui-même. En l'écoutant, vous sentirez plus douloureusement la grandeur de la perte que vous avez faite ; et l'univers aura une preuve de plus que les implacables ennemis des rois, que la tyrannie peint si farouches et si sanguinaires, ne sont que les plus tendres amis de l'humanité. »

NOTE EE, page 69.

Le gouvernement républicain ayant été violemment détruit, il n'est pas étonnant que les principes de Michel Lepeletier sur l'institution et l'éducation publiques n'aient pas été mis en pratique. Mais ce qui est fait pour surprendre étrangement, c'est que M. Thibeaudeau, ancien conventionnel et collègue de mon frère, ait imprimé cette singulière phrase dans ses mémoires publiés en 1824.

Lepeletier, *je ne puis dire si ce fut par conviction,* proposa son plan d'éducation commune. *Il fit fortune parmi les Spartiates.*

D'abord il n'est pas exact de dire que mon frère

proposa. Son plan ne fut connu qu'après sa mort, et ce fut moi qui en révélai l'existence. Ensuite, que M. Thibeaudeau n'eût point les mêmes idées que mon frère, sur l'éducation publique; cela se conçoit. Chacun a les siennes, en matière d'institutions, et M. Thibeaudeau ne tenait pas très-fortement au gouvernement républicain; il était loin d'être au fond *un Spartiate*..... On devrait ne pas jeter légèrement des pierres dans les héritages d'autrui; car si l'on voulait récriminer, on pourrait, d'une main sûre, frapper juste et casser force carreaux dans les fenêtres du provocateur. Mais ce qui est incroyable, c'est que M. Thibeaudeau ose élever, dans un écrit public, des doutes sur la sincérité des opinions de mon frère concernant l'éducation publique. S'il y eut quelque chose d'éminemment remarquable en Michel Lepeletier, ce fut la sincérité de toutes ses opinions. Un grand nombre de ses collègues des Assemblées constituante et conventionnelle, l'attesteraient; et le genre de sa mort en demeure la plus forte preuve aux yeux de l'histoire. On ne tue pas les hommes que l'on espère faire varier en politique.

NOTE FF, page 71.

Le député Maure, nommé en 1792 avec mon frère à la Convention nationale par le département de l'Yonne, était un parfait honnête homme, père d'une nombreuse famille, et un vrai républicain. Il était d'Auxerre, où il faisait un gros commerce d'épiceries. Mon frère l'avait pris en grande estime et affection, lorsqu'il présidait le département de l'Yonne, dont Maure était aussi un des administrateurs. Il lui trouvait un jugement très-sûr et un esprit naturel très-remarquable. Maure rendait bien à mon frère les mêmes affections. Il fut inconsolable de sa perte, et cependant il apportait tous ses soins à me consoler : c'était un homme excellent. Lorsqu'il vit la violence atroce des réactions après le 9 thermidor, son âme s'affecta au plus haut degré....... Il me disait : *Mon cher Lepeletier, je ne vois plus que malheurs pour la France : j'envie la mort de ton frère ou celle de Rulh :* ce vieillard de 72 ans s'était brûlé la cervelle quelques jours auparavant, tant il était affecté de la marche que prenaient les affaires. Un matin, que j'avais été voir le bon député Maure, je le trouvai très-pensif, et me répétant toujours ses sentimens sur la fin de ses deux collègues. Le même jour il se rendit à la Convention : on l'y dénonça. Il ne put supporter un tel coup. Le lendemain matin, inquiet sur lui, j'allai le voir. Il venait de se tuer d'un coup de pistolet......... Je consigne ici deux de ses billets qu'il m'écrivit dans le temps.

Le 25 janvier 1793, l'an 2 de la république.

« MAURE, représentant du peuple, salue fraternellement le cit^en^ Félix Lepeletier, et le prévient qu'il a été appelé au bureau pour remettre les paroles énergiques qu'il a dites à la barre, avec la citoyenne fille de Louis-Michel Lepeletier de glorieuse mémoire, et adoptive de la république. Vous me les aviez remises, citoyen, mais les ayant données aux journalistes, elles sont emportées aux imprimeries. Je vous prie de vouloir bien les envoyer au bureau le plus promptement, ainsi que votre oraison funèbre, civique, prononcée hier; le tout devant être inséré dans le procès-verbal, comme vous l'avez entendu décréter : C'est ainsi que sont honorés ceux qui servent bien la patrie. MAURE aîné. »

Paris, le 28 février 1793, l'an 2 de la république.

« CHER CONCITOYEN,

» J'ai été agréablement surpris, en rentrant à la maison, lorsque j'ai aperçu l'image de mon glorieux ami; son amitié, son exemple, ses bons conseils ont fructifié dans mon cœur reconnaissant; sa mémoire est éternelle pour moi, comme dans la république. Cette image était inutile pour le rappeler à un tendre souvenir; mais elle n'en sera pas moins chérie et respectée, tant à cause de l'objet qu'elle représente, que parce qu'elle m'est présentée par la main du nouvel et digne ami qui vient le remplacer.

» Salut et fraternité. MAURE aîné. »

PIÈCE JUSTIFICATIVE GG, page 72.

DÉCRETS

RENDUS PAR LA CONVENTION NATIONALE, PAR SUITE DE L'ASSASSINAT DE MICHEL LEPELETIER.

Le Ministre de la Justice, au cit^en Félix Lepeletier.

« J'ai pensé, mon cher concitoyen, que tu serais sûrement bien aise d'avoir en ta possession tous les décrets rendus relativement à ton illustre frère, ou dans lesquels il était mention de lui. Je t'en envoie la collection en forme. Tu la recevras sans doute, mon cher concitoyen, avec tout le plaisir que j'ai à te l'offrir. Ce sont les titres les plus précieux que puisse posséder un patriote. Ils rappellent le généreux amour de la liberté et de l'égalité, bien différens des anciens titres qui ne rappelaient que le sot orgueil qui les avaient inventés, et ne servaient qu'à le rendre héréditaire dans les familles et à le propager dans la société.

» Reçois aussi, mon cher concitoyen, les salutations les plus fraternelles. GOHIER. »

Paris, 7 pluviose l'an 2 de la république française, une et indivisible.

Nota. « J'ai cru devoir faire précéder la collection de ces décrets, » de la lettre d'envoi qui y fut jointe par le respectable GOHIER, mi- » nistre de la justice. Cette lettre m'a paru être encore un honorable » monument des temps, soit pour la mémoire de mon frère, soit pour » moi; je l'ai conservée précieusement. »

M. Gohier fut depuis l'un des derniers directeurs de la république et leur président lors du 18 brumaire. Il vit encore, et illustre, à l'âge de quatre-vingts ans, cette belle vieillesse de toute l'énergie de l'amour de la patrie et de la liberté.

Ier DÉCRET DE LA CONVENTION NATIONALE,

Qui décrète d'accusation PARIS, assassin de MICHEL LEPELETIER.

La Convention nationale, après avoir entendu le rapport du ministre de la justice, décrète ce qui suit:

ARTICLE PREMIER.

Il y a lieu à accusation contre Pâris, ancien garde

du roi, prévenu de l'assassinat commis hier sur la personne de Michel Lepeletier, l'un des représentans du peuple français.

2.

Elle charge le conseil exécutif provisoire de faire poursuivre et punir le coupable et ses complices par les mesures les plus promptes, et de faire remettre, sans délai, à son comité des décrets, les expéditions des procès-verbaux du juge-de-paix et des autres actes, contenant les renseignemens relatifs à cet attentat.

3.

Les comités des décrets et de législation présenteront, dans la séance de demain, la rédaction de l'acte d'accusation.

4.

Il sera fait une adresse aux Français, qui sera envoyée aux quatre-vingt-quatre départemens et aux armées, par des courriers extraordinaires, pour les informer du crime de lèse-nation, qui vient d'être commis sur la personne de Michel Lepeletier, des mesures que la Convention nationale a prises pour la punition de cet attentat; inviter les citoyens à la paix et à la tranquillité, et les autorités constituées à la plus exacte surveillance.

5.

La Convention nationale assistera tout entière aux funérailles de Michel Lepeletier, assassiné pour avoir voté la mort du tyran.

6.

Les honneurs du Panthéon français sont décernés à Michel Lepeletier, et son corps y sera déposé.

7.

Le président est chargé d'écrire, au nom de la Convention nationale, au département de l'Yonne et à la famille Lepeletier.

Collationné à l'original par nous, président et secrétaires de la Convention nationale. A Paris, ce 21 janvier 1793, l'an 2 de la république française. Signé, VERGNIAUD, président; SALLES et HENRY BANCAL, secrétaires.

Au nom de la république, le conseil exécutif provisoire mande et ordonne à tous les corps administratifs et tribunaux, que la présente loi ils fassent consigner dans leurs registres, lire, publier et afficher, et exécuter dans leurs départemens et ressorts respectifs. En foi de quoi nous y avons apposé notre signature et le sceau de la république. A Paris, le vingt et unième jour du mois de janvier mil sept cent quatre-vingt-treize, l'an second de la république française. *Signé*, GARAT, président du conseil exécutif provisoire. *Contresigné*, GARAT. *Et scellé du sceau de la république.*

Certifié conforme à l'original.

GOHIER.

IIme DÉCRET DE LA CONVENTION NATIONALE,

Du vingt-deux janvier, an second de la république française, une et indivisible;

Relatif aux funérailles de Lepeletier, député à la Convention nationale.

La Convention nationale, après avoir entendu ses comités d'instruction publique et des inspecteurs, décrète ce qui suit :

ARTICLE PREMIER.

Mercredi 23 janvier, l'an 2 de la république, à une heure après midi, seront célébrées, aux frais de la nation, les funérailles de Michel Lepeletier, député par le département de l'Yonne à la Convention nationale.

2.

La Convention nationale assistera tout entière aux funérailles de Michel Lepeletier. Le conseil exécutif, les corps administratifs et judiciaires y assisteront pareillement.

3.

Le conseil exécutif et le département de Paris se concerteront avec le comité d'instruction publique, relativement au détail de la cérémonie funèbre.

4.

Les dernières paroles de Michel Lepeletier seront gravées sur sa tombe, ainsi qu'il suit : *Je suis satisfait de verser mon sang pour la patrie; j'espère qu'il servira à consolider la liberté et l'égalité, et à faire reconnaître ses ennemis.*

Collationné à l'original par nous, président et secrétaires de la Convention nationale. A Paris, lesdits jour et an que dessus. Signé, VERGNIAUD, président; DUFRICHE-VALAZÉ et HENRY BANCAL, secrétaires.

Au nom de la république, le conseil exécutif provisoire mande et ordonne à tous les corps administratifs et tribunaux, que la présente loi ils fassent consigner dans leurs registres, lire, publier et afficher, et exécuter dans leurs départemens et ressorts respectifs. En foi de quoi nous y avons apposé notre signature et le sceau de la république.

A Paris, le vingt-deuxième jour de janvier, an second de la république française, une et indivisible. *Signé*, GARAT, président du conseil exécutif provisoire. *Contresigné*, GARAT. *Et scellé du sceau de la république.*

Certifié conforme à l'original. GOHIER.

IIIme DÉCRET DE LA CONVENTION NATIONALE,

Du vingt-cinquième jour de janvier, an second de la république française, une et indivisible;

Relatif à l'adoption de la fille de Michel Lepeletier, et qui ordonne l'érection d'un monument à sa mémoire.

La Convention nationale, sur la proposition d'un de ses membres, décrète ce qui suit :

1° Elle adopte, au nom de la patrie, la fille de Michel Lepeletier, et elle charge son comité de législation de lui présenter très-incessamment un rapport sur les lois de l'adoption.

2° Il sera érigé un monument en marbre, pour transmettre à la postérité les traits de Michel Lepeletier, tel qu'il a été présenté aux yeux de ses contemporains dans son lit de mort; l'exécution de ce monument sera donné au concours. La Convention renvoie à son comité d'instruction publique pour lui faire un prompt rapport sur l'exécution de l'emplacement de ce monument.

3° Enfin la Convention nationale décrète l'impression du procès-verbal des obsèques de Lepeletier, et des différens discours prononcés; celle du discours prononcé à la barre, dans la séance de ce jour, par Félix Lepeletier, la réponse du président, et l'envoi du tout aux quatre-vingt-quatre départemens.

Collationné à l'original par nous, président et secrétaires de la Convention nationale. A Paris, le 27 janvier 1793, l'an 2 de la république française. Signé, J. P. RABAUD, président; HENRY BANCAL, TREILLARD et CAMBACÉRÈS, secrétaires.

Au nom de la république, le conseil exécutif provisoire mande et ordonne à tous les corps administratifs et tribunaux, que la présente loi ils fassent consigner dans leurs registres, lire, publier et afficher, et exécuter dans leurs départemens et ressorts respectifs. En foi de quoi nous y avons apposé notre signature et le sceau de la république.

A Paris, le vingt-septième jour de janvier, l'an second de la république française, une et indivisible. *Signé*, PACHE. *Contresigné*, GARAT. *Et scellé du sceau de la république.*

Certifié conforme à l'original. GOHIER.

IVme DÉCRET DE LA CONVENTION NATIONALE,

Du vingt-neuvième jour de mars, an second de la république française, une et indivisible;

Relatif à un don fait par David, d'un tableau représentant Michel Lepeletier sur son lit de mort.

La Convention nationale, agréant l'hommage fait par le citoyen David, l'un de ses membres, d'un grand tableau dans le genre de l'histoire, représentant Michel Lepeletier sur son lit de mort, en ordonne la mention honorable, et décrète que ce tableau, dont le citoyen David est l'auteur, sera gravé sous son inspection aux frais de la république, et qu'un exemplaire sera envoyé à chaque administration de département, et présenté à tous les députés des pays libres qui viendront solliciter leur incorporation à la France.

Collationné à l'original par nous, président et secrétaires de la Convention nationale. A Paris, le 31 mars 1793, l'an 2 de la république française. Signé, JEAN DE BRY, président; J. B. BOYER-FONFRÈDE, et REVELLIÈRE LÉPEAUX, secrétaires.

Au nom de la république, le conseil exécutif provisoire mande et ordonne à tous les corps administratifs et tribunaux, que la présente loi ils fassent consigner dans leurs registres, lire, publier et afficher, et exécuter dans leurs départemens et ressorts respectifs. En foi de quoi nous y avons apposé notre signature et le sceau de la république. A Paris, le trente et unième jour de mars, an second de la république française, une et indivisible. *Signé*, GARAT. *Contresigné* GOHIER. *Et scellé du sceau de la république.*

Certifié conforme à l'original. GOHIER.

Vme DÉCRET DE LA CONVENTION NATIONALE,

Du quatrième jour de mai, an second de la république française, une et indivisible ;

Qui ordonne à la municipalité de Saint-Fargeau, de faire restituer les armes des agens de la fille de Louis-Michel Lepeletier.

La Convention nationale, sur la lecture d'une lettre des citoyens formant la société des amis de la Liberté et de l'Égalité de St-Fargeau, qui annonce qu'en exécution du décret du 26 mars dernier, concernant le désarmement, la municipalité de St-Fargeau a fait prendre chez la fille de Louis-Michel Lepeletier, les armes que ses agens avaient pour leur sûreté; considérant qu'on ne peut regarder comme suspecte la fille de cet illustre martyr de la liberté, adoptée par la nation; décrète, sur la motion d'un membre, que la municipalité de St-Fargeau fera restituer les armes des agens de la fille de Louis-Michel Lepeletier.

Visé par l'inspecteur. *Signé*, JOSEPH BECKER.

Collationné à l'original par nous, président et se-

crétaires de la Convention nationale. A Paris, le 7 mai 1793, l'an 2 de la république. Signé, J. B. BOYER-FONFRÈDE, président; LEHARDY, CHAMBON et GENISSIEU, secrétaires.

Au nom de la république, le conseil exécutif provisoire mande et ordonne à tous les corps administratifs et tribunaux, que la présente loi ils fassent consigner dans leurs registres, lire, publier, et afficher, et exécuter dans leurs départemens et ressorts respectifs. En foi de quoi nous y avons apposé notre signature et le sceau de la république. A Paris, le septième jour de mai, an second de la république française, une et indivisible. *Signé,* LEBRUN. *Contresigné,* GOHIER. *Et scellé du sceau de la république.*

Certifié conforme à l'original. GOHIER.

VIme DÉCRET DE LA CONVENTION NATIONALE,

Du troisième jour de juillet 1793, an second de la république française, une et indivisible;

Concernant le paiement des dépenses relatives aux funérailles de Michel Lepeletier.

La Convention nationale, après avoir entendu le rapport de son comité des finances, décrète qu'en conformité de la loi du 22 janvier dernier, la trésorerie nationale tiendra à la disposition du ministre de l'intérieur, jusqu'à concurrence de la somme de treize mille cinq cent huit livres quinze sols, pour acquitter toutes les dépenses relatives aux funérailles de Michel Lepeletier, d'après les différens mémoires arrêtés et réglés par le directoire du département.

Visé par l'inspecteur. *Signé*, S. E. MONNEL.

Collationné à l'original par nous, président et secrétaires de la Convention nationale. A Paris, le 4 juillet 1793, l'an 2 de la république française. Signé, THURIOT, président; GOSSUIN, LEVASSEUR et P. A. LALOY, secrétaires.

Au nom de la république, le conseil exécutif provisoire mande et ordonne à tous les corps administratifs et tribunaux, que la présente loi ils fassent consigner dans leurs registres, lire, publier et afficher, et exécuter dans leurs départemens et ressorts respectifs. En foi de quoi nous y avons apposé notre signature et le sceau de la république. A Paris, le quatrième jour de juillet, an second de la république française, une et indivisible. *Signé*, DALBARADE. *Contresigné*, GOHIER. *Et scellé du sceau de la république.*

Certifié conforme à l'original. GOHIER.

PIÈCE JUSTIFICATIVE KK, page 73.

DISCOURS

PRONONCÉ A LA CONVENTION NATIONALE LE 29 MARS 1793, PAR LE CITOYEN DAVID, DÉPUTÉ, EN OFFRANT UN TABLEAU DE SA COMPOSITION, REPRÉSENTANT MICHEL LEPELETIER AU LIT DE MORT.

« CITOYENS,

» Chacun de nous est comptable à la patrie, des talens

qu'il a reçus de la nature ; si la forme est différente, le but doit être le même pour tous. Le vrai patriote doit saisir avec avidité tous les moyens d'éclairer ses concitoyens, et de présenter sans cesse à leurs yeux les traits sublimes d'héroïsme et de vertu.

» C'est ce que j'ai tenté de faire dans l'hommage que j'offre en ce moment à la Convention nationale, d'un tableau représentant Michel Lepeletier assassiné lâchement pour avoir voté la mort du roi.

» Citoyens, le ciel qui répartit ses dons entre tous ses enfans, voulut que j'exprimasse mon âme et ma pensée par l'organe de la peinture, et non par les sublimes accens de cette éloquence persuasive que font retentir parmi vous les fils énergiques de la liberté. Plein de respect dans les décrets immuables, je me tais, et j'aurai rempli ma tâche, si je fais dire un jour au vieux père, entouré de sa nombreuse famille : « Venez, mes enfans, venez voir celui de vos représentans qui, le premier, est mort pour vous donner la liberté : voyez ses traits comme ils sont sereins ; c'est que quand on meurt pour son pays on n'a rien à se reprocher. Voyez-vous cette épée qui est suspendue sur sa tête et qui n'est retenue que par un cheveu ? Eh bien, mes enfans, cela veut dire quel courage il a fallu à Michel Lepeletier, ainsi qu'à ses généreux collègues, puisqu'au moindre mouvement, ce cheveu rompu, ils étaient tous inhumainement immolés.

» Voyez-vous cette plaie profonde ? Vous pleurez, mes enfans ! vous détournez les yeux ! Mais aussi faites attention à cette couronne, c'est celle de l'immortalité : la patrie la tient prête pour chacun de ses enfans ; sachez la mériter, les occasions ne manquent point aux grandes âmes. Si jamais, par exemple, un ambitieux vous parlait d'un dictateur, d'un tribun, d'un régulateur, ou tentait d'usurper la plus légère portion de la souveraineté du peuple ; ou bien qu'un lâche osât vous proposer un roi, combattez et mourez comme Michel Lepeletier, plutôt que d'y jamais consentir ; alors, mes enfans, la couronne de l'immortalité sera votre récompense. »

» Je prie la Convention nationale d'accepter l'hommage de mon faible talent. Je me croirai bien récompensé si elle daigne l'accueillir. »

Nota. Ce tableau de M. David, par suite des événemens de notre révolution, lui fut remis. Tant qu'il vécut, ce fut en vain que je voulus en traiter avec lui. Après sa mort, sa famille l'annonça en vente dans un encan public. Je ne regardais pas ce tableau comme une propriété libre dans les mains des héritiers de M. David. Car si leur père avait consacré son beau talent à en faire un monument national, moi, de mon côté, je n'avais consenti à laisser peindre mon frère sur son lit de mort, que parce que ce tableau devenait monument national en son honneur.

Le but commun à M. David et à moi, ayant cessé d'avoir son effet par force majeure, chacun de nous deux se trouvait en position de réclamer ce qui était à lui ; de rentrer dans ses droits.

Le tableau devait revenir religieusement à notre famille : mais le prix, *à dire d'experts*, appartenait de droit aux héritiers de M. David.

Par égard pour l'exil de M. David, qui a duré dix ans, je ne voulus point intenter d'action contre lui de son vivant. Mais après avoir essayé en vain de tous les procédés envers ses héritiers, et leur avoir offert jusqu'à vingt mille francs, je m'opposai à la vente et les appelai en justice. Le tribunal admit ma requête en opposition : j'allais plaider.

Dans cette position des choses, madame de Mortefontaine, fille de Michel Lepeletier, de crainte de voir exposer dans un encan public, un monument touchant de si près à la destinée de son père, s'est décidée, par piété filiale, à l'acheter cent mille francs aux héritiers de M. David, qui l'avaient taxé à cette somme exhorbitante; puisque dans les premiers jours de son exil, M. David, le père, n'avait vendu que quinze mille francs son beau tableau de Napoléon travaillant dans son cabinet, et six mille francs, en 1824, le tableau représentant le pape Pie VII avec le cardinal Caprara..... Je m'interdis toute réflexion à ce sujet, en l'honneur de la mémoire du célèbre citoyen, fondateur de l'École française.

PIÈCE JUSTIFICATIVE LL, page 73.

ARRÊTÉ

DU CONSEIL-GÉNÉRAL DU DÉPARTEMENT DE L'YONNE,

Relatif aux honneurs à rendre à la mémoire de Ls-Mel Lepeletier, député du dépt de l'Yonne.

Extrait du procès-verbal de la séance du 24 janvier 1793, l'an 2 de la république française, tenue par les administrateurs du département de l'Yonne.

Le procureur-général syndic a dit :

« CITOYENS ADMINISTRATEURS,

» Un attentat horrible vient d'être commis : l'inviolabilité nationale a été méconnue ; le fer d'un lâche assassin s'est levé, et le citoyen que la confiance des administrés du département de l'Yonne, venait d'élever au poste auguste de représentant du peuple, est tombé sous les coups d'un meurtrier sacrilége.

» A la nouvelle de cet événement affreux, le sentiment de vos âmes a été la stupeur, premier engourdissement d'une douleur excessive. Vos yeux se sont tournés simultanément vers cette place qu'il occupait il y a quelques mois au sein de l'administration ; l'ombre de Lepeletier errait autour de ce fauteuil ; à son aspect ils se sont remplis de larmes. Qu'elles sont précieuses ces larmes, puisqu'elles honorent la vertu sacrifiée ! qu'elles sont respectables, puisqu'elles ont arrosé le tombeau de l'homme juste, de l'ami des citoyens !

» Mais vous devez à sa mémoire un témoignage plus authentique, qui atteste à jamais la reconnaissance des administrés de l'Yonne. Leurs regrets et leurs vœux ne peuvent être exprimés que par vous. Les mânes de Lepeletier attendent l'obélisque que l'amitié lui a destiné, et que par vos mains la fraternité s'empressera d'élever.

» La Convention nationale lui a déjà rendu le tribut solennel de la reconnaissance publique. Ses cendres sont placées auprès de celles du brave Beaurepaire, de ce héros à jamais célèbre, qui aima mieux mourir que de composer lâchement avec des esclaves; à l'ombre de l'écharpe sacrée de l'honorable Simoneau, qui préféra la perte de la vie à la violation de la loi; et son inscription funèbre, sera le décret qui déclare qu'il a bien mérité de la patrie.

» Administrateurs, vous, autrefois ses collègues, qu'un monument moins pompeux sans doute, mais aussi fraternel, mais aussi doux, s'élève dans cette salle, au souvenir immortel de votre représentant! Une simple branche de chêne offerte par des mains civiques, est plus durable que le marbre. Un buste d'argile, dédié au défenseur des droits de l'homme, est plus auguste sans doute que les emblèmes de porphire qui couvrent les restes impurs des tyrans.

» Vous ne consentirez pas que le département où Lepeletier a pris naissance, dont il portait la confiance et les vœux dans le temple de la souveraineté nationale, soit devancé dans les hommages par les autres sections de la république.

» Il était de mes fonctions de vous éviter cette injure, et vous allez accueillir avec enthousiasme sans doute ma proposition à cet égard.

» Je requiers donc qu'il en soit délibéré. »

Ouï le procureur-général syndic;

La matière mise en délibération :

Le conseil-général du département de l'Yonne, considérant que si tous les citoyens doivent un tribut d'hommages aux cendres de l'homme vertueux, inhumainement sacrifié pour avoir défendu, selon sa conscience, les intérêts du peuple, cette dette sacrée est encore plus exigible de ceux au sein desquels il a pris naissance, et dont il était dépositaire des pouvoirs;

Que Louis-Michel Lepeletier, député à la Convention nationale, par les électeurs du ressort, et mort le 20 du présent mois, sous le poignard assassin d'un vil conjuré, a été déclaré avoir bien mérité de la patrie, par les représentans de la république française;

Que l'époque de cette déclaration doit être plus solennellement célébrée dans une administration qu'il présidait autrefois, et dont il a réuni la confiance;

Que si dans des siècles d'ignorance, des peuples esclaves ont lâchement prostitué des honneurs funèbres à leurs cruels oppresseurs;

Le moment est arrivé où des citoyens libres viendront ingénuement répandre des fleurs sur la tombe de l'homme de bien dont la vie fut consacrée à l'exercice des vertus civiques, de l'homme courageux que la crainte de la mort ne fit pas dévier de ses devoirs :

ARRÊTE :

1° Que le lundi quatre février prochain, dans la nef de St-Étienne d'Auxerre, la mémoire de Louis Lepeletier sera célébrée.

2° Qu'un de ses membres prononcera l'éloge de ce vertueux républicain.

3° Que tous les citoyens du département, les corps constitués, les sociétés des amis de la république, sont invités à se réunir à l'administration pour solenniser plus dignement ce jour de deuil.

4° Que tout citoyen, tous corps constitués pourront faire entendre l'expression particulière de leur douleur.

5° Que le procureur-général est prié d'être l'organe de l'administration dans ce jour célèbre.

6° Que le buste de Louis-Michel Lepeletier sera placé dans l'intérieur de la salle des séances, aussitôt que l'administration aura trouvé le moyen de se le procurer.

7° Que jusqu'à cette inauguration, le cordon et la médaille de Louis-Michel Lepeletier, seront suspendus au-dessus du siége du président, avec une inscription qui contiendra ces mots :

Je suis satisfait de verser mon sang pour la patrie ; j'espère qu'il servira à consolider la liberté et l'égalité, et à faire reconnaître ses ennemis.

(Dernières paroles de Louis-Michel Lepeletier.)

8° Qu'à la diligence du procureur-général syndic, les membres absens seront priés de se rendre, au jour indiqué, pour participer aux derniers hommages que l'administration, au nom de tous les citoyens du ressort, a arrêté d'offrir à Louis-Michel Lepeletier.

9° Que le présent arrêté sera imprimé et adressé sur-le-champ aux districts et municipalités du ressort, qui sont invités à célébrer par une cérémonie particulière cette fête funèbre.

Qu'il sera de même adressé à la Convention nationale, à la députation du département de l'Yonne, et à la famille de Louis-Michel Lepeletier.

Signé sur le registre, LAPORTE, *président; et* BONNEVILLE, *secrétaire-général.*

Collationné sur le registre et délivré par nous secrétaire-général du département. A Auxerre, le 25 janvier 1793, l'an 2 de la république française.

Signé, LAPORTE, *président*; BONNEVILLE, *secrétaire-général.*

PIÈCE JUSTIFICATIVE MM, page 73.

Saint-Fargeau, le 1er frimaire, an 2 de la république française, une et indivisible.

Au citoyen Félix Lepeletier, à Paris.

« CITOYEN,

» Je vous apprends avec plaisir que la société populaire de Saint-Fargeau vient d'arrêter qu'elle demandera à changer le nom de la commune de St-Fargeau, en celui de *Lepeletier*, qu'elle veut se faire gloire de porter éternellement, pour rendre hommage aux vertus de celui qui versa son sang pour consolider notre liberté, et voulut affranchir notre patrie de tous les tyrans.

» Salut et fraternité. BORSSAT. »

Pièce Justificative NN, page 74.

Extrait de la séance de la Convention nationale, du 25 janvier 1793. (Moniteur.)

Le Président annonce que les deux frères de Michel Lepeletier et sa fille demandent à être admis à la barre, pour témoigner à la Convention leur reconnaissance des honneurs qu'elle a décernés à la mémoire de leur parent.

Il est décrété qu'ils seront admis à l'instant.

Félix Lepeletier prend la parole et dit :

« Citoyens,

» Permettez-moi de vous présenter ma nièce, fille » de Michel Lepeletier ; elle vient vous offrir, ainsi » qu'au peuple français, sa reconnaissance pour l'éter- » nité de gloire à laquelle vous avez voué son père.... » Il prend la jeune Lepeletier dans ses bras, et l'offrant à la Convention......... « Ma nièce, maintenant » voici ton père........ Peuple, voilà votre enfant. »

Le président Rabaud de Saint-Étienne lui répond :

« Citoyen,

» Le martyr de la liberté a reçu le juste tribut de » larmes que lui devait la Convention nationale, et le » juste honneur que lui devait la patrie reconnais- » sante. Son ombre, errante encore autour du temple » qui a reçu sa froide dépouille, nous invite à imiter » ses exemples et à venger sa mort. Mais le nom de » Lepeletier, immortel désormais, sera cher à la na-

» tion française. La Convention nationale, qui a besoin
» d'être consolée, trouve un soulagement à sa dou-
» leur, à exprimer à sa famille les justes regrets de
» ses membres, et la reconnaissance DE LA GRANDE
» NATION dont elle est l'organe. »

» La nation ratifiera sans doute l'adoption que fait
» en ce moment la Convention nationale de la fille de
» Michel Lepeletier. »

BARRÈRE monte à la tribune et dit :

« L'émotion que la vue de la fille unique de Michel
» Lepeletier vient de communiquer à vos âmes, ne
» doit pas être stérile pour la patrie. Elle a perdu son
» père, elle doit le retrouver dans le peuple français.
» Ses représentans doivent consacrer ce moment d'une
» trop juste sensibilité par une loi qui puisse faire le
» bonheur de plusieurs citoyens et l'espérance de
» plusieurs familles. Les erreurs de la nature, les
» illusions de la paternité, la stabilité des mœurs, ré-
» clament depuis long-temps cette belle institution
» des Romains. Quelle plus touchante époque pouvait
» se présenter à la Convention nationale, pour faire
» passer dans la législation française le principe de
» l'adoption, que celle où les derniers crimes de la
» tyrannie expirante, ont privé la patrie d'un de ses
» défenseurs ardens, et Suzanne Lepeletier, d'un père
» chéri ! Que la Convention nationale donne donc au-
» jourd'hui le premier exemple de l'adoption, en la
» décrétant pour l'unique rejeton de Lepeletier :
» Qu'elle décrète le principe de l'adoption et qu'elle

» charge le comité de législation de présenter inces-
» samment le projet de loi sur cet intéressant objet. »

Cette proposition est décrétée à l'unanimité.

Pièce Justificative OO, page 74.

SECTION DU PANTHÉON FRANÇAIS.

Le 30 pluviose, an 3 de la république française, une et indivisible, sept heures du soir, en exécution de l'arrêté du comité d'instruction publique de la Convention nationale, du 27 du présent mois, et de la lettre de la commission exécutive de l'instruction publique, en date du 29; nous *Michel Parot*, commissaire civil de la section du Panthéon français, nous sommes transportés avec le citoyen *Garat*, membre de ladite commission exécutive, le citoyen *Félix Lepeletier*, demeurant rue Culture-Catherine, section de l'Indivisibilité, et le citoyen *Soufflot*, architecte du monument du Panthéon, dans les caveaux dudit monument, et en avons extrait les restes de Michel Lepeletier, de son vivant représentant du peuple à la Convention nationale, contenus dans un cercueil, lesquels nous avons remis à l'instant audit citoyen Félix Lepeletier son frère, pour être rendus à sa famille, lequel les reconnaît.

Après quoi nous nous sommes retirés, et ont les susnommés signé avec nous et le secrétaire-greffier.

Dont et du tout, avons dressé le présent procès-verbal, pour servir et valoir ce qu'il appartiendra.

Ainsi signé à la minute, FÉLIX LEPELETIER ; SOUFFLOT ; PAROT, *commissaire* ; DESGRANGES, *secrétaire-greffier*.

Pour expédition.
DESGRANGES, *secrét.-gref.*

NOTE PP, page 75.

Je croirais n'avoir pas entièrement rempli le but que je me suis prescrit pour la mémoire de mon frère, si je passais sous silence deux calomnies consignées dans des ouvrages publiés. L'une ne fut pas une inculpation particulière à Michel Lepeletier. Elle fut jetée aussi à la tête de tous députés très-sincèrement amis de la liberté, pour tâcher de leur ôter la confiance du peuple : l'autre fut une interprétation perverse d'un effet très-naturel.

La première de ces calomnies est d'avoir fait partie de ce qu'on a appelé la faction d'Orléans. S'il y eut une faction d'Orléans, comment et pourquoi mon frère en eût-il fait partie ?

Jamais, ni pendant l'Assemblée constituante, ni avant, ni après, ni pendant la Convention, mon frère n'eut aucune relation avec le duc d'Orléans ; jamais il ne lui adressa peut-être la parole ; jamais il ne mit les pieds au palais du prince. Je sais très-positivement que mon frère évita tout rapport avec le duc. Mais des malveillans ont imprimé dans des ouvrages les plus contre-révolutionnaires, que le duc d'Orléans avait promis à mon frère que son fils épouserait sa fille..... Pense-t-on que M. d'Orléans pût avoir une telle idée? De son côté, mon frère ne l'eut jamais.

Ce qui est bien certain, c'est que deux mois après l'ouverture de la Convention, et par conséquent avant le jugement de Louis XVI, quelques députés ayant proposé une exception aux dispositions légales contre l'émigration, en faveur des enfans de M. d'Orléans et de madame de Genlis-Sillery leur gouvernante, restés en Angleterre au delà du délai de rigueur prescrit par les lois; ce qui est certain, dis-je, c'est que ce fut mon frère qui s'opposa à toute exception de faveur, en disant à l'Assemblée qu'elle ne pouvait pas avoir deux poids et deux mesures sur les mêmes faits. Cela ne sent pas trop l'intimité; et le même soir de cette discussion, j'eus à ce sujet une altercation très-vive avec le député Sillery, dans un des clubs du jardin du Palais-Royal. Voilà pour l'inculpation bannale d'Orléanisme, en ce qui regarde mon frère.

La seconde calomnie se trouve consignée au Moniteur du 20 germinal an 6, dans un écrit trouvé chez Durand-Maillane, quatre ans après la mort de Michel Lepeletier; voici ce passage : *On sait que Lepeletier Saint-Fargeau avait gagné deux cents voix en un jour pour la mort du roi*........ Le sens de cette accusation dans l'écrit cité, serait que ce fut pour servir *Monsieur*, depuis Louis XVIII, aux dépens de Louis XVI, que mon frère avait agi...... Mon frère, ni avant, ni depuis la révolution, n'avait pas eu plus de rapports avec *Monsieur* qu'avec le duc d'Orléans.

Louis XVIII est rentré et monté sur le trône; on

sait quel a été mon sort depuis la *restauration*. Membre de la chambre des cent-jours, j'ai joui de la faveur de quatre ans de bannissement, en vertu de l'ordonnance royale du 24 juillet 1815. Mes propriétés furent livrées aux troupes anglaises, qu'on mit en garnison chez moi, après la rentrée de Louis XVIII, et avec dessein prémédité. Le mobilier de mon habitation et mes divers établissemens d'agriculture ont été ravagés, pillés; j'ai été accablé de contributions extraordinaires; et déjà le 21 juillet 1815, si par hasard je n'eusse pas été à dix heures du soir, chez M. de Girardin, alors préfet de Rouen (1), en retournant dans ma terre de Tilleul, j'y eusse été assassiné par des hommes étrangers au pays, qui m'y attendaient armés, et qui, le 22 au matin, sachant que je devais arriver, vinrent fouiller à coups de sabres et de baïonnettes, ma maison, les lits et les greniers à fourrages; ils voulaient me traiter comme le maréchal Brune. J'étais si loin de croire à un tel crime, que ce n'est que par les plus instantes prières de M. de Girardin, que je me suis abstenu d'aller chez moi, et qu'ainsi j'ai échappé au danger. Lorsque je vins porter plainte à Paris, le ministre Fouché me fit arrêter.

Que l'on juge maintenant, par analogie, de cette allégation calomnieuse trouvée dans les papiers de Durand-Maillane, et mis au rebut par celui même chez qui on les trouva.

(1) M. de Girardin, maintenant membre de la chambre des députés.

Mais j'ai dit que cette interprétation perverse provenait contre Michel Lepeletier d'un effet naturel; cet effet le voici : c'est que l'opinion d'un homme du caractère et de la réputation de mon frère, comme patriote, comme magistrat intègre et éclairé, put, à la vérité, entraîner plus d'un suffrage. Mais que mon frère ait agi, conseillé, intrigué pour *gagner deux cents voix*, même une seule, voilà ce qui était entièrement opposé à sa conduite, à ses mœurs, à tout ce qui relevait si évidemment son caractère d'homme public; voilà ce qui ne lui appartient pas du tout, non plus que des rapports avec le duc d'Orléans, ni avec Louis XVIII.

L'homme qui avait voulu faire abroger la peine de mort, *excepté pour les chefs de partis*, eût été heureux de n'avoir pas à prononcer dans une telle question, mandat positif et inséré dans les pouvoirs donnés aux députés de l'Yonne, par l'assemblée électorale de ce département, tenue à Sens. On ne peut s'empêcher de penser que de bien puissans motifs parlèrent à sa conscience, comme membre du JURY le plus grand et le plus éclairé qui ait jamais paru sur la terre, et dans une circonstance dont les périls étaient tels qu'il y fut assassiné, circonstance dont ses anciens collègues ont été plus ou moins victimes, de diverses manières.

Au reste, Durand-Maillane ne se porta point garant de ces récits contenus dans ses papiers lors de son procès, tout au contraire; et il n'a rien dit de pareil dans ses mémoires. Le Directoire se permit de faire insérer ces papiers au Moniteur. J'étais opposé alors au Directoire, je sortais du procès de la haute cour de Vendôme. En attaquant la mémoire de mon frère, on m'avait bien plus en vue que lui..... Insensé Directoire, l'œil fixé sur l'océan politique, il voyait toujours le coquillage et n'apercevait jamais les requins......

Je terminerai cette note par un fait qui n'est peut-être pas assez généralement répandu, et qui fera connaître les hommes et les choses à l'époque du jugement de Louis XVI, mieux que tout ce que l'on pourrait rapporter : c'est que ce jugement fut sanctionné dans des adresses d'adhésion à la Convention nationale, par *cinq millions deux cents et tant de mille signatures* de citoyens, recueillies avec soin par le comité de législation et déposées aux archives nationales. On peut remarquer encore qu'aucune de nos constitutions n'a reçu une si nombreuse acceptation par les votes du peuple français.

PIÈCE JUSTIFICATIVE QQ, page 263.

Achille Du Châtelet, était cousin du duc Du Châtelet, colonel des gardes françaises lors de la révolution de 1789; celui-ci était fils de la célèbre Émilie, amie de Voltaire.

A l'époque de la fuite du roi et de son arrestation à Varennes, Achille Du Châtelet fut rédacteur du journal *le Républicain*, affiché sur tous les murs de Paris. Il était très-lié avec Condorcet. Officier-général à l'armée du Nord en 1792, il fut blessé d'un boulet à une affaire près de Courtrai. Il eut les gras de jambes emportés. Les grenadiers, qui l'aimaient, s'affligeaient de son sort. *Camarades*, leur disait-il, *cet accident ne doit pas vous empêcher de chanter ÇA IRA*....... Le député Goyer lut à l'Assemblée législative une lettre de lui, à M. de La Porte, intendant de la liste civile, la voici :

J'ai appris, Monsieur, qu'on vous avait demandé pour moi la litière du roi et d'autres secours. Il m'est impossible d'en profiter, et mes amis m'ont sans doute mal entendu. Je recevrais tout de S. M. plutôt qu'un bienfait ; et l'abattement de mes forces physiques ne m'a pas fait oublier les sentimens qui m'attachent uniquement à ma patrie.

J'ai l'honneur d'être.

FIN DES NOTES.

AUTRES

DOCUMENS HISTORIQUES,

ET RELATIFS A LA MORT

DE

MICHEL LEPELETIER.

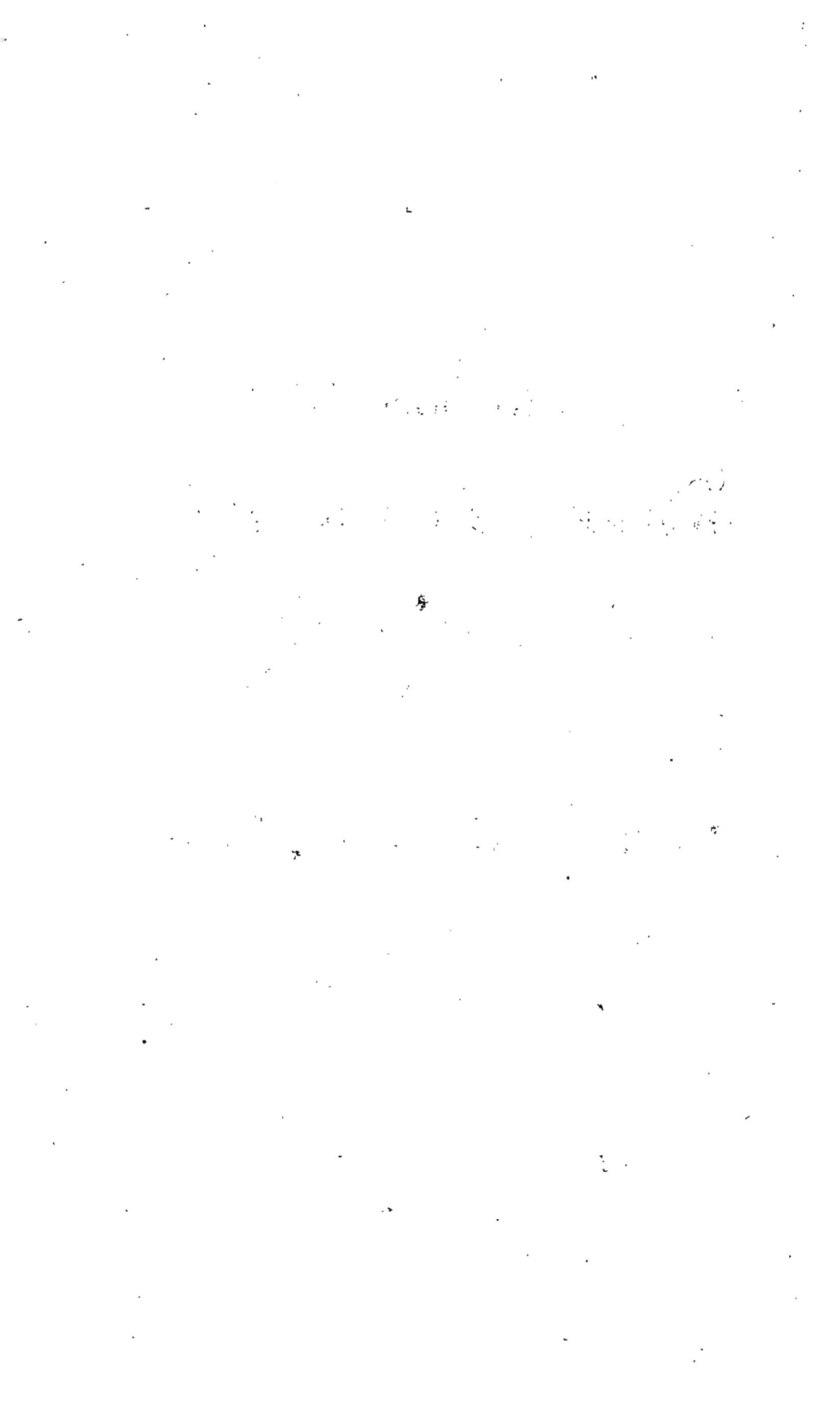

DOCUMENS HISTORIQUES,

ET RELATIFS A LA MORT

DE MICHEL LEPELETIER.

DISCOURS

DE FÉLIX LEPELETIER A LA SOCIÉTÉ DES AMIS DE LA LIBERTÉ ET DE L'ÉGALITÉ.

(Séance du 21 janvier 1793.)

« Il est mort un homme qui faisait encore honneur à l'homme; le citoyen Michel Lepeletier a succombé sous les poignards des ennemis de la patrie. *Je meurs pour la liberté*, furent ses dernières paroles. Qu'il est honorable ce choix cruel qui vient d'enlever mon frère, mon ami! Quelle tâche la reconnaissance publique m'impose! La Convention nationale lui a décerné les honneurs destinés aux grands hommes; et certes ils étaient mérités, s'ils sont la récompense des vertus et du patriotisme.

» Citoyens! j'ai tout perdu : il ne me reste qu'à enter ma destinée sur la sienne.......... Puissé-je mériter de faire confondre l'une avec l'autre, comme nos âmes l'étaient par les liens de l'estime et de l'amitié; j'ambitionne les mêmes poignards; je le jure dans ce sanctuaire, où l'on ne jura jamais en vain. »

Réponse de MAURE, *président, au citoyen* FÉLIX LEPELETIER.

« CITOYEN,

» Ton frère était mortel, un peu plus tôt, un peu plus tard; mais console-toi, il ne pouvait mourir plus glorieusement et plus utilement pour la patrie; sa mort a contribué à l'anéantissement de la tyrannie; il est le dernier dont le tyran a bu le sang; car les rois sont insatiables de celui des hommes.

» Les patriotes, les Jacobins, les Parisiens étaient des assassins, des hommes de sang; cependant Lepeletier était patriote, jacobin et parisien, et il a été assassiné; son sang a été versé; mais sa mort a détruit tout à la fois la tyrannie et la calomnie, compagnes inséparables pour le malheur des hommes.

» Sujets des rois, nous aurions pleuré; républicains, ne pensons qu'à la gloire, et à l'avantage qu'en a retiré la patrie.

» Souviens-toi des honneurs bien mérités accordés à ton frère : conduis-toi d'une manière digne de sa mémoire et d'un républicain. »

EXTRAIT *de la séance de la Convention nationale, du* 21 *février* 1793.

Félix Lepeletier est introduit.

« CITOYENS,

» Je viens vous offrir un buste de Michel Lepeletier.
» Ce monument est bien peu de chose sans doute, au-
» près de ceux que vous avez décrétés pour éterniser la

» mémoire de celui qui, le premier, versa son sang » pour cimenter la république française; ce simple » monument, élevé par l'amitié fraternelle, retrace des » traits chéris, que nous ont reproduits les talens d'un » jeune artiste, le citoyen Fleuriot. Législateurs, voilà » ses traits (*et montrant un manuscrit*) et voilà son » âme; voilà l'ouvrage dont je vous ai parlé dans le dis- » cours que je prononçai dans le Panthéon français. Je » demande à être l'organe de mon frère, au moment » où la Convention nationale s'occupera de l'instruc- » tion publique; c'est une faveur que je sollicite, et » que je regarde comme inappréciable. »

Le président. « Les dernières paroles de Michel » Lepeletier seront toujours présentes à la mémoire » du peuple français, et lui rappelleront des sou- » venirs chers. Vous venez aujourd'hui déposer dans » le sein de la Convention, l'image de celui qui fut » le premier martyr de la liberté; vous ne pouvez » faire un plus bel hommage à la nation: elle vous en » est reconnaissante.

» Citoyen, si jamais les représentans du peuple s'é- » cartaient de leurs devoirs, le buste de Michel Lepe- » letier, placé au milieu d'eux, les leur rappellerait, » et leur ferait souvenir qu'entre sacrifier les intérêts » du peuple et la mort, il n'y a point à balancer. »

La demande de Félix Lepeletier est convertie en motion. La Convention décrète qu'elle entendra l'ouvrage de Michel Lepeletier, par l'organe de son frère, lorsqu'elle s'occupera de l'instruction publique.

David. « Je viens d'examiner le buste qui vous est » présenté, il est très-bien fait, et parfaitement res- » semblant. L'artiste est un jeune homme nommé » Fleuriot. Je demande pour lui l'encouragement le » plus flatteur, l'inscription de son nom au procès- » verbal. Je demande en second lieu que le buste de » Michel Lepeletier soit placé à côté de celui de Bru- » tus, et que le président pose sur ce buste la couronne » qu'il a placée sur la tête de Lepeletier, au moment » de la pompe funèbre. »

Les propositions de David sont adoptées.

Paris, 23 brumaire, an 2 de la république française, une et indivisible.

Au citoyen FÉLIX LEPELETIER, *place des Piques, à Paris.*

« CITOYEN,

» Le comité d'instruction publique, chargé par la Convention nationale de recueillir les traits éclatans de vertus qui ont illustré notre heureuse révolution, a formé pour cet objet une commission dans son sein. Cette commission m'a chargé d'un travail, dans lequel doivent entrer les plus beaux traits de la vie privée et publique de l'homme dont tu étais le frère et moi l'ami. A qui pourrais-je mieux m'adresser qu'à toi, dont le patriotisme est digne de lui. Je te demande donc avec confiance ces renseignemens.

» Salut fraternel.

» GRÉGOIRE, *député à la Convention n*[le]. »

EXTRAIT du discours de BARRÈRE *à la séance du* 21 *janvier* 1793.

« .... Ce qui a droit d'accabler à la fois de » surprise et de douleur, c'est de voir qu'au milieu » d'un peuple libre et qui s'est resaisi de ses droits, » un scélérat est assez audacieux pour assassiner un de » ses représentans, publiquement et en plein jour.

» Citoyens, c'est là un attentat à la souveraineté » nationale, c'est un crime de lèse-nation, c'est un » crime odieux que vous devez faire punir d'une ma- » nière prompte et exemplaire. Ce n'est pas Lepeletier » qui a été frappé, c'est la souveraineté du peuple qui » a été violée. Non, la souveraineté du peuple n'existe » plus, la république est anéantie, la liberté est per- » due, si les fondateurs de la république, si les amis » de la liberté, si les représentans de la nation peuvent » être impunément assassinés d'une manière aussi » atroce. Faites un grand exemple, mais faites-le » avec prudence et avec promptitude; annoncez aux » départemens, par des courriers extraordinaires, que » la souveraineté nationale a été violée dans la personne » de Lepeletier; invitez-les à l'énergie, à la surveil- » lance, et surtout à la paix et au calme. On le fit » ainsi, lorsqu'un roi parjure fuyait à Varennes.

» Ah! c'est bien plus le moment d'agir de même, » lorsqu'un représentant du peuple a été assassiné » pour avoir voté la mort du tyran........ Faites une » adresse au peuple français; chargez le ministre qui » m'écoute, le ministre de la justice, de faire toutes

» les poursuites pour faire arrêter l'assassin; faites dé-
» truire ces maisons de jeu, et ces infâmes retraites des
» coblenciers et des émigrés. Que dans deux fois vingt-
» quatre heures, si les formes légales le permettent, le
» même échafaud qui a servi pour le tyran, serve en-
» core pour tous ses complices. Mais au milieu de ces
» mesures sévères, rendons un hommage à la souve-
» raineté nationale, et payons un tribut à la douleur
» et à la fraternité de ses représentans. Que la Con-
» vention tout entière se transporte aux funérailles
» d'un ami de la patrie, mort pour sa défense et pour ses
» lois. (*L'Assemblée se lève par acclamation, et tous*
» *les membres crient : Oui, oui, tous.*) Je demande
» que vous rendiez ce dernier hommage à un véritable
» martyr de l'opinion républicaine : car l'homme qui
» a le courage de voter pour la mort des tyrans, est un
» véritable républicain. On a dit qu'il fallait jurer sur
» la tombe de Louis, d'oublier toutes les haines et les
» divisions particulières; non, non, ce n'est pas sur la
» tombe d'un tyran que nous devons jurer, ce serment
» serait un sacrilége; c'est sur la tombe du malheureux
» Lepeletier, que je pleure, que nous devons jurer de
» le venger ou d'imiter son exemple. (*Nouvelles accla-*
» *mations, auxquelles se mêlent les larmes de l'ora-*
» *teur et de plusieurs membres de l'Assemblée.*)

» J'admire l'élan de vos âmes vers l'union fraternelle,
» et vos cœurs émus m'assurent que la patrie sera sau-
» vée. Dans quelle partie de la république existerait-il
» donc des frères, des amis, si ce n'est dans cette en-
» ceinte; c'est pour la patrie et non pour vous, que vous

» êtes appelés dans cette Assemblée. Si quelqu'un persistait à nourrir quelque ressentiment, je lui dirais : » *L'armée française a donné un bien autre exemple,* » *elle était continuellement souillée de provocations,* » *de querelles et de duels, au moment où les troupes* » *étrangères nous menaçaient. Un des chefs de l'ar-* » *mée se contenta de dire : Ce n'est pas pour vous,* » *c'est pour la patrie que vous êtes ici, ajournez* » *vos haines, ne songez qu'à combattre l'ennemi;* » *et les duels et les querelles ont cessé.* Eh bien, je » vous dirai de même, et vous montrant le tombeau de » Lepeletier, ne songeons qu'à sauver la patrie, qui » voit l'Europe conjurée contre elle; mais que ce ne soit » pas une vaine jonglerie, et un misérable spectacle, » comme dans l'Assemblée législative.

» Après avoir payé ce tribut à la patrie, excitons sa » juste reconnaissance pour un de ses martyrs. Je sais » que ce n'est ni aux accens de la douleur, ni aux élans » de l'enthousiasme, que le Panthéon français doit » s'ouvrir; mais Mirabeau n'en dut l'entrée qu'aux » mouvemens de la révolution, qu'il avait tant se- » condée par ses talens. Ici se présente un fait que le » cours des années ne peut ni effacer ni changer; c'est » le sacrifice courageux de la vie, pour soutenir une » opinion juste et républicaine. Mirabeau mourut de » ses vices, Lepeletier de ses vertus. Le génie de Mi- » rabeau survivra à tous les envieux et à toutes les » calomnies; le sacrifice de Lepeletier survivra à tous » les siècles. Le génie de Mirabeau n'a pu l'absoudre » de ses attaques secrètes contre la patrie; Lepeletier

» est mort pour elle : que les honneurs du Panthéon » lui soient donc décernés; ceux qu'on rend aux morts » ne peuvent pas corrompre ceux à qui ils sont ren- » dus, et servent encore la patrie en excitant ses en- » fans à imiter un si beau modèle. »

Extrait du discours de Roberspierre à la séance du 21 janvier 1793.

« .... A l'égard de Lepeletier, le moindre » hommage que nous puissions lui rendre, c'est de » parler de ses vertus à cette tribune. Lepeletier fut » noble; Lepeletier occupait une place dans un de ces » corps si puissans sous le despotisme; Lepeletier fut » riche, et depuis la révolution il fut constamment » l'ami du peuple, le soutien de la liberté, et l'un des » plus ardens fondateurs de la république. Sous tous » ces rapports, Lepeletier fut un prodige. On a placé » Mirabeau au Panthéon; tous ont vanté son génie, » nul n'a osé vanter ses vertus. Si je jette mes regards » sur ceux qu'on a mis au Panthéon, je n'en vois pas » un qui soit distingué par cet amour ardent de la li- » berté, par ce républicanisme pur, première vertu » d'un peuple libre. Ce qui rend Lepeletier surtout » digne de nos regrets, c'est l'attentat qui lie sa mort » avec celle du tyran. Sous tous ces rapports, je de- » mande qu'il soit porté au Panthéon; je demande cet » honneur pour ses vertus, pour les sacrifices qu'il » a faits à la patrie, pour donner un grand caractère » à la république naissante. »

Discours de CHÉNIER; *séance du mardi 22 janvier.*

« CITOYENS,

» Vous léguerez à la postérité de grands souvenirs » et de grands exemples; mais depuis que le peuple » français a brisé le joug despotique, ses annales ré- » volutionnaires n'offrent pas une époque plus im- » portante que celle où nous avons vu, presque au même » instant, un ami de la liberté tomber sous le fer d'un » assassin, et un tyran frappé du glaive de la loi. Quel » était donc le monstrueux pouvoir de la royauté, si » du fond de sa prison et dans son agonie même, elle » immolait encore les fondateurs de la république? » Toutefois ce reste de fanatisme et d'idolâtrie, que » la royauté expirante laisse au sein des âmes cri- » minelles et pusillanimes, bien loin de vous effrayer, » vous affermira dans la route que vous devez suivre. » Lepeletier, immortalisé par son assassin, vous montre » la palme civique des martyrs de la liberté : il vient » de prendre place entre les Barneveld, les Sidney. » Son sort paraîtra digne d'envie à tous les vrais ré- » publicains, et les honneurs dont vous récompensez » sa mémoire, lui donneront des successeurs qui, » comme lui, comme vous, citoyens, sauront tout » sacrifier à la nation souveraine; et dans les circons- » tances les plus graves, environnés de périls et d'ora- » ges, considéreront toujours la liberté, et jamais » la vie.

» Ce n'est point ici une mort vulgaire; les funé-

» railles doivent porter également un caractère parti-
» culier. Que la superstition s'abaisse devant la religion
» de la liberté; que des images vraiment saintes, vrai-
» ment solennelles, parlent aux cœurs attendris; que
» le corps de notre vertueux collègue, découvert à
» tous les yeux, laisse voir la blessure mortelle qu'il
» a reçue pour la cause du peuple; qu'une inscription
» retrace, avec une énergique simplicité, le glorieux
» motif de sa mort; que le fer parricide, sanctifié par
» le sang d'un patriote, étincelle à notre vue, comme
» un témoignage des fureurs de la tyrannie et de ses
» vils adorateurs; que les vêtemens ensanglantés frap-
» pent les regards des citoyens; ils prononceront l'arrêt
» de mort contre l'assassin de la patrie. Nous verrons
» marcher devant nous l'image de la liberté, seul
» objet des hommages républicains, et la bannière de
» la déclaration des droits, fondement sacré des cons-
» titutions populaires. Le génie de David animera ces
» faibles esquisses, tandis que le génie de Gossec fera
» retentir les sons de cette harmonie lugubre et tou-
» chante, qui caractérise une mort triomphale. Ainsi
» Michel Lepeletier, accompagné de ses vertus, entouré
» de sa famille en pleurs, au milieu de la Convention
» nationale, du conseil exécutif, des administrateurs
» et des juges, dépositaires de la loi, s'avancera vers
» le Panthéon français où la reconnaissance nationale a
» marqué sa place; c'est là que nous déposerons les restes
» de notre estimable collègue : c'est encore là que nous
» déposerons les fatales préventions qui nous divisent;
» c'est là que nous jurerons de nous occuper unique-

» ment du bonheur de la république, de mourir avant
» qu'elle périsse, de braver également le poignard du
» meurtrier et celui du calomniateur; enfin, de rester
» à notre poste, quelque dangereux qu'il puisse être,
» jusqu'au moment où nous pourrons dire : *La patrie*
» *est sauvée.* Michel Lepeletier entendra nos sermens
» du fond de sa tombe; et quels que soient les honneurs
» dont vous avez payé ses services, l'union de tous
» les bons citoyens sera la plus belle récompense, et
» de sa vie et de sa mort. »

A la suite de ce rapport, Chénier proposa un décret que l'Assemblée adopta. Elle ordonna l'impression du rapport, l'envoi aux quatre-vingt-quatre départemens de la république et aux armées, et l'insertion au bulletin.

(Extrait du Moniteur du 25 janvier 1793.)

Pour le décret, voyez Pièce justificative GG, IIme DÉCRET.

EXTRAIT *de la séance de la Convention nationale, du mercredi* 30 *janvier* 1793.

Un secrétaire fait lecture d'une adresse du département du Cher, qui proteste de son adhésion au jugement porté contre Louis Capet par la Convention nationale. Il témoigne aussi sa douleur sur l'assassinat de *Lepeletier.*

Thuriot demande que la Convention décrète qu'une somme de 10,000 livres sera accordée à celui qui livrera l'assassin de *Lepeletier.*

Cette proposition est accordée en ces termes :

« La Convention nationale décrète qu'il sera donné,
» à titre de récompense, la somme de 10,000 livres à
» la personne qui découvrira, arrêtera, ou fera arrê-
» ter *Pâris*, ci-devant garde du *roi*, prévenu d'avoir
» assassiné *Lepeletier*, l'un des représentans du peuple
» français; ordonne que le signalement de *Pâris* sera
» imprimé à la suite du présent décret. »

FRAGMENS de l'adresse au Peuple Français, adoptée dans la séance du 23 janvier 1793, et proposée par le député BARRÈRE.

« .... La ville de Paris offre dans ce mo-
» ment un bel exemple aux autres parties de la répu-
» blique : elle est tranquille. Cependant le crime n'a
» pu être entièrement paralysé dans cette immense
» cité. Un attentat vient d'être commis sur la souve-
» raineté nationale. Un de vos représentans a été as-
» sassiné, *pour avoir voté la mort du tyran*, et ses
» collègues sont encore menacés par les vils suppôts
» du despotisme. Les insensés! dans leurs sermens
» impies, ils prennent le calme du peuple pour le
» sommeil de la liberté!

» Citoyens, ce n'est pas un homme seul qui a été
» frappé, c'est vous : ce n'est pas Michel Lepeletier
» qui a été lâchement assassiné, c'est encore vous : ce
» n'est pas un député sur la vie duquel les coups ont
» porté; c'est la vie de la nation, c'est sur la liberté
» publique, c'est sur la souveraineté du peuple.

» Peuple français, sensible et généreux, malgré les » calomnies de tes ennemis! c'est dans le recueille- » ment de la douleur et de l'indignation, que tes re- » présentans te transmettent les accens plaintifs qui » viennent de retentir dans le temple de la liberté! » Nous te redirons ses dernières paroles; elles furent, » comme sa vie, consacrées à la liberté. *Je suis satis-* » *fait*, disait-il en expirant, *de verser mon sang pour* » *la patrie; j'espère qu'il servira à consolider la li-* » *berté et l'égalité, et à faire reconnaître ses en-* » *nemis.*

» Oui, ta mort même sera utile à la république; » ta mort est une victoire sur la tyrannie. *Le crime* » *de Sextus donna à Rome la liberté politique;* » *celui de Papirius lui donna la liberté civile.* Ce » fut le destin de cette ville, que des crimes nouveaux » y confirmèrent la liberté, que des crimes anciens lui » avaient procurée. L'attentat d'Appius sur Virginie, » remit le peuple dans cette horreur contre les tyrans » que lui avaient donnée les malheurs de Lucrèce.

» Les Français se souviendront toujours que le dé- » fenseur de la liberté a expiré sous le fer assassin » d'un royaliste, la veille du jour où le tyran devait » expier ses forfaits sous le glaive des lois; et la royauté » sera de plus fort abolie. Les hommes libres répéte- » ront à leurs derniers neveux, qu'au moment où des » esclaves et des superstitieux donnaient des regrets » à un tyran, ils se réjouissaient intérieurement de » l'assassinat d'un représentant du peuple; et l'aristo- » cratie sera de plus fort abhorrée........ »

Extrait du journal de la République Française, par Marat, l'ami du peuple, *député à la Convention nationale* (1).

« Forcés dans leurs derniers retranchemens, il ne » restait aux ennemis de la révolution que la res- » source des attentats contre les plus zélés défenseurs » de la patrie; ressource affreuse qui pouvait avoir les » suites les plus terribles sans atteindre au but, et qui » n'ont pas laissé de plonger le peuple dans la douleur, » en faisant descendre dans la tombe l'un de ses plus » fidèles représentans, et le sénat dans le deuil en lui » enlevant un de ses membres les plus dignes.

» Michel Lepeletier était également recommandable » par ses lumières et ses vertus. Il n'avait point ce » génie transcendant, cette énergie d'âme, qui font les » grands hommes; mais il avait cette douceur de ca- » ractère, cette justesse d'esprit, cette droiture de vues » et cet amour du bien public qui font les sages; mérites » d'autant plus éminens, que les écueils d'une grande » fortune et les préjugés de la naissance militaient à la » fois pour l'entraîner hors des sentimens de la sagesse. » Fidèle au devoir d'un bon citoyen, il se rangea sous » les étendards de la liberté, le jour même de la prise » de la Bastille. Il a défendu les droits du peuple dans » l'Assemblée conventionnelle, comme il les avait » défendus dans l'Assemblée constituante, sans jamais » composer un instant avec les principes; sa carrière

(1) Ce morceau devient d'autant plus curieux et remarquable par celui qui en est l'auteur.

» politique a été courte, mais glorieuse. Moissonné à la » fleur de ses jours pour avoir vengé la nation en votant » la mort du tyran, il laisse aux amis de la liberté un » grand exemple à suivre, et à la nation un nom chéri. » Ses restes froids vont être déposés au Panthéon fran- » çais, comme un juste témoignage rendu à ses vertus » civiques; témoignage qui ne sera point révoqué par » le jugement incorruptible de la postérité. Puisse cet » asyle glorieux de la dépouille mortelle des hommes » qui ont le mieux mérité de la patrie, ne plus être » souillé par les cendres des charlatans politiques. Les » coups sous lesquels tomba Lepeletier ont déchiré le » voile; et ces poignards que feignaient de redouter les » factieux, n'ont plus paru dirigés que contre le sein » des amis de la patrie. Dans son sang ont été lavées » les nombreuses calomnies si long-temps répandues » contre les défenseurs de la liberté. Atterrés par sa » chute, nos lâches détracteurs sont réduits au silence. » Puisse leurs diffamations, leurs cabales, leurs me- » nées, n'être que l'effet de la prévention, que le fruit » d'un égarement passager, et non d'un système ré- » fléchi ou de combinaisons atroces! Puisse sur son » cercueil être déposées toutes les dissensions qui ont » divisé ses collègues! Puisse sa mort faire renaître » dans leurs cœurs l'amour du bien public, et cimenter » la liberté!

» Ah! s'il est vrai que l'homme ne meurt pas » tout entier, et que la plus noble partie de lui- » même survive au delà du tombeau, s'intéresse en- » core aux choses de la vie, ombre chère et sacrée,

» viens quelquefois planer au-dessus du sénat de la » nation, que tu ornas de tes vertus; viens contempler » ton ouvrage; viens voir tes frères unis, concourant » à l'envi au bonheur de la patrie, au bonheur de » l'humanité! »

Strasbourg, le 22 février 1793, l'an 2e de la république française.

Les citoyens amis de la République, à la famille de Michel Lepeletier.

« Si les larmes des patriotes portent avec elles une plus douce consolation; si les regrets qu'ils partagent allègent mieux toutes leurs peines, combien ne devons-nous pas compter sur l'effet de l'expression de notre douleur?

» Michel Lepeletier n'est plus, ses talens sont perdus pour la patrie, ses qualités estimables ne feront plus le bonheur de sa famille, mais il vit dans nos cœurs; ils conserveront l'horreur du crime, qui l'enleva à ses concitoyens, pour faire haïr encore plus la tyrannie. Michel Lepeletier, honoré par les représentans du peuple qui l'ont placé au Panthéon, ne peut plus rien acquérir pour sa gloire; en effet les feuilles de chêne dont nous couvrons modestement sa cendre, ne peuvent rien ajouter à sa mémoire. Mais les âmes sensibles de sa vertueuse famille ne dédaigneront point l'hommage sincère que présentent sur sa tombe des citoyens amis de la liberté, dont Lepeletier fut un zélé défenseur; elles accueilleront nos regrets avec intérêt, elles écouteront avec émotion nos accens plaintifs et reconnaîtront que chaque larme a son prix, quand c'est la vertu qui la fait répandre.

» ALEXANDRE BEAUHARNAIS, *président*; EULOGE SCHNEIDER, *vice-président*; le maréchal LUCKNER; KLEIN; GUI; COUSTARD St-LO; AUCROST, *secrétaire*; F. FRANÇAIS, *secrétaire*. »

Suivent un grand nombre de signatures.

Metz, le 14 février, l'an 2 de la république.

Le citoyen BOURDOIS, lieutenant-colonel commandant en chef le 1er bataillon de l'Yonne,

A la citoyenne LEPELETIER, *enfant adopté par la République française.*

« CITOYENNE,

» Votre respectable père est mort pour sa patrie; il emporte les regrets de ses frères et leur laisse ainsi qu'à vous un grand exemple à imiter.

» Le premier bataillon de l'Yonne que j'ai l'honneur de commander, a rendu à sa mémoire l'hommage qu'il lui devait, et m'a chargé de vous adresser le discours que j'ai prononcé sur sa tombe, en présence de tous les corps civils et militaires de cette garnison.

» Vous êtes, citoyenne, l'enfant de la nation. Cette adoption l'honore et ajoute à l'énergie de vos frères. Elle assure à jamais à la république la liberté et l'égalité, et donne à l'univers un exemple qui sera suivi.

» Vous pouvez, citoyenne, espérer de le voir.

» *Le lieutenant-colonel commandant le premier bataillon de l'Yonne, attaché à l'artillerie de l'armée de la Moselle.* BOURDOIS. »

VERS

SUR LA MORT DE MICHEL LEPELETIER,

PAR DORAT CUBIÈRES.

Sur le socle où la main d'un Phidias antique
Avait placé d'un roi l'image despotique;
Quel est donc ce cercueil de cyprès entouré?
Ce glaive tout sanglant, ce corps défiguré?
Et ce lit où la mort de sa faux menaçante
Semble encor défier la liberté naissante?
Est-ce un jeune guerrier qui frappe mes regards,
Et qu'elle a moissonné dans le champ des hasards?
Non, c'est Lepeletier, c'est un sage, un grand homme,
Tel qu'en offrit jadis le fier sénat de Rome,
Que Bellone jamais ne vit sous ses drapeaux,
Et qui vient de mourir de la mort des héros.
   Citoyens, je l'ai vu ce mortel magnanime
Emporter au tombeau le regret unanime
Du peuple qu'il servit, et des législateurs
Qui tous l'ont honoré du tribut de leurs pleurs,
Eh! quel autre eût jamais plus de droits aux hommages?
   Vainqueur des préjugés, il brisa les images
Dont s'enorgueillissaient les comtes, les marquis,
Aux titres féodaux par ses pères conquis,
Opposant une gloire et plus pure et plus belle,
A la patrie, aux lois il se montra fidèle;
Et dépouillant un nom qui n'était pas le sien,
A ses pieds il foula le sang patricien.

Il n'imaginait pas qu'outrageant la nature,
La loi dût à la mort vouer la créature ;
Et jaloux d'abolir la peine du trépas,
Excepté pour les rois, qui ne pardonnent pas,
Il voulut, sans laisser la justice endormie,
Accabler le méchant du fardeau de la vie.
Avec tant de clémence, avec un tel dessein,
Devait-il expirer sous le fer assassin ?
Devait-il d'un forfait devenir la victime ?
Ah ! loin de le maudire, il faut bénir le crime
Qui plongeant au tombeau Michel Lepeletier,
A l'immortalité l'a conduit tout entier.
Le jour qui de Louis a vu tomber la tête,
A vu de Peletier la glorieuse fête ;
Quel sublime contraste ! Un monarque abhorré
Courbe sur l'échafaud son front déshonoré ;
Pas un sanglot pour lui, pas un cri ne s'élève ;
Et le tyran à peine est tombé sous le glaive,
Que l'ami des humains, de frères escorté,
Au temple de la Gloire en triomphe est porté ;
Et que de tout un peuple accompagnant son ombre,
Retentit dans les airs l'hymne pieux et sombre.
Tel est un peuple libre, amant de la vertu :
De quelque vain éclat qu'un roi soit revêtu,
S'élevant tout à coup à la fierté de Rome,
Dans ce dieu d'un moment il n'aperçoit qu'un homme,
Et dans l'homme qu'il pleure il reconnaît un dieu. . . .
Mais qu'entends-je soudain, par un dernier adieu
Félix Lepeletier vient honorer son frère :
Le Panthéon couvert d'un crêpe funéraire,
Dans Félix et Michel croit voir les deux Gracchus ;
Tremblez, tyrans du Nord, non encore abattus,
Tremblez, elle a brillé votre dernière aurore,
Du sang de Peletier des vengeurs vont éclore. . . .
Imitons son exemple, amis, frères, parens,
Et votons avec lui le trépas des tyrans.

ASSEMBLÉE CONSTITUANTE.

DISCOURS

DU DÉPUTÉ ADRIEN DUPORT SUR LA PEINE DE MORT.

« MESSIEURS,

» Vos deux comités de constitution et de législation criminelle qui forment un nombre assez considérable d'hommes, ont été unanimement d'accord sur le projet qu'ils vous ont présenté; je demande à parler en leur nom. »

L'Assemblée décrète que M. Duport sera entendu.

« MESSIEURS,

» S'il est une question qui n'appartienne qu'à la raison, qui soit au-dessus de tous les intérêts de parti, c'est celle qui vous occupe en ce moment. Votre comité a tâché d'approfondir davantage la matière; et quelle que soit mon opinion, j'ai la consolation de dire que cette opinion ne s'est formée chez moi que par le secours d'une longue réflexion et de quelque expérience.

» Je n'entrerai pas dans la question métaphysique de savoir si la société a le droit de punir à mort. Les hommes, a-t-on dit, ne peuvent pas donner à la société un droit qu'ils n'ont pas eux-mêmes; or personne n'a le droit de mort sur lui-même. D'une autre part, on soutient que la société peut faire tout ce qui est indispensable à sa conservation; qu'elle peut en conséquence punir de mort, si cette peine est nécessaire. Il est possible de répondre d'abord, que jamais un simple meurtrier ne pourrait mettre en danger une société entière. On pourrait ajouter que les hommes ont gardé, dans l'état même de société, l'exercice de leur droit de défense personnelle; qu'en effet l'obligation immédiate peut seule justifier la mort d'un agresseur; mais que par cette raison même, il ne reste à la société que le droit de protection.

» Je vais poser la question d'une manière moins favorable à mon opinion. La peine de mort est-elle utile à la société? car l'article VIII de la déclaration des droits, porte que la loi ne peut établir que des peines strictement et évidemment nécessaires. Or, je soutiens que bien loin de réprimer les crimes auxquels on peut l'appliquer, la peine de mort est une obligation à laquelle la nature nous soumet en naissant : n'est-on pas déjà frappé de voir cette règle immuable de la nature, devenir entre les mains des hommes une loi pénale? Quel contraste que de punir de la même peine la maladie et le crime! N'est-ce pas détruire toute idée de moralité, et faire regarder la peine que la société inflige au coupable, comme un accident, une fatalité?

» Les scélérats ne sont que trop frappés de cette idée, ils disent tous que la mort n'est qu'un mauvais moment; ils se comparent aux couvreurs, aux matelots, aux soldats qui courent plus de dangers qu'eux. Leur esprit s'accoutume à ces calculs, et se familiarise avec la mort. Il n'est pas d'homme sans doute sur qui l'idée de la mort ne fasse une grande impression, lorsqu'elle est devant ses yeux, qu'elle est inévitable et instante. Mais elle ne se présente aux yeux du malfaiteur, qu'éloignée, qu'enveloppée de nuages; il ne l'aperçoit qu'à travers les lueurs de l'espérance, et elle cesse d'être répressive. Ces risques, il ne les court pas seul; car vous décernez la même peine aux héros et aux assassins. A la vérité, vous la décernez comme un honneur aux uns, et comme une infamie aux autres; mais est-ce bien sur une distinction métaphysique que vous fonderez une peine efficacement répressive?

» Je vous fais ce dilemme : où l'homme prêt à faire un crime sera retenu par le crainte de l'infamie; alors au lieu de lui donner la mort, vouez-le à une longue infamie; alors vous êtes forcés d'avouer que la mort n'est plus pour lui qu'un accident commun, qui vient se présenter à son imagination enveloppé de l'illusion de l'espérance. Vous verrez des hommes sanguinaires et féroces, attendre de sang froid le moment de la mort; ils sont familiarisés avec l'effusion du sang. Bien loin de les retenir, votre loi les encouragera. (*Il s'élève de violens murmures.*) Si Montesquieu ou Beccaria étaient en ce moment dans cette tribune, je demande qui aurait l'audace de les interrompre. (*On interrompt. Les murmures durent pendant quelques instans.*) Ce sont cependant les idées de ces grands hommes que je vous exprime. Je dis que la vue de l'effusion du sang encourage le crime. J'ajoute que l'image de la mort est peu répressive. Voyez si ceux qui se livrent à des excès sont retenus par la crainte de la mort; ils ont cependant la certitude d'abréger le cours de leur vie. Voulez-vous que cette crainte agisse avec plus d'efficacité sur celui que l'habitude, la nécessité ou le désespoir porte au crime.

» Le principal moyen de prévenir les crimes, c'est de faire de bonnes lois, d'avoir un bon gouvernement, de tâcher, par des institutions locales, de prévenir le désespoir et l'extrême pauvreté, source ordinaire des crimes; c'est de fournir du travail à tous ceux qui peuvent travailler, de donner des secours à ceux qui ne le peuvent pas.

» Mais puisqu'avec ces moyens, il est encore nécessaire de conserver des peines, observez la nature de l'homme dont la crainte du châtiment doit modifier la volonté. Un assassin est véritablement un malade dont l'organisation viciée a corrompu toutes les affections. Une humeur âcre et brûlante le consume. Ce qu'il redoute le plus, c'est le repos; c'est un état qui le laisse avec lui-même; car c'est pour en sortir qu'il brave journellement la mort : la solitude et sa conscience, voilà son véritable supplice.

» N'est-ce pas dans la nature de la maladie qu'il faut chercher le remède? Si la maladie n'est pas incurable, doit-on la guérir par la mort?

» La société n'est qu'une imitation de la nature; elle a le même but qu'elle, la conservation des individus, et le maintien de leurs droits. Qui maintient notre existence au milieu de tant de haines, de vengeances, de passions sans cesse exaltées? Pensez-vous que ce soient vos prohibitions légales, ou la crainte de vos peines? Non; mais cette prohibition plus forte que la nature a gravée dans le cœur des hommes, mais cette voix qui crie à tous les êtres de ne pas attaquer leurs semblables. C'est à l'abri de ces sentimens que les individus vivent tranquilles, et que la société ne présente pas un spectacle continuel de violences et de carnage. C'est faire trop d'honneur aux lois que de croire qu'elles peuvent seules réprimer les crimes. Le gouvernement peut beaucoup, mais c'est par l'exemple qu'il donne, par le respect qu'il porte à l'humanité. Comme la nature, vous défendez le meurtre; ne contrevenez-vous pas à cette même loi de la nature, lorsque vous assassinez le meurtrier.

» Représentez-vous un homme traîné au milieu de la place publique pour y être massacré par vos ordres; à ce terrible instant, l'idée éloignée de son crime se perd dans une sensation pénible et plus vive. Celui même que l'indignation a amené à ce spectacle, pardonne au coupable; mais il ne pardonne pas votre tranquille cruauté. Il se joint à lui pour accuser vos lois; en se retirant il emporte l'impression de la compassion ou de la cruauté, tandis qu'il ne devrait ressentir que celle de l'horreur du crime. Si quelquefois il a médité de se défaire de son ennemi, ou d'assassiner un citoyen, cette horrible entreprise lui paraît plus simple et plus facile. Elle fatigue moins ses sens, depuis qu'il a vu la société elle-même se permettre l'homicide. Ainsi, loin de favoriser la nature dans les moyens qu'elle emploie pour la conservation des individus, vous atténuez ces moyens. Ce n'est pas l'injustice du meurtre que la nature proscrit, c'est le meurtre lui-même, toutes les fois qu'il est volontaire. Ce qu'elle repousse avec horreur, c'est que plusieurs hommes de sang froid, en massacrent un seul sans défense; voilà le plus grand crime à ses yeux, puisqu'il révolte à la fois toutes les sensations humaines. Vous aussi, vous défendez le meurtre, mais vous vous en réservez l'exclusif usage. Que doit-on chercher? C'est que la nature soit la plus forte dans cette lutte que l'assassin lui livre, lorsqu'il veut commettre un crime : au lieu de cela, vous déplacez le lieu du combat, vous donnez à l'esprit à décider ce qui appartenait à l'âme, vous soumettez au calcul ce qu'il fallait laisser au sentiment. Le meurtre cesse d'être une action atroce; il n'est plus qu'une action illégale. Une simple formalité sépare l'assassin et le bourreau, et c'est cette formalité qui devient la garantie que vous donnez à chaque individu de sa conservation!

» Croyez-vous que c'est pour sauver un assassin que nous parlons; non, sans doute, il doit être puni : mais nous vous proposons un moyen sûr d'apprendre aux hommes à respecter la vie de leurs semblables; nous voulons que vous leur donniez votre propre exemple à suivre, et que vos institutions n'atténuent pas les sentimens que la nature a mis dans le cœur des hommes. Elle se révolte en voyant un homme massacré de sang froid par plusieurs autres; éloignez de nos yeux ce spectacle déchirant.

» Toutes les objections que l'on a faites se réduisent à cet adage vulgaire, qu'il faut du sang pour du sang. Analysons cette idée, et nous verrons que c'est l'apologie de la peine du talion; et l'on sait que la peine du talion tire son origine de la vengeance individuelle. La nature, à la vérité, indique ce sentiment de la vengeance, mais c'est précisément pour en prévenir les effets que les hommes se sont réunis en société; c'est qu'ils n'avaient, pour se défendre, d'autre moyen que de tuer l'agresseur, qu'ils ont chargé la société de punir d'une autre manière.

» Le talion est le rapport de l'intérêt particulier à un particulier. La société ne doit s'occuper que des rapports de l'utilité générale à l'utilité particulière : elle ne doit pas venger le crime, elle doit le réprimer.

» Maintenant qu'on demande : quel est le sentiment sur lequel il est possible d'établir une législation répressive? Tout être sensible répondra : la privation de la liberté, de ce sentiment qui a opéré chez nous tant de prodiges, à laquelle on peut ajouter la privation de tant d'autres jouissances de la nature. Cette peine est susceptible d'être graduée, la peine de mort ne peut pas l'être. Enfin vous voulez que les procès puissent être révisés; mais n'est-ce pas une chose insultante pour les citoyens que de réhabiliter un homme qui n'existe plus. (*On murmure.*) Je vois que je ne fais que retarder d'un quart d'heure l'établissement de la peine de mort; mais je dois encore observer que, par une étrange disparité entre les peines, le voleur pourra jouir de sa réhabilitation, tandis que l'homme innocent, accusé d'assassinat, sera provisoirement mis à mort....... »

Un ecclésiastique de la gauche. « Ne trouvons-nous pas dans la sainte Bible l'usage de la peine de mort? »

M. Duport. « Ne sait-on pas que dans la Bible, Dieu dit : *Que Caïn ne soit pas tué ;* mais qu'il conserve aux yeux des hommes un signe de réprobation?... (*On applaudit.*) Je passe à d'autres observations.

» On vous reproche vivement le changement qui s'est fait dans le caractère des Français; des qualités douces et brillantes l'embellissaient ; elles ont disparu; et l'on attend avec inquiétude si elles sont remplacées par des vertus ou par des vices ; on vous accuse d'avoir endurci les âmes, au lieu de les affermir. Faites cesser ces clameurs. Que toutes vos vues se dirigent vers les moyens d'inspirer au peuple la générosité, la fermeté, et une humanité profonde. Rendez l'homme respectable à l'homme; augmentez, renforcez de toute la puissance des lois, l'idée que lui-même doit avoir de sa propre dignité; vous aurez tout fait en lui inspirant le principe de toutes ses vertus, je veux dire le respect pour lui-même. Quiconque se respecte, est nécessairement juste et droit; l'homme qui respecte les autres, agit bien en public; celui qui se respecte lui-même, agit toujours bien, même en secret. A ce moment où les Français dirigent toutes leurs pensées vers une nouvelle constitution, où ils viennent puiser avidement dans vos lois, non-seulement des règles d'obéissance, mais des principes de justice et de modération, qu'ils ne rencontrent pas une loi dont l'effet seul est une leçon de barbarie et de lâcheté; et songez que la société, loin de légitimer le meurtre par son autorité, le rend plus odieux cent fois par son appareil et son sang froid. »

ASSEMBLÉE CONSTITUANTE.

DISCOURS

DU DÉPUTÉ ROBERSPIERRE SUR LA PEINE DE MORT.

« MESSIEURS,

» La nouvelle ayant été portée à Athènes que des citoyens avaient été condamnés à mort dans la ville d'Argos, on courut dans les temples, et l'on conjura les dieux de détourner des Athéniens des pensées si cruelles et si funestes; je viens prier non les dieux, mais les législateurs, qui doivent être les organes et les interprètes des lois éternelles que la divinité a dictées aux hommes, d'effacer du code des Français, les lois de sang qui commandent des meurtres juridiques, et que repoussent leurs mœurs et leur constitution nouvelle. Je veux leur prouver, 1° que la peine de mort est essentiellement injuste; 2° qu'elle n'est pas la plus réprimante des peines, et qu'elle multiplie les crimes beaucoup plus qu'elle ne les prévient.

» Hors de la société civile, qu'un ennemi acharné vienne attaquer mes jours, ou que repoussé vingt fois il revienne encore ravager le champ que mes mains ont cultivé; puisque je ne puis opposer que mes forces individuelles aux siennes, il faut que je périsse ou que je le tue; et la loi de la défense naturelle me justifie et m'approuve. Mais dans la société quand la force de tous est armée contre un seul, quel principe de justice peut l'autoriser à lui donner la mort? Quelle nécessité peut l'en absoudre? Un vainqueur qui fait mourir ses ennemis captifs est appelé barbare! Un homme fait qui égorge un enfant qu'il peut désarmer et punir paraît un monstre! Un accusé que la société condamne n'est tout au plus pour elle qu'un ennemi vaincu et impuissant, il est devant elle plus faible qu'un enfant devant un homme fait.

» Ainsi, aux yeux de la vérité et de la justice, ces scènes de mort, qu'elle ordonne avec tant d'appareil, ne sont autre chose que de lâches assassinats, que des crimes solennels, commis non par des individus, mais par des nations entières, avec des formes légales. Quelque cruelles, quelque extravagantes que soient ces lois, ne vous en étonnez plus : elles sont l'ouvrage de quelques tyrans; elles sont les chaînes dont ils accablent l'espèce humaine; elles sont les armes avec lesquelles ils la subjuguent; elles furent écrites avec du sang : « Il n'est point permis de mettre à mort un citoyen romain. » Telle était la loi que le peuple avait portée : mais Sylla vainquit, et dit : *Tous ceux qui ont porté les armes contre moi, sont dignes de mort.* Octave et les compagnons de ses forfaits confirmèrent cette loi.

» Sous Tibère, avoir loué Brutus, fut un crime digne de mort. Caligula condamna à mort ceux qui étaient assez sacriléges pour se déshabiller devant l'image de l'empereur. Quand la tyrannie eut inventé les crimes de lèse-majesté, qui étaient ou des actions indifférentes ou des actions héroïques, qui eût osé penser qu'elles pouvaient mériter une peine plus douce que la mort, à moins de se rendre coupable lui-même de lèse-majesté?

» Quand le fanatisme, né de l'union monstrueuse de l'ignorance et du despotisme, inventa à son tour les crimes de lèse-majesté divine, quand il conçut dans son délire le projet de venger Dieu lui-même, ne fallut-il pas qu'il lui offrît aussi du sang, et qu'il le mît au moins au niveau des monstres qui se disaient ses images.

» La peine de mort est nécessaire, disent les partisans de l'antique et barbare routine; sans elle il n'est point de frein assez puissant pour le crime. Qui vous l'a dit? Avez-vous calculé tous les ressorts par lesquels les lois pénales peuvent agir sur la sensibilité humaine? Hélas! avant la mort, combien de douleurs physiques et morales l'homme ne peut-il pas endurer.

» Le désir de vivre cède à l'orgueil, la plus impérieuse de toutes les passions qui maîtrisent le cœur de l'homme; la plus terrible de toutes les peines pour l'homme social, c'est l'opprobre, c'est l'accablant témoignage de l'exécration publique. Quand le législateur peut frapper les citoyens par tant d'endroits sensibles et de tant de manières, comment pourrait-il se croire réduit à employer la peine de mort? Les peines ne sont pas faites pour tourmenter les coupables, mais pour prévenir le crime par la crainte de les encourir.

» Le législateur qui préfère la mort et les peines

atroces aux moyens plus doux qui sont en son pouvoir, outrage la délicatesse publique, émousse le sentiment moral chez le peuple qu'il gouverne, semblable à un précepteur malhabile qui, par le fréquent usage des châtimens cruels, abrutit et dégrade l'âme de son élève; enfin, il use et affaiblit les ressorts du gouvernement en voulant les tendre avec trop de force.

» Le législateur qui établit cette peine, renonce à ce principe salutaire, que le moyen le plus efficace de réprimer les crimes, est d'adapter les peines au caractère des différentes passions qui les produisent, et de les punir, pour ainsi dire, par elles-mêmes. Il confond toutes les idées, il trouble tous les rapports, et contrarie ouvertement le but des lois pénales.

» La peine de mort est nécessaire, dites-vous? Si cela est, pourquoi plusieurs peuples ont-ils su s'en passer? par quelle fatalité ces peuples ont-ils été les plus sages, les plus heureux et les plus libres? Si la peine de mort est la plus propre à prévenir les grands crimes, il faut donc qu'ils aient été plus rares chez les peuples qui l'ont adoptée et prodiguée : or, c'est précisément tout le contraire. Voyez le Japon; nulle part la peine de mort et les supplices ne sont autant prodigués; nulle part les crimes ne sont si fréquens ni si atroces. On dirait que les Japonais veulent disputer de férocité avec les lois barbares qui les outragent et qui les irritent. Les républiques de la Grèce, où les peines étaient modérées, où la peine de la mort était ou infiniment rare ou absolument inconnue, offraient-elles plus de crimes et moins de vertus que les pays gouvernés par des lois de sang? Croyez-vous que Rome fut souillée par plus de forfaits, lorsque dans les jours de sa gloire, la loi Porcia eut anéanti les peines sévères portées par les rois et par les décemvirs, qu'elle ne le fut sous Sylla qui les fit revivre, et sous les empereurs qui en portèrent la rigueur à un excès digne de leur infâme tyrannie. La Russie a-t-elle été bouleversée depuis que le despote qui la gouverne, a entièrement supprimé la peine de mort, comme s'il eût voulu expier, par cet acte d'humanité et de philosophie, le crime de retenir des millions d'hommes sous le joug du pouvoir absolu.

» Écoutez la voix de la justice et de la raison; elle vous crie que les jugemens humains ne sont jamais assez certains pour que la société puisse donner la mort à un homme condamné par d'autres hommes sujets à l'erreur. Eussiez-vous imaginé l'ordre judiciaire le plus parfait, eussiez-vous trouvé les juges les plus intègres et les plus éclairés, il restera toujours quelque place à l'erreur ou à la prévention. Pourquoi vous interdire les moyens de les réparer? Pourquoi vous condamner à l'impuissance de tendre une main secourable à l'innocence opprimée? Qu'importent ces stériles regrets, ces opérations illusoires que vous accordez à une ombre vaine, à une cendre insensible; elles sont les tristes témoignages de la barbare témérité de vos lois pénales. Ravir à l'homme la possibilité d'expier son forfait par son repentir ou par des actes de vertu, lui fermer impitoyablement tout retour à la vertu, à l'estime de soi-même, se hâter de le faire descendre, pour ainsi dire, dans le tombeau encore tout couvert de la tache récente de son crime, est à mes yeux le plus horrible raffinement de cruauté.

» Le premier devoir du législateur est de former et de conserver les mœurs publiques, source de toute liberté, source de tout bonheur social; lorsque, pour courir à un but particulier, il s'écarte de ce but général et essentiel, il commet la plus grossière et la plus funeste des erreurs. Il faut donc que la loi présente toujours aux peuples, le modèle le plus pur de la justice et de la raison. Si, à la place de cette sévérité puissante, calme modéré qui doit les caractériser, elles mettent la colère et la vengeance! si elles font couler le sang humain qu'elles peuvent épargner et qu'elles n'ont pas le droit de répandre; si elles étalent aux yeux du peuple des scènes cruelles et des cadavres meurtris par des tortures, alors elles altèrent dans le cœur des citoyens, les idées du juste et de l'injuste; elles font germer, au sein de la société, des préjugés féroces qui en produisent d'autres à leur tour; l'homme n'est plus pour l'homme un objet si sacré; on a une idée moins grande de sa dignité, quand l'autorité publique se joue de sa vie. L'idée du meurtre inspire bien moins d'effroi, lorsque la loi même en donne l'exemple et le spectacle; l'horreur du crime diminue dès qu'elle ne le punit plus que par un autre crime. Gardez-vous bien de confondre l'efficacité des peines avec l'excès de la sévérité : l'un est absolument opposé à l'autre. Tout seconde les lois modérées; tout conspire contre les lois cruelles.

» On a observé que dans les pays libres, les crimes étaient plus rares, et les lois pénales plus douces. Toutes les idées se tiennent. Les pays libres sont ceux où les droits de l'homme sont respectés, et où, par conséquent, les lois sont justes. Partout où elles offensent l'humanité par un excès de rigueur, c'est une preuve que la dignité de l'homme n'y est pas connue; que celle du citoyen n'existe pas; c'est une preuve que le législateur n'est qu'un maître qui commande à des esclaves, et qui les châtie impitoyablement suivant sa fantaisie. Je conclus à ce que la peine de mort soit abrogée. »

DERNIER DOCUMENT HISTORIQUE

Annoncé dans la note de la page 86.

Malgré son inflexible sévérité dans le procès de Louis XVI, Michel Lepeletier travaillait avec zèle encore dans ce moment à faire abolir la peine de mort du Code criminel de nos lois; cette idée philanthropique occupait autant sa pensée que son institution sur l'éducation publique, égale et obligée pour la jeunesse, depuis l'âge de cinq ans jusqu'à douze.

Le 20 janvier, le jour même où il fut assassiné et une heure avant le crime de Pâris, Michel Lepeletier avait remis à l'imprimerie nationale un manuscrit intitulé: *De l'abrogation de la peine de mort*; il était précédé de cet avertissement:

Beaucoup de bons esprits ayant manifesté, dans la Convention, leurs vœux pour l'abrogation de la peine de mort, et cette question importante pouvant être traitée durant le cours de nos travaux, j'ai cru devoir faire réimprimer les réflexions suivantes; je les avais présentées à l'Assemblée constituante; on hésita alors, et la majorité pensa que le moment n'était pas encore venu d'opérer cette grande innovation.

Puissions-nous ne pas laisser cette gloire à nos successeurs!

J'offre cette base imparfaite à la méditation de mes collègues; leurs lumières ajouteront facilement tout ce qui peut manquer aux vues que je leur soumets.

Ce document est entre les mains de M. Félix Lepeletier; il ne l'a pas fait entrer dans les œuvres de son frère; c'eût été reproduire ce qui se trouve presque entièrement, comme il le dit lui-même, dans son rapport sur le Code pénal à l'Assemblée constituante. Mais l'existence de cet écrit dont on consigne ici la déclaration, est tellement remarquable à cause de l'époque où Michel Lepeletier s'occupait encore de l'abrogation de la peine de mort, que l'on y joint, pour plus d'authenticité, la note de M. Baudouin, imprimeur de la Convention, qui se trouve à la fin, et auquel il avait donné le manuscrit.

Ce manuscrit m'ayant été remis le 20 janvier par Michel Lepeletier, une heure avant le crime qui priva l'humanité d'un soutien bienfaisant et consolateur, et enleva à la république un de ses plus zélés défenseurs, je crois devoir, en le publiant, rendre un dernier hommage à sa mémoire.

Signé BAUDOUIN.

POSTFACE.

Si je n'avais craint de charger démesurément de pièces et de documens historiques, ces archives, que je place près du monument funéraire de mon frère, je pouvais faire imprimer encore à la suite, (malgré les soustractions qui m'ont été faites, particulièrement de lettres originales, par les polices des divers gouvernemens, qui différentes fois m'enlevèrent mes papiers, avec ou sans scellés), je pouvais faire imprimer, dis-je, encore trois volumes de pièces toutes relatives à sa mort. Ce sont des adresses des départemens, des districts, des villes, des villages, des sociétés populaires, des quarante-huit sections de Paris, de divers comités ou associations, de bataillons aux armées; ou des récits de fêtes funèbres célébrées pour lui; des lettres, des hommages en vers et en prose, dont il fut l'objet. Son nom, qui laissera des fondemens solides pour la cause de la liberté, m'a toujours paru produire des effets puissans sur tous les gens de bien.

En voici un exemple entre mille ; je le choisis. Il y a trois ans environ, le général Foy entra chez un de ses amis où je me trouvais. Il ne me connaissait pas ; on me nomma. A l'instant il me parle de mon frère, m'interroge sur quelques détails ; puis avec l'accent de cette âme qu'on lui connut, et me serrant le bras, il me dit : *Nom cher à la patrie!!*

Quelle impression il me fit!..... Ces deux citoyens français eussent été heureux de se connaître...... Peut-être se sont-ils rencontrés dans les champs de l'éternité?

Je ne puis m'empêcher de transcrire ici le beau passage de Cicéron du songe de Scipion. Mon père le citait souvent à ses enfans.

Jeunes Français, méditez-le bien.

« *Sed quo sis, Africane, alacrior ad tutandam rempublicam, sic habeto : omnibus, qui patriam conservarint, adjuverint, auxerint, certum esse in cœlo definitum locum, ubi beati ævo sempiterno fruantur. Nihil est enim illi principi Deo, qui omnem hunc mundum regit, quod quidem in terris fiat, acceptius, quam concilia cœtusque hominum jure sociati, quæ civitates appellantur. Harum rectores et conservatores hinc profecti, huc revertuntur.* »

FIN.

TABLE DES MATIÈRES

RENFERMÉES DANS CE VOLUME.

FIN DE LA TABLE DES MATIÈRES.

Errata.

Page 34,	*ligne*	*9*,	titres; *lisez* litres.
— 38,	»	*26*,	1802; *lisez* 1822.
— 44,	»	*14*,	pour défendre la république; *lisez* dans l'intérêt de la république.
— 52,	»	*23*,	notre juste fermeté; *lisez* votre juste fermeté.
— 63,	»	*4*,	Tel fut; *lisez* Telle fut.
— 75,	»	*22*,	traite de dangereuse; *lisez* traite alors de dangereuse.
— 76,	»	*16*,	des Hugues; *lisez* de Hugues.
— 85,	»	*14*,	1°; *lisez* le 1er.
	»	*17*,	2°; *lisez* le 2me.
— 107,	»	*14*,	oœur; *lisez* cœur.
— 261,	»	*2*,	sévèrement; *lisez* sérieusement.
— 312,	»	*18*,	donc; *lisez* dont.
— 314,	»	*8*,	je n'ajouterai; *lisez* je n'ajouterais.
— 342,	»	*22*,	citations; *lisez* citations.
— 387,	»	*17*,	17 juillet; *lisez* 24 juillet.
— 393,	»	*10*,	unique; *lisez* inique.
— 396,	»	*9*,	été un président; *lisez* été élu président.
— 476,	»	*27*,	c'est la vie; *lisez* c'est sur la vie.

www.ingramcontent.com/pod-product-compliance
Lightning Source LLC
Chambersburg PA
CBHW031607210326
41599CB00021B/3081
9782012596696